文学国 / 著

Ten Lectures on
Financial Law

金融法十讲

上海人民出版社

本课题的研究得到了上海黄金交易所捐赠设立的"上海大学教育发展基金会金融法制研究实践基金"的资助，在此表示诚挚的谢意！

前　言

　　《金融法》课程是笔者调入上海大学法学院工作后承担的其中一门硕士研究生课程。接手这门课程之后，笔者思考的一个问题是：这门课程应该讲哪些内容？首先，笔者经过课堂调查，发现法学本科毕业的硕士研究生与非法学本科毕业的硕士研究生，本科阶段系统地学过金融法课程的学生不多，不同本科专业的学生，有的学过商业银行法、保险法、证券法等商法课程，有的学过经济法课程中的中央银行法等，这是需求调查，需要知道听课的学生之前有什么样的知识储备，才能大致确定研究生阶段要继续学习哪些内容。其次，笔者在学校图书馆与相关图书网站上认真查阅了我国目前公开出版的各类金融法教材，了解这些教材的内容以及内容的难易程度，这些教材大多是针对本科生的，研究生教材甚少，当然，研究生课程可以参照这些教材中的金融法基本知识。经过几年的教学实践与笔者的思考探索，考虑到上海大学独特的三学期制，笔者大致确定了这门课程的结构与内容。

　　上海大学每个学期的教学时间安排是十周，因此，每门研究生的课程教学为十讲，每讲四课时。金融法这门课的弹性在于，既可以从经济法学的角度讲，也可以从民商法学的角度讲。笔者是经济法学教研室的老师，且这门课是由经济法学教研室承担，因此，笔者只能从经济法学的角度开设这门课。这样，金融法这门课的基调是金融监管法。考虑到夯实研究生金融法的基础知识的需要，在前三讲中设置了金融法的基础知识。第一讲货币、金融与法制，主要内容涉及货币发展史、金融史与金融法制史，这么庞杂的内容，我只能摘其所要，蜻蜓点水，让学生对相关知识有一个宏阔的了解。第二讲金融机构，对我国的现有金融机构作了概述。金融机构是金融市场主体，熟悉了解不同类型的金融机构，才有可能对整个金融市场有一个整体的认识。第三讲监管机构，对我国的金融监管机构的演变与职能进行了详细的阐述。我国的金融监管机构法定化后经过了几轮机构改革，每次机构改革均不同程度地涉及监管机构的名称变更与职能调整。这一讲中，对监管机构的监管模式进行了阐述。第四讲中央银行法律制度，本讲只对《中国人民银行法》的几个问题进行了讲述，其中将资管新规放在了这一讲，虽然这不是由中国人民银行一家行使的职能，但它由中国人民银行牵头发文，说明中国人民银行承担了其中最重要的职能。第五讲银行业监管制度，内容主体是银行业监督管理法、商业银行经营方面的监管，主要是通过原中国银监会与中国银行保险监督管理委员会（以下简称"银保监会"）发布的部门规章作为重要依据，这也是中国金融监管的特征之一，行政监管的色彩颇重，此次机构改革，将金融监管机构由事业单位调整为行政机构，使金融监管更加名副其实。第六讲保险业监管制度，第七讲证券业监管制度，第八讲基金业监管制度，基本上都是遵循金融业的分类进行的行业监管界分，分别进行的讲述。这里要解释的一个问题是，为何没有信托业的监管内容，主要原因是学院还开设有专门的信托法课程，为不使学生所学内容重复，因此，本门课程不讲信托业的监管问题。第九讲金融稳定法，根据现行立法机关颁布的草案安排的授课内容，一并涉及目前世界上最新的金融稳定法方面的动态。第十讲金融科技监管制度，金融科技现在应用十分广泛，渗透金融业所有领域，需要让学生学习与了解。原本也想讲数字货币的监管问题，但十讲内容已经充足，只能留有遗憾了。

从以上课程内容的设计来看，笔者想在短短的十讲内容中尽可能将金融监管法的内容涵盖，但结果肯定是力不从心。即使这样，读者肯定看出了我的心思，虽然只有十讲，笔者还是想构建一个广义金融法的课程体系，并集中在金融监管方面，尽可能地体现经济法学专业中专业课的要求。说它是广义金融法，主要是相当多的内容是金融监管机构发布的部门规章，也涉及了相关的司法解释。

考虑到课程需要理论联系实际，法学课程联系实践的直接体现是案例分析。因此，本课程每讲内容都会联系到具体的案例或者历史上的具体事件，但囿于本书篇幅，只是在其中几讲列出了典型案例，且没有对这些案例进行分析。在课堂教学中，案例分析都是通过向学生提问进行讨论的。

研究生课程教学有一个要求，或者说是一个特点，就是要通过课程教学扩大研究生的专业文献阅读量。我提供给学生的课前阅读资料主要包括以下几个方面：一是相关的重要法律法规与部门规章；二是重要的学术论文；三是最新案例；四是与每讲内容相关的一两篇英文学术文献。为了使学生真正地阅读这些课程参考资料，我在课程PPT中事先布置了课堂讨论的问题，针对这些问题随机提问，学生回答问题的情况计入平时成绩。因此，每位学生都得课前认真阅读这些资料，否则，他被问到时会陷入尴尬境地。这些资料不可能在本书中呈现。

笔者的硕士研究生赵畅为本书的写作收集了一些专业资料，在此表示感谢。

笔者愿意将讲稿整理成书，一是为学生提供一份课程学习的参考资料，二是不揣陋见，为喜欢金融法的读者提供一份通俗读物。

笔者在备课过程中与本书编写过程中，参考了国内外专家学者公开发表的论著，在此表示衷心的感谢！

本书的出版得到了上海世纪出版集团副总裁彭卫国先生、上海人民出版社原副总编辑曹培雷女士的关心与帮助。上海人民出版社的责任编辑夏红梅、姜嘉滢女士对本书的编辑与出版倾注了职业精神与专业水准。在此，一并致以诚挚的感谢！

文学国

目 录

第一讲　货币、金融与法制

本讲内容涉及货币、金融的发展历史及其法律制度的演变，是学好金融法的基础。由于本讲涉及的内容庞杂，我只是选择其中的关键部分作一些讲解。

一、货币史与国际货币体系

（一）货币概念

货币是人类最伟大的发明。美国耶鲁大学教授威廉·戈兹曼 2016 年出版了一本关于货币史的著作，中文译名为《千年金融史》，实际上它的英文书名叫 *Money Changes Everything How Finance Made Civilization Possible*，书名直接说出了货币的伟大作用。该书论述了货币对人类文明的发展与变化的影响。有了货币，人类社会的几乎所有的东西都可以交易。只要交易双方存在"双重需求的吻合"，交易一拍即合。货币的出现满足了交易的需要，人类创造出的一般等价物解决了物物交易的难题。

关于货币的概念，一般指的是通货，包括纸币与硬币。金融学家认为的货币概念，可以参照美国金融学家弗雷德里克·S.米什金在其所著《货币金融学》中对货币下的定义，他认为货币指的是为得到产品和服务给予的支付以及债务偿还中被普遍接受的东西。

米什金教授认为，某种商品若要有效发挥货币的功能，必须满足以下条件：它必须易于标准化，从而可以方便地确定其价值；它必须被普遍接受；它必须易于分割，方便找零；它必须易于携带；它不会很快腐化变质。这些条件，也是根据人类历史上使用过的各种类型的货币总结出来的。

货币与财富、收入的概念不同。货币可以构成财富的主要形式，但现代社会财富的存在形式很多，要远远大于货币的范围。财富通常是指一个人拥有的所有财产，包括货币、债券、股票、艺术品、土地、房屋、汽车、家具等。在网络空间下，还存在虚拟财产，目前也纳入了法律的保护范围。收入指的是一个人在单位时间内收益的流量。货币是存量，是一个时间点上一个确定的金额。

（二）货币产生的原因

原始社会没有货币。根据《易·系辞下》的记载："（神农氏）日中为市，致天下之民。聚天下之货，交易而退，各得其所。"原始社会实行物物交易。

关于货币产生的原因，我国古代历史学家司马迁在《史记·平准书》中认为商品交换产生了货币："农工商交易之路通，而龟贝金钱刀布之币兴焉。"在古人看来，货币这么伟大的事物，不是普通人能够发明的，它的发明只能归功于圣人，北宋李觏在《富国策第八》说："昔在神农，日中为市，致民聚货，以有易无。然轻重之数无所主宰，故后世圣人造币以权之。"实际上，货币产生于商品交易的需要，明代丘濬在其《大学衍义补》卷二六《铜楮之币（上）》说："日中为市，使民交易以通有无。以物易物，物不皆有，故有钱币之造焉。"货币的产生，解决了物物交易的不便，降低了交易成本。

（三）中国历史上的货币

中国历史悠久，是四大文明古国中唯一一个没有中断历史的国家，我们可以从中国的货币演变史来看货币的发展史。

1. 贝币

中国是世界上最早使用货币的国家之一，使用货币的历史长达五千年之久。据中国古籍的记载、青铜器的铭文和考古的挖掘，中国最早使用的货币是"贝"，约出现在公元前 2000 年。1976 年我国有一个重大的考古发现，位于河南省安阳市的妇好墓，是目前发现的殷墟唯一保存完整的商代王室墓葬，妇好是商代君主武丁的妻子。妇好墓内发掘出 6800 多枚海贝，经鉴定为货贝。"贝"作为我国古代使用最早的货币，一直使用到春秋之后秦灭六国，使用了 1000 多年，才被金属铸币取代。因此，中国汉字中与财富相关的字都带有"贝"的构成部分，如"货、财、贸、贱、贷、贫、账"等。

贝币的计量单位为"朋"，《诗经·小雅》："既见君子，锡我百朋。"君子何人？有专家说是老师，学生去见老师，老师赏赐给学生一百朋贝币，这可是一份厚礼！

威廉·戈兹曼在其《千年金融史》中说："妇好墓中的贝壳有力地证明了商朝时期的货币系统超越了美索不达米亚的货币系统，因为贝壳不再是具有内在价值的交换媒介，而是更进一步作为价值符号充当商品交换媒介。"

2. 空首布

人类社会有了货币就伴随着通货膨胀。贝币多了，大额交易就不方便，需要有一种更值钱的货币来取代贝币。金融货币就出现了。空首布是春秋战国时期周、晋、郑、卫等国铸行的一种金属货币，是我国最早的金属铸币之一。

我国先秦时期，在四大区域流通着四大货币体系。这四大货币体系包括布币体系（在韩、赵、魏流通）、刀币体系（在齐、燕、赵流通）、圜钱体系（在三晋、两周地区流通）、楚币体系（在楚国流通），楚国使用的铸文铜贝称为"蚁鼻钱"。在我国，最早使用黄金铸币的是楚国人，楚国是黄金产地，黄金矿藏丰富。楚国铸造金币的历史与小亚细亚的吕底亚国时间差不多，吕底亚国在公元前660年开始铸造金币。楚国灭亡1000多年后，唐朝诗人刘禹锡被贬到楚国旧地朗州，还能见到不少的淘金女在河里淘金，于是写下名句："美人首饰侯王印，尽是江中浪底来。"空首布是先秦四大货币之一布币体系的分支。西周末始铸，春秋晚期以后盛行，公元前221年被秦始皇废止。空首布的"布"并非布币的"布"，它是一种金融货币。

3. 秦半两

如上所言，春秋战国时期，货币也是几大体系并存，各国有自己的货币。秦统一六国之后，也统一了货币。统一后的货币分黄金和铜钱两种，黄金为上币，以镒为单位，铜钱为下币，按枚使用，币面铸有"半两"二字，表明每枚的重量是半两，史称半两钱。这是一种典型的称量货币。同时，禁止其他物品作为货币流通。从秦"半两"开始，中国钱币以方孔圆形作为定制，文铭重量，铸行纪重钱币，"孔方兄"的说法即由此而来。西晋南阳人鲁褒著《钱神论》一文，其中对孔方兄的神奇有过如此的描述："钱之为体，有乾有坤。内则其方，外则其圆。其积如山，其流如川。动静有时，行藏有节。市井便易，不患耗折。难折象寿，不匮象道。故能长久，为世神宝。亲之如兄，字曰孔方。失之则贫弱，得之则富昌。无翼而飞，无足而走。解严毅之颜，开难发之口。钱多者处前，钱少者居后；处前者为君长，在后者为臣仆。君长者丰衍而有余，臣仆者穷竭而不足。《诗云》：'哿矣富人，哀哉茕独。'岂是之谓乎?"

4. 五铢钱

汉灭秦后，汉初货币承袭秦制，黄金与铜钱并用，10000 枚铜钱值 1 斤黄金。此时，造钱是民间的一个大产业，偷工减料在所难免。社会对货币的需求量增加，民间的货币供给量更大，一时间通货膨胀严重。汉惠帝时，禁止民间铸币，将民间铸币定罪为"铸伪钱"。汉初几位皇帝多次对货币进行改革，但均未成功。

五铢钱是中国古代的一种铜制通货。汉武帝元狩五年（公元前 118 年）废秦"半两"，改铸"五铢"钱，大小、轻重适宜，制作精美，深受欢迎。元鼎四年（公元前 113 年），汉武帝下令铸币权收归中央，禁止民间铸币，将各地私铸的钱币运到京师销毁。政府的铸币机构为上林苑的三个机构，史称"上林三官"（水衡都尉的属官：钟官、辨铜、技巧三官），钟官负责铸造，辨铜负责审查铜的质量成色，技巧负责刻范。上林苑是人类历史上第一个由国家设立的造币厂，比英国的皇家造币厂（公元 887 年）早 1000 年。新铸币钱上有"五铢"两个篆字，故名。五铢钱沿用至唐初，时间长达 700 余年，是中国历史上使用时间最长的货币之一。

5. 开元通宝

唐高宗铸造了一种新钱，钱文叫"开元通宝"，此钱的出现，终止了流通 700 多年的五铢钱。新币上钱文有四个字：上为"开"，下为"元"，右为"通"，左为"宝"。据专家考证，此新钱应按照旋读法读，即为"开通元宝"。在民间，元宝逐渐流行起来，此后，至元、明、清，出现了各种各样的"元宝"钱。"通宝钱"是我国历史上流通时间最久的钱币，沿用至清朝末年，共流通了 1290 余年。

6. 交子

北宋初年，四川人使用的铜钱，体重值小，1000 个大钱重 25 斤，买 1 匹绢需要 90 斤到上百斤的铜钱。流通很不方便，于是，商人发行一种纸币，命名为交子，代替铜钱流通。交子是人类最早出现的纸币。交子最早出现时，作为货币的替代物。交子兑换铜钱时，每贯必须要扣除 30 枚铜钱作为佣金。佣金不少，使得商人们发现了一个新商机。于是，成都有 16 家富商联合起来，开设交子铺，专门开展交子与铜钱的兑换业务，从中谋利，类似于现在的外国货币兑换处。交子铺开创了我国民间金融的先声。交子铺每年在丝蚕米麦将熟之时，用同一色纸印造交子，提前做好交易旺季的准备。但后来交子因严重通货膨胀而被人们弃之不用。

7. 民国时期的银币

1911年辛亥革命后，在新旧政权轮替之际，国内货币市场陷入混乱状态，当时铸币、纸币同时流通，市场中流通的中外货币在百种以上，货币之间兑换、折算繁琐，民众积怨，统一币制势在必行。同时，袁世凯也想借助货币改制以解决军费问题，民国政府决定铸发国币。民国三年（1914年）二月，政府颁布《国币条例》，决定实行银本位制度。《国币条例》规定："以库平纯银六钱四分八厘为价格之单位，定名为圆""一圆银币，总重七钱二分，银八九，铜一一""一圆银币用数无限制"，即以一圆银币为无限法偿的本位货币。

8. 民国时期的纸币

国民政府发行的纸币有以下几种：（1）法币。袁世凯政府确定的银本位制货币因受国际金价及银价波动的影响，白银不断外流，难以为继。国民党政府于1935年实行"法币改革"，规定中央、中国、交通三行（后加中国农民银行）所发行的钞票为"法币"，同时禁止银元在市面上流通，并强制将白银收归国有。（2）关金券。关金是"海关金单位兑换券"的简称，为国民党统治时期中国海关收税的计算单位。原来海关收税为银两，1929年世界银价大落，影响关税收入。政府于1930年1月决定征收金币，以值0.601866克纯金为单位作标准计算，称"海关金单位"，合美元0.40元。1931年5月中央银行发行关金兑换券，作为缴纳关税之用。（3）金圆券。法币恶性膨胀之后，国民经济面临崩溃之势，国民党政府于1948年8月19日再次进行币制改革。规定金元为本位，开始发行"金圆券"（每金元含纯金0.22217克），以一比三百万的比率，收兑急剧贬值的法币。解放前夕，上海银元一元可换金圆券16亿，各地纷纷拒用，遂以银元代替流通。

9. 人民币

人民币是中华人民共和国的法定货币，中国人民银行是国家管理人民币的主管机关，负责人民币的设计、印制和发行。人民币的单位为元，人民币的辅币单位为角、分。1元等于10角，1角等于10分。人民币符号为"￥"。截至

2020 年末，已发行五套人民币，形成纸币与金属币、普通纪念币与贵金属纪念币等多品种、多系列的货币体系。除 1、2、5 分三种硬币外，目前在市场流通的是第五套人民币，分别于 1999 年、2005 年、2015 年、2019 年、2020 年发行，之前的四套人民币已不再流通。

（四）外国历史上的货币

1. 钱币

古罗马时期的历史学家希罗多德在其《历史》一书中记载了钱币在西方的兴起。吕底亚王国位于小亚细亚半岛西部（今土耳其西北部），濒临爱琴海，公元前 13 世纪末从那个曾经称霸古代世界的赫梯王国中独立出来。公元前 640 年，巨吉斯的儿子阿尔杜斯执政时期，吕底亚王国创造了西方世界最早的钱币——琥珀合金币。琥珀合金币是使用萨迪斯河里的金银合金制造的，金属成分为三金一银，名为"斯塔特"（Stater），重量大约 14 克。据说，到了阿尔杜斯的重孙克洛伊索斯执政时期（公元前 560 年—前 546 年），吕底亚王国发明了金银分离术，开始铸造纯金币和纯银币。纯金币重量大约 8 克，纯银币重量大约 11 克。

2. 雅典的四德拉克马银币

公元前 6 世纪，银币从小亚细亚地区传入希腊本土。为了区别于其对手使用的 12.3 克的埃伊纳（Aegina）岛币重标准，雅典打制的四德拉克马银币采用的是每德拉克马（Drachma）重 4.3 克的阿提卡（Attica）币重标准。最终，雅典凭借其强大的实力和造币的精良，使得阿提卡标准成为希腊世界的主导币重标准。

3. 雅典猫头鹰银币

公元前 5 世纪中期，雅典的铸币已经定型，其图案正面是头戴头盔的帕拉斯·雅典娜（智慧女神），背面是她的象征物猫头鹰，这种钱币被称作"猫头鹰"银币，是当时古代世界最重要的国际通货之一。

西方有歇后语云："带上'猫头鹰'去雅典（carry owls to Athens）——多此一举"，这里的"猫头鹰"指的就是这种银币。"猫头鹰"币之所以能够长久通行于整个希腊世界，甚至那些与雅典敌对的城邦也无例外，不仅因为它是雅典强大实力的象征，更主要的原因在于其恒久精良的品质定义了什么是良币。希腊世界任何一个角落的人们都清楚地知道他们无须怀疑"猫头鹰"币的成色和份量。而丰富的银矿资源也为"猫头鹰"币源源不断地走向整个希腊世界提供了坚实的保障。

"猫头鹰"币先后经历了古风时代（Archaic，公元前640—前480年）、古典时代（Classical，公元前480—前323年）和希腊化时代（Hellenistic，公元前323—前30年）三个时期的演变。

4. 罗马货币

罗马皇帝卡拉卡拉推行货币改革，于215年发行安敦尼币（Antoninianus），将罗马银币的含银量降低25%。他不仅发行了重量小于法定价值的银币，还将奥里斯金币的重量从1/45罗马磅减少到1/50罗马磅，奥里斯金币的重量减少了0.73克。学者称卡拉卡拉的货币改革是"虚币敛财"。税金增收和虚币敛财获得的资金，使得卡拉卡拉将军人的工资从每年500狄纳里银币提高到750狄纳里银币，因而得到军人们的广泛拥护。卡拉卡拉崇拜并试图仿效亚历山大。卡拉卡拉于217年被人杀死。

戴克里先成为罗马统治者后，在罗马建立了君主制。戴克里先于284年至285年发行了弗里斯铜币。294年，戴克里先实行了罗马帝国历史上最为彻底的一次货币改革。货币改革之前，奥里斯金币的标准重量已经是1/60罗马磅，即5.45克。戴克里先继续按照这个标准制造奥里斯金币。同时，戴克里先创立了阿根图（Argenteus）银币。1枚阿根图银币的重量是1/96罗马磅，即3.41克，其含银量为90%，价值等于100枚狄纳里银币。到戴克里先时，罗马安敦尼币的含银量只有3.6%，实际上是属于含有少量白银的铜金属币。罗马帝国的银币已经被历代元首们逐步换成铜币。戴克里先的货币改革，旨在恢复银币的本源。1枚阿根图银币兑换100枚狄纳里银币或者25枚安敦尼币的货币制度，使狄纳里银币和安敦尼币迅速瓦解。戴克里先之后的统治者们不再打制狄纳里银币和安敦尼币。于是，这两种货币逐步消失。除了银币，戴克里先还打制了铜币。这种铜币被称为"Follis"（弗里斯），意思是"钱袋"，合金含量与安敦尼旧币相同，法定重量1/32罗马磅，约为10.22克，扣除制造成本和铸币税，实际重量大约在10克。

君士坦丁成为罗马统治者后，停止制造奥里斯金币，改制索利多金币。索利多（Solidus）的意思是"厚重"。奥里斯金币的法定重量是1/60罗马磅，但后来实际平均重量已经降至 1/72 罗马磅。君士坦丁对金币实行改制，将金币的法定重量调整为 1/72 罗马磅，改称"索利多"。这个货币改制，执行的依旧是一种降低钱币法定重量的措施。307 年，君士坦丁开始制造弗里斯铜币，其重量逐年下降，弗里斯铜币的含银量也下降了。

5. 英镑

英镑是英国的本位货币单位，由 1694 年成立的英格兰银行（Bank of England）发行。最常用于表示英镑的符号是"£"。辅币单位原为先令和便士，1 英镑等于 20 先令，1 先令等于 12 便士，1971 年 2 月 15 日，英格兰银行实行新的货币进位制，辅币单位改为新便士，1 英镑等于 100 新便士。流通中的纸币有 5、10、20 和 50 面额的英镑，另有 1、2、5、10、20、50 新便士及 1 英镑的铸币。除了英国，英国海外领地的货币也以镑作为单位，与英镑的汇率固定为 1:1。

英国于 1821 年采用金本位制，英镑成为英国的标准货币单位，每 1 英镑含 7.32238 克纯金。1914 年第一次世界大战爆发，英国废除金本位制，金币停止流通，停止兑换黄金。1925 年 5 月 13 日至 1931 年 9 月 21 日，英国执行金块本位制，英镑演化成不能兑现的纸币。但因外汇管制的需要，1946 年 12 月 18 日规定英镑含金量为 3.58134 克。

英国开创的工业革命对近代世界产生了巨大影响。英国曾在国际金融业中占统治地位，英镑曾是国际结算业务中的计价结算使用最广泛的货币。经过第一次世界大战和第二次世界大战以后，英国的国际经济地位不断下降，但英国金融业仍然很发达，英镑在外汇交易结算中仍占有非常重要的地位。

6. 美元

美元是美利坚合众国、萨尔瓦多共和国、巴拿马共和国、厄瓜多尔共和国、东帝汶民主共和国、马绍尔群岛共和国、密克罗尼西亚联邦、基里巴斯共和国和帕劳共和国的法定货币。流通的美元纸币是自 1929 年以来发行的各版钞票。美元符号为"$"。

1792 年美国《铸币法案》通过后，美元在北美 13 个殖民地形成了货币区。自 1913 年起，美国建立联邦储备制度，发行联邦储备券。现行流通的钞票中 99% 以上为联邦储备券。

美元的地位及在世界的流通，与美国在世界上的经济地位密切相关。19 世纪末，美国已发展成世界上最强大的国家。到 1914 年第一次世界大战爆发时，美国的经济总量大于其余三个西方最大的国家英国、德国、法国的总和，美元的地位日益提升。

第二次世界大战接近尾声时，1944 年 7 月在美国布雷顿森林镇召开的"联合和联盟国家国际货币金融会议"形成布雷顿森林体系，确立了美元的霸权地位。

7. 欧元

欧元是欧盟中 19 个国家的货币。欧元的 19 个会员国是德国、法国、意大利、荷兰、比利时、卢森堡、爱尔兰、西班牙、葡萄牙、奥地利、芬兰、立陶宛、拉脱维亚、爱沙尼亚、斯洛伐克、斯洛文尼亚、希腊、马耳他、塞浦路斯。1999 年 1 月 1 日在实行欧元的欧盟国家中实行统一货币政策（Single Monetary Act），2002 年 7 月欧元成为欧元区唯一合法货币，欧元由欧洲中央银行（European Central Bank，ECB）和各欧元区国家的中央银行组成的欧洲中央银行系统（European System of Central Banks，ESCB）负责管理，另外欧元也是非欧盟中 6 个国家（地区）的货币，它们分别是：摩纳哥、圣马力诺、梵蒂冈、安道尔、黑山和科索沃地区，其中，前 4 个国家根据与欧盟的协议使用欧元，而后两个国家（地区）则是单方面使用欧元。

（五）现行国际货币体系

20 世纪初国际货币体系建立，迄今经历了金本位制、金汇兑本位制、布雷顿森林体系、牙买加体系四个阶段，与之相随的国际货币也由黄金、英镑向以美元为中心转变，布雷顿森林体系后期，国际货币基金组织创设特别提款权（Special Drawing Right，SDR）以弥补国际储备资产不足。2016 年 10 月 1 日，人民币正式成为 SDR 篮子货币。

1. 金本位制度

18 世纪以前，各国之间主要以金、银贵金属作为支付手段。西方国家货币体系经历了由银本位到金、银复本位的过渡时期。通常，金本位制指的是金币本位制，历史上还出现了金块本位制和金汇兑本位制。金本位的意义在于用黄金确定了货币的价值，黄金既是对内支付货币又是对外支付货币。其典型特征是金币可以自由铸造和兑换，黄金在各国之间可以自由进出口。

2. 金汇兑本位制

第一次世界大战爆发后，各国为了筹集军费，纷纷发行不兑现的纸币，禁止黄金自由输出，金本位制随之告终。为节约黄金，1922年，意大利热那亚国际经济会议决定实行金汇兑本位制。在该制度下，国内只流通银行券，银行券不能兑换黄金，只能兑换实行金块或金本位制国家的货币，国际储备除黄金外，还有一定比重的外汇，外汇在国外才可兑换黄金，黄金则作为最后的支付手段。实行金汇兑本位制的国家，要使其货币与另一实行金块或金币本位制国家的货币保持固定比率，并通过无限制地买卖外汇来维持本国货币币值的稳定。

3. 布雷顿森林体系

1944年7月1日，44个国家和政府的经济特使在美国新罕布什尔州的布雷顿森林镇召开了联合国货币金融会议，经过3周的讨论，会议通过了以美国财政部官员怀特提出的"怀特计划"为基础制定的《联合国家货币金融会议最后决议书》以及两个附件，即《国际货币基金协定》和《国际复兴开发银行协定》，确立了以美元为中心的国际货币体系，即布雷顿森林体系。1945年12月27日，参加布雷顿森林会议的22国代表在《布雷顿森林协定》上签字，正式成立国际货币基金组织（IMF）和世界银行（WB）。两机构自1947年11月15日起成为联合国的常设专门机构。中国是这两个机构的创始国之一，1980年，中华人民共和国在这两个机构中的合法席位先后恢复。

布雷顿森林体系是金本位制崩溃之后建立的世界货币体系，是以美元与黄金为基础的金汇总本位制，又称美元—黄金本位制，使美元与黄金挂钩。各国确认35美元一盎司的黄金官价，各国政府或中央银行可按官价用美元向美国兑换黄金。为使黄金官价不受自由市场金价冲击，各国政府需协同美国政府在国际金融市场上维持黄金官价。当时美国已成为世界最大经济体和最大黄金储备国，GDP在全球的占比达到50%，黄金储备量达到63%。1948年，美国成为世界最大的债权国。第二次世界大战后，美国为了帮助欧洲和日本等国家获得美元，先后推出了针对欧洲的"马歇尔计划"和针对日本的"道奇计划"。美国逐渐取代英国成为全球货币和金融体系的领导者。

1971年8月，尼克松政府宣布实施"新经济政策"，放弃官方兑换比价，停止履行外国政府或中央银行使用美元向美国兑换黄金的义务，单方面撕毁了1944年美国政府与世界各国达成的《布雷顿森林协定》。随后，日本、加拿大等国家宣布实行浮动汇率制。1973年，随着固定汇率制度的瓦解，布雷顿森林体系最终解体。

4. 牙买加体系

布雷顿森林体系崩溃后，不稳定的国际金融秩序给各国经济造成动荡。1976 年 1 月，国际货币基金组织理事会在牙买加举行了关于国际货币基金组织协定修订的会议。会议形成了牙买加协议。1976 年 4 月，《国际货币基金组织协定第二修正案》在国际货币基金组织理事会通过，至此牙买加国际货币体系成立。牙买加体系标志着国际货币体系正式迈入信用货币时代。

牙买加协议的主要内容：一是实行浮动汇率制度的改革。牙买加协议正式确认了浮动汇率制的合法化，承认固定汇率制与浮动汇率制并存的局面。成员国可以选择汇率制度。二是推行黄金非货币化。废除黄金条款，取消黄金官价，国际储备体系由布雷顿森林体系中单一美元逐步演变为多元的储备体系。三是增强特别提款权的作用。提高特别提款权的国际储备地位，SDR 可以偿还国际货币基金组织的贷款，使用特别提款权作为偿还债务的担保，各参加国也可用特别提款权进行借贷。四是增加成员国基金份额，成员国的基金份额由 292 亿特别提款权增加至 390 亿特别提款权，增幅为 33.6%。五是扩大信贷额度，增加对发展中国家的融资。

牙买加体系解决了布雷顿森林体系下汇率的僵硬关系，但并未解决各国国际收支失衡和汇率波动所带来的风险，货币危机频发，国际货币体系仍需进一步改革。

5. 特别提款权

特别提款权最早发行于 1969 年，是国际货币基金组织根据会员国认缴的份额分配的，可用于偿还国际货币基金组织债务、弥补会员国政府之间国际收支逆差的一种账面资产。2015 年 11 月 30 日，国际货币基金组织正式宣布人民币于 2016 年 10 月 1 日加入 SDR（特别提款权）。2016 年 10 月 1 日，特别提款权的价值是由美元、欧元、人民币、日元、英镑这五种货币所构成的一篮子货币的当期汇率确定，所占权重分别为 41.73%、30.93%、10.92%、8.33% 和 8.09%。会员国在发生国际收支逆差时，可用它向基金组织指定的其他会员国换取外汇，以偿付国际收支逆差或偿还基金组织的贷款，还可与黄金、自由兑换货币一样充当国际储备。因为它是国际货币基金组织原有的普通提款权以外的一种补充，所以称为特别提款权。

最初发行时每一单位等于 0.888671 克黄金，与当时的美元等值。发行特别提款权旨在补充黄金及可自由兑换货币以保持外汇市场的稳定。

二、货币法制史

（一）中国货币法制史

1. 秦朝《金布律》

秦朝金与布皆为货币。1975 年 12 月湖北云梦睡虎地出土秦简共 201 枚竹简、律文 108 条，其中包括《金布律》15 条。《金布律》就是关于货币与财物方面的法律。

《金布律》规定若以布帛作为货币的标准："布袤八尺，福（幅）广二尺五寸。布恶，其广袤不如式者，不行。金布。"（第 67 简）用作货币的布长八尺，幅宽二尺五寸。布的质量不好，长宽不合标准的，不得流通。这一条规定了货币的标准。

关于货币的流通，《金布律》规定："百姓市用钱，美恶杂之，勿敢异。金布。"百姓在交易时使用钱币，质量好坏一起通用，不准选择。这一规定保证了货币流通的便利性，降低了交易成本。

钱、布如何换算，《金布律》规定了换算的比例："钱十一当一布。其出入钱以当金、布，以律。"即十一钱折合一布。如出入钱来折合黄金或布，应按法律规定。

《金布律》还规定了货币的法定性，从事交易者对货币不能进行自由选择："贾市居列者及官府之吏，毋敢择行钱、布；择行钱、布者，列伍长弗告，吏循之不谨，皆有罪。金布。"市场中的交易双方和官家府库的吏，都不准对钱和布两种货币有所选择；而列伍长不告发，吏检查不严，都有罪。

2. 西汉《二年律令·钱律》

1983 年 12 月至 1984 年 1 月，湖北江陵清理了张家山二四七号汉墓，《二年律令》为其中的中国古代法律史文献。其中《钱律》规定相关货币法律制度。

"盗铸钱及佐者，弃市。"按照《盗律》量刑，就要"耐为隶臣妾"即剃去鬓须，罚做隶臣妾。若销毁 1 枚铜钱，就要罚金 1 两。西汉时期，人们有"万钱一金"的概念，1 两黄金应该价值 600 多枚铜钱。销毁 1 枚铜钱，处罚 1 两黄金，处罚金额超过犯罪金额的 600 多倍，可谓十分严厉。

3. 唐宪宗诏令中的货币法制

唐宪宗于元和三年（808 年）6 月下诏，设蓄钱禁令，限制民间私蓄现金数量。其理由为："泉货之法，义在通流。若钱有所壅，货当益贱。故藏钱者得乘人之急，居货者必损己之资。趋利之徒，岂知国计？斯弊未革，人将不堪""近日布帛转轻，见钱渐少，皆缘所在壅塞，不得通流。宜令京城内自文武官僚，不问品秩高下，并公郡县主、中使等，下至士庶、商旅、寺观、坊市，所有私贮见钱，并不得过五千贯。如有过此，许从敕出后，限一月内任将市别物收贮。如钱数较多，处置未了，任于限内于地界州县陈状，更请限。纵有此色，亦不得过两月。若一家内别有宅舍店铺等，所贮钱并须计用在此数。其兄弟本来异居曾经分析者，不在此限。如限满后有违犯者，白身人等，宜付所司，决痛杖一顿处死。"

（二）外国货币法制史

1. 《汉谟拉比法典》

《汉谟拉比法典》大约在公元前 1776 年颁布，法典由楔形文字表述，是世界上现存的第一部比较完备的成文法典。该法典对货币的利率进行了规定，白银的利率为 20%，大麦为 33.3%。

2. 提洛同盟与《钱币法令》

希波战争期间，公元前 478 年以雅典为首的一些希腊城邦结成了一个军事同盟。该同盟盟址及金库曾设在提洛岛，称为"提洛同盟"，也称"第一次雅典海上同盟"。为了统一提洛同盟的钱币，公元前 5 世纪 50 年代，雅典颁布了《有关度量衡及钱币的雅典法令》，即《钱币法令》。该法令由克雷阿尔克斯提议，又称为"克雷阿尔克斯法令"。

《钱币法令》规定，雅典打造的钱币是提洛同盟各城邦唯一合法的钱币。各城邦的钱币应交付雅典造币坊，重新打造成雅典钱币。石俊志教授《钱币法令与提洛同盟的瓦解》一文认为《钱币法令》规定了八个方面的事情：（1）提洛同盟各城邦的公民，若有人不执行雅典颁布的《钱币法令》，应剥夺其公民权，没收其财产。（2）提洛同盟各城邦的官员，若负责实施雅典颁布的《钱币法令》，而没有遵照执行，应被送到雅典受审，并失去公民权。（3）外币被送到雅典造币坊，造币坊的坊主应将其至少半数打造成雅典钱币。其余部分钱币如何处理，出土铭文字迹模糊，不能辨认。（4）提议使用雅典钱币以外的钱币进行交易或借贷的人，应被处死。（5）派出传令官 4 名，分别到伊奥尼亚、诸岛、赫勒斯滂和色雷斯传达《钱币法令》，延误者，罚款 1 万德拉克马。（6）《钱币法令》应勒石刊布于各城邦的广场。造币坊的坊主应将《钱币法令》公布在造币坊前。（7）提洛同盟各城邦议事会应发誓，对于不使用雅典钱币而使用外币者，将根据《钱币法令》给予处罚。（8）持外币者应将外币送交造币坊兑换雅典钱币。公元前 404 年春，雅典战败投降，提洛同盟瓦解。

3.《高利贷法》

《高利贷法》（Usury Laws），是一项非常古老的法律。在美国，贷款利率由各州管制，美国所有的州都通过了被称为《高利贷法》的法律，规定了贷款的最高合法利率。这些法律的通过是为了保护消费者和防止高利贷和经常与犯罪企业有关的剥削性借贷行为。美国货币委员会于 1982 年发出第 805 号通告，取消利率上限。这意味着贷款交易双方现在可以自由规定利率费用。这就是目前收取利息的法律环境。

4.《泡沫法》

《泡沫法》（Bubble Act）是英国于 1720 年 6 月 9 日通过的防止公司欺诈的法令。它禁止"在未经议会或国王授权的情况下，成立像公司实体那样的联合体，并使其份额可转移和让渡"。制定该法案的原因之一是防止其他公司与南海公司争夺投资者的资金。该法案于 1825 年被废除。《泡沫法》也被称为 1719 年皇家交易所和伦敦保险公司法案，因为这些公司是根据它成立的。

5.《1873 年铸币法》

美国通过《1873 年铸币法》，白银作为货币的法律地位被取消。1792 年以来，美国法定实行金银复本位货币制度，由于金银本身的法定比价与市场比价不一致，黄金市场价格高于货币法定比价，因可自由铸币或回炉成金属，黄金就进入商品市场而没有成为实际货币，白银是直到 1834 年成为事实上的货币。随后，1834 年美国又通过了黄金和白银之间的法比价调整法案，它使得黄金作为货币与白银的比价高于金在商品市场上与白银的比价（1850 年美国加州和澳大利亚发现大金矿，加大了这一比价之差），这就又使得黄金成了事实上的货币，而白银几乎退出了货币舞台。这样不同货币本位的两个历史阶段，说明存在"劣币驱逐良币"的现象，即比价较低的金属成为货币，而比价较高的金属回到商品世界。在这种格局下，货币数量是变化的，它们影响到了商品的价格。1834 年开始，白银逐渐退出货币领域，货币供应就只有黄金了。因黄金自然产量有限，货币数量小，结果必定会是商品价格下降。这就是所谓的通货紧缩。

三、金融活动与金融组织

（一）金融概念溯源

日本金融界专业人士板谷敏彦在其《世界金融史》一书中认为，日语"金融"一词出现在明治维新时期，系英文 finance 翻译而来。日本著名的近代思想家福泽谕吉所著《西洋事情》，认为日语的金融一词含义为"繁盛金币之融通可为世间之便益"，金融是"金币之融通"的简称。虽然西方人从事金融活动的历史很久远，但 finance 一词 17 世纪才出现，意思是"还清欠款"。

中文"金融"是舶来品，一般认为来自日语的"金融"。据专家考证，光绪三十二年（1906 年），"金融"一词开始大量出现在上海《申报》中。据专家统计，这一年的《申报》中共出现"金融"13 次，第二年出现了 29 次。一个词语大量地出现在报纸上，说明一般民众已经知道了这个词语的含义。因此，"金融"成为汉语词汇出现在 1906 年前后。

"金融"一词虽然出现较晚，人类从事金融活动的历史却很悠久。西方最早的贷款合同发生在 4000 年前。中国在南北朝时期出现了典当业。金融活动一直是人类文明发展的一个重要标志，它以人类的本性自由为导向，激励人们从事自己想从事的行为，因为人们可以通过金融活动获得自己所要的东西，不会受自然与自身条件的限制而影响自己的生存与自由。正是人类崇尚自由的本性才使人类创新了金融活动，人类可以突破时间的限制追求当下的幸福。金融活动让人类发现了时间的价值，人们可以将未来的东西变为现在可拥有的东西，这就是借贷。

（二）金融与城市的关系

西方金融的发展与城市有密切的关系。威廉·戈兹曼在《千年金融史》中认为，金融是随着第一批城市的兴起而出现的，金融对城市的兴起有促进作用。古代西亚城市社会的历史起源大约可以追溯到 7000 年前。公元前 3600 年，古代苏美尔城市兴起于底格里斯河和幼发拉底河的交汇处，即现在的伊拉克。1929 年德国考古学家尤利乌斯·约尔丹在该处挖掘中发现了乌鲁克的中央神殿。他在中央神殿周围发现了许多陶筹，即用黏土制成的小物件，这些陶筹的形状像日常生活中的一些物件，有的像动物。很长时间以来，人们对此没有进行认真的研究，也没有引起人们的关注。后来，美国得克萨斯大学奥斯汀分校的学者丹尼丝·施曼特-贝瑟拉教授对此进行了系统的研究，她的研究发现，早期乌鲁克泥板上的象形文字本质上是陶筹上的图形。她的结论是，泥板与陶筹之间的这种关系，就可以解释两者的功能，最古老的泥板都是记录产品和大宗商品交易的会计凭证，这些凭证是神殿使用的行政记录。有的专家认为，在文字出现之后，这些符号系统还继续存在。丹尼丝的研究成果没有得到普遍的认同。但是神殿作为管理机构，其管理行为需要记录，以确保管理行为的可追溯性，还是可信的。

（三）金融与数学的关系

经考证，恩美铁那圆锥记载了人类最早的复利计算，也证明人类很早之前就知道复利的原理，并抽象成数学模型进行计算。这里有一个发生在远古的历史故事。公元前 2400 年前，苏美尔的两座城邦拉格什和乌玛之间彼此敌对，乌玛夺取了拉格什一块肥沃的土地，并占领这块土地长达两代人的时间。拉格什的统治者恩美铁那最终夺回了土地并要求乌玛以"租金"加利息的方式进行赔偿。恩美铁那圆锥上的铭文记录了恩美铁那认为之前由于土地占用，存在大麦借贷的情形，并宣称要按照谷物利率为 33.3% 进行赔偿。这一铭文记录是导致债务呈现指数级增长的全世界最早的复利证据，谷物的复利计算的基础是今年获得的利润可以投入明年的生产中。这一利率与后来在苏美尔文明基础上发展起来的古巴比伦文明时期所颁布的《汉谟拉比法典》规定的大麦利率为 33.3% 相一致。根据专家测算，如果计量单位转换为现代单位，恩美铁那向乌玛人计算出的谷物为 4.5 万亿升，这一天文数字，估计恩美铁那自己也不相信乌玛人能够偿还。

金融建立在数学与法律的基础之上，有了较高的数学基础，金融的利息计算就成为现实。公元前 2100 年的一份楔形文字德莱海姆泥板，是一群奶牛在 10 年间牛奶和乳制品产量数量增长的记录，在牛群数量呈指数级增长的情况下，对应的牛奶和乳酪产量也有所增加。泥板上是以白银为通货。

利息为什么会出现在苏美尔社会？古代苏美尔社会尤其是有羊圈之城的乌鲁克，是一个农业或者畜牧业社会。专家们从语义学角度试图解开这个谜。在苏美尔语中，利息一词有牛犊的意思，在古希腊词中，利息一词也有牛繁殖的意思，古埃及语中，利息一词与苏美尔语含义类似，对一个农业或者畜牧业社会来说，"如果牛是标准货币，那么所有可类比商品的借贷也都理应具有'增殖'属性"。

古代两河流域的苏美尔人，在公元前 3000 年后乌尔三世时期发展了金融契约（贷款）。他们以白银和大麦为标的合同，贷款的范围从有息贷款到无息贷款，再到以劳动力支付利息的反异教徒贷款。在公元前 2040 年，美索不达米亚就出现了第一个被认为是私人信贷的系统。这些商人与家庭开始记账，商人们拥有白银和羊毛，商人用这些来交换食物，包括洋葱、鹰嘴豆、大蒜、小麦和山羊，以及其他必需品，如磨石和沥青，但也有贵重物品，如铜盒和香料。商人们用这些白银垫款进行贷款和垫款，或贷款来抵销他们的债务。这一信用体系为商人购买和运送货物提供了流动性，但它也允许通过收取利息获得经济利润。

（四）金融市场的兴起

现代金融市场的起源与人们的商事活动有密切的关系，在热那亚和威尼斯等意大利城邦的早期银行界萌发。1172 年，威尼斯城邦发行了史上第一张国债"prestii"，这是一种根据威尼斯市民的财富分配给他们的义务贷款，所有威尼斯人都是国家的债务人和债权人。它是为了应对人质危机和赢得与拜占庭在亚得里亚海的斗争而发布的。1262 年，威尼斯的债务被正式命名为 Legato Pecuniae，一项法令将所有早期债务合并为基金 Monte Vecchio，每年分期支付 5% 的利息。13 世纪晚期，贷款被正式定义为债券，可以在竞争激烈的二级市场——威尼斯的里阿尔托市场——买卖。

1581 年荷兰共和国创立，国家的大部分收入来自外币贸易，很快货币主导了共和国的经济。外国硬币的兑换价值开始是由习俗或规则确定的，造币厂通过降低铸造成本来赚取铸币税。这就造成了一种情况，价值较低的硬币（贵金属含量较低的硬币）将价值较高的硬币逐出流通领域，价值较高的硬币被囤积起来，这是"格雷欣定律"的早期表达，即"劣币驱逐良币"规律。

为了解决这个问题，荷兰人在 1609 年创建了一家兑换银行——威瑟尔银行（Wisselbank），将外国硬币兑换成本国货币。这家银行后来被称为阿姆斯特丹银行，它是第一家真正意义上的中央银行。银行接受在重量和纯度方面符合严格标准的硬币存款，收取一种叫做 agio 的费用。一个重大的创新是，这些债券可以交易，创造了二级市场。1683 年，银行提供账户余额来结算账簿上的汇票。不久之后，英国央行将记账单位从商品货币转移到债务，并完全停止了硬币提取。因此，它转而采用贵金属支持的纸币体系。

在 17 和 18 世纪，荷兰政府的防御资金越来越多地来自发行一般义务债券的收益，本质上创造了欧洲资本市场。

在现代，金融概念的含义广泛，金融是一个广义的术语，描述与银行、杠杆或债务、信贷、资本市场、货币和投资相关的活动。基本上，财务代表着资金管理和获取所需资金的过程。金融还包括对构成金融系统的货币、银行、信贷、投资、资产和负债的监督、创造和研究。

（五）金融组织

1. 中国历史上的金融组织

（1）典当。中国最古老、存续时间最长的民间金融组织非典当莫属，典当是中国古代社会中进行押物放款收息的商铺，也是最为古老的金融业，可以称为金融业的鼻祖。典当又称质库、质舍、解库、解典铺、解典库等，有学者统计，在民间的称呼有 20 多种，其称呼中含有"典、当、按、质、押"等字。

与中国传统社会的其他行业不同，典当业有其自身的独特性。燕红忠教授主编的《中国金融史》对典当行的特征作过精确的阐述："典当业具有额小、期短、利高、安全和便捷的特点。一方面，典当具有不惮奇零、不畏贮藏之重赘的特征，能够满足特殊阶层的货币与资本需求；另一方面，典当也具有风险较小、获利稳定之特点。与置地招租相比，开当铺不必计及丰歉，不受天气影响，旱涝保收。与一般高利贷相比，开当铺是坐堂营业，有足够的抵押物在手，不劳追索，不怕逃欠，有保证，更有利可图。与一般行商坐贾相比，典当不虑货价涨落，不虑行市顺逆，只有人求于己，罕有己求于人。因此，典当始终是一支重要的金融力量，在特定领域发挥着基本职能。"

关于典当在中国的起源，彭信威教授和杨联陞教授都认为典当业起源于我国南北朝时期的南朝佛寺，当时名为"质库"或者"长生库"。当时寺庙中贮藏有大量的财富，这些财富大多来源于信徒的捐赠。寺庙用这些财富开办典当行，目的之一也是救济穷人。后来由于此行有利可图，也吸引了一些有钱人参与典当业。在政府的支持与缴纳一定的税赋的情况下，寺庙中的当铺在此后的历朝历代都很发达。明清两代寺庙日渐式微，典当业才从寺庙中退出。

（2）票号。中国古代金融创新的力量来自民间，票号的产生强有力地证明了这点。票号又称票庄、汇票庄或者汇总庄，票号大多由山西商人所开，又称山西票号。山西票号以山西的平遥、太谷、祁县的商人最多，势力最大。

关于票号的起源的时间节点，学界有以下几种学说：隋末唐初说、明末清初说、清康乾嘉说、鸦片输入因素说。任何一种金融工具的创新，都来自商业实践的需要。燕红忠教授主编的《中国金融史》认为，票号的产生得益于两个方面的因素：一是政府对金融及相关业务管制松弛，二是市场需求和国内外环境变化使得专门经营汇兑业务变得有利可图。山西商人具有敏捷的商业头脑，有雄厚的财力，当他们发现这一重大商机时，立即行动，开创了近代中国金融业的奇迹。

目前学界通说认为，山西票号起始于平遥日升昌。日升昌票号的前身是山西平遥的西裕成颜料庄，总庄设在平遥，并在北京崇文门外设有分庄。日升昌票号成立于清道光三年（1823年），由山西省平遥县西达蒲村富商李大金出资与总经理雷履泰共同创办。他们创办日升昌主要是为了解决京、晋之间起标运银的安全性问题。山西商人在外经商，有大量的货币与原料需要在山西与外地之间进行运送，路途遥远，交易成本很高。西裕成颜料庄首先在京、晋间试行汇兑办法，结果效果很好，很受欢迎，颜料庄便开始兼营汇兑业务。随后，西裕成颜料庄正式更名为日升昌票号，专营汇兑业务。

山西票号在清末至近代，纵横中国商业领域100多年。票号经营的业务范围大概有以下几个方面：一是汇兑业务。票据汇兑是票号的主营业务，以汇票的形式进行。二是存放款，涉及金融机构的信贷业务。存放款业务的收入来源主要是利息。三是发行兑换券。民间发行银钱票，在清朝前期即已开始，票号后来也增加了这样的业务。

为了加强票号的监管，清末政府制定了《银行通行则例》《通用银票暂行章程》与《银钱行号抽查章程》等法规、政策，顺应了历史发展需要，规范了国家银行信用，使中国的信用与银行制度进入了一个法制化、规范化、现代化的新时期，为中国现代银行信用的建立与发展打下了良好的基础。

票号引领时代潮流110多年，开创中国近代金融之先河。但在近代中国民族复兴的大潮下，革命与救亡运动的风起云涌，社会经济条件发生了巨大的变化。票号这一根植于中国传统文化，又适应了清末社会经济发展需要的金融机构，终于经不起政治动乱与经济危机的冲击，在现代商业银行这一强大竞争对手的压力之下，"清亡票号亡"，随着朝代更替，票号也完成了自身的历史使命，退出了历史舞台。但票号对中国近代经济的发展所作出的贡献，已经载入史册。

2. 钱庄

钱庄产生于明代中后期，比票号的历史要久远。钱庄也称为银行，主要分布于南方地区，与北方地区的票号形成竞争格局。在不同的地区，钱庄的称呼也不相同，在华北、华南称为银号，在农村或者城镇称为钱铺。

钱庄起源于明英宗正统年间，大明宝钞贬值，政府放松对民间用银的限制，于是银钱公开流通，此后私钱进入流通，铜钱轻重不一，成色各异，出现了制钱（明朝按定制由官炉铸造的铜钱）、私钱（民间非法铸造的铜钱）、白钱（制造铜币的过程掺入了锡和铅等金融，铜币颜色发白）共同流通的局面，三种钱之间需要进行比价与兑换，加之嘉靖皇帝大开铸炉，钱币的种类更加繁多。于是，民间出现了专司铜钱兑换的金融组织，称为钱店。钱店在社会上大肆贩卖私钱，扰乱了国家的金融秩序，后朝廷下令禁止钱庄经营。在万历五年（1577年）福建巡抚庞尚鹏奏准设立钱铺，钱铺获得了合法身份。至明朝末年，钱庄发展成为一个独立的金融组织。到了清朝乾嘉时期，钱庄的实力与地位在一些经济发达的城市已经超过了当铺。政府开始颁布法令，对钱庄进行管理，如《清仁宗实录》记载："开张钱铺者，必令五家互出保结。遇有关铺潜逃之事，即令保结之家照票分赔。"随着钱庄业务的发展，钱庄由南到北，扩张迅速。从康熙年间到道光十年（1830年），北京钱庄有389家。鸦片战争前发展到1000多家。鸦片战争之后，随着对外贸易的发展，钱庄的发展迎来了机遇，在我国的通商口岸，钱庄的发展与票号、银行形成了三家鼎立之势。发展到民国时期，钱庄与外国银行、本国银行成为中国金融市场的主体。新中国成立后，政府以支付股息为赎买政策，对钱庄进行了全行业整合，使其成为公私合营的银行体系，钱庄正式退出了历史舞台。

（六）外国历史上的金融组织

1. 圣殿骑士团

圣殿骑士团，又译为神庙骑士团，正式全名为"基督和所罗门圣殿的贫苦骑士团"，是欧洲中世纪天主教军事组织，著名的三大骑士团（医院骑士团、圣殿骑士团和条顿骑士团）之一，成立于1119年。起初，法国贵族雨果·德·帕英和格弗雷·德·圣欧莫以圣殿山的阿克萨清真寺作为根据地成立一个修士会，以保卫朝圣者的安全，并攻击异教徒。该寺建于昔日所罗门圣殿的废墟之上，修士会因此得名，成员起初有9人。1129年，圣殿骑士团得到罗马教廷正式支持，拥有诸多特权，其规模、势力和财富遂迅速增长，甚至发展出最早的银行业。

圣殿骑士团为了管理好如此巨大的财富及复杂的来往账目，需要记账技术的创新。圣殿骑士团的财务人员采用了在当时十分先进的复式簿记方式和汇票取款方式。圣殿骑士团除了托管、信贷和汇款业务外，还时常从事委托征税、押运税款、代为支付、交割见证等金融活动。

1307年，圣殿骑士团的众多成员在法国被捕，经过残酷审讯后以异端罪名处以火刑。1312年，罗马教皇克雷芒五世被腓力四世施压，宣布解散圣殿骑士团。1314年3月18日，圣殿骑士团总团长雅克·德·莫莱受火刑，被法国国王烧死在柴堆上，纵横西方世界185年的圣殿骑士团退出了历史舞台。

2. 美第奇家族

美第奇家族是佛罗伦萨15世纪至18世纪中期在欧洲拥有强大势力的名门望族。乔凡尼·迪比奇·德·美第奇是第一个进入银行业务的美第奇家族成员。美第奇家族特别重视的是汇票中介业务。汇票，是中世纪时期混乱的治安和难行的道路共同孕育出来的产物，是在非发行地的场所指示代理人支付给汇票持有人汇票所示金额的一种指令函。汇票的发行人是佛罗伦萨商人，收款人是由当地商人指定的、生活在另外一个城市的第三者。第三者则可在佛罗伦萨商人的代理人处领到货款。以这种方式佛罗伦萨商人利用遍布于欧洲的代理人网络支付货款，而香槟区的毛织物商人则向另外一个城市的债权人还了债。汇票对商人们来说是非常便利的交易方式，这种方式消除了使用金币或银币所需的运费和风险，对从事国际贸易的大商人来说，还可以获得汇率差所带来的利润，真可谓是一举两得的买卖。特别要指出的是，当时的欧洲不仅是国王，连自治城市和共和国都独自铸造货币。相比于用贵金属货币支付商品货款，汇票的发行使债权、债务的处理更加便利。

但是，这种汇票交易隐含着巨大的风险。因为贵金属货币的流通在交易中越来越少，很自然地导致频繁的赊账交易。在经商活动中信用交易和赊账交易的比重越高，说明经商的风险也就越高。为了解决这个问题，意大利的家族们研究出共同分担风险的方法。但是，这种风险分散方式只能克服经商过程中的困难，一旦发生大的危机，就会出现大家一同破产的结果。如果发生类似黑死病流行，或者法国国王、英国国王破产等极端事件，其后果是不堪设想的。那么，这个问题应该怎么解决呢？如果出现一个能够根据需求兑换各种货币的，也能够向急需资金的商人提供优惠汇票的有信誉的金融机关，是不是能够解决这个问题呢？在历史上第一个实现这个设想的就是阿姆斯特丹市。当时的市政府发现，在荷兰流通的各种不同的货币给经商带来了很现实的麻烦，就出台了解决这一麻烦的对策——建立阿姆斯特丹银行。

3. 荷兰 17 世纪的金融组织

荷兰东印度公司（Dutch East India Company）成立于 1602 年 3 月 20 日，1799 年解散，该公司存续了 197 年，是一家典型的政企合一的公司。经过政府的特许，荷兰东印度公司是第一个可以自组佣兵、发行货币的股份有限公司，并被获准与其他国家订立正式条约，并拥有对荷兰的殖民地实行殖民与统治的权力。1669 年荷兰东印度公司已是世界上最富有的私人公司，拥有超过 150 艘商船、40 艘战舰、5 万名员工、与 1 万名佣兵的军队，股息高达 40%。认购股份的热潮时，荷兰东印度公司共释出 650 万荷兰盾供人认购，当时的 10 盾约等于 1 英镑，而 17 世纪 60 年代荷兰一位教师的年薪约 280 盾，阿姆斯特丹一地就认购了一半的股份。

公司发行股票，就需要股票交易所。1609 年，世界上第一座股票交易所——阿姆斯特丹股票交易所成立。阿姆斯特丹的市民对投资股票热情非常高，当年几乎所有阿姆斯特丹的市民都拥有股票，据说阿姆斯特丹市长的女佣也购买了荷兰东印度公司的股票。阿姆斯特丹股票交易所是当时整个欧洲最活跃的资本市场，集中了世界最大量的资本。交易所拥有 1600 平方米的交易场所，有身着中世纪服饰的 1000 多名股票经纪人。股票交易十分活跃。西方各国大量的财富流向了这个面积不大的国家，据统计，仅英国国债一项，荷兰每年就可获得超过价值相当于 200 吨白银的收入。

随着海上贸易的来往，荷兰和 14 个不同的造币国发生贸易关系，在荷兰流通着大量的外国货币，商人们需要有家金融机构担负交易所需要的票据业务与资金往来，阿姆斯特丹银行于 1609 年应运而生。阿姆斯特丹银行成立后，商人们在银行开设标准化货币账户，实行支票兑付和自动转款。阿姆斯特丹银行并不把存款用于资金运作，而是用来兑换贵金属，始终保持近 100% 的储备金准备支付。1760 年，阿姆斯特丹银行里的存款将近 1900 万弗罗林（Florin），作为储备金的贵金属已经超过了 1600 万弗罗林。阿姆斯特丹银行虽然不具备贷款能力，但为商业活动提供了极大的便利。对商人们来说，自己的账户在"不会倒闭"的国有银行，可以运用它自由地进行商业活动，还可以在可信赖的条件下兑换多种货币。所有这些优势，都足以压倒其他竞争国家。1820 年，阿姆斯特丹银行关闭。

4. 罗斯柴尔德银行

罗斯柴尔德家族在世界金融史上的地位没有一个家族能出其右，是欧洲最著名的银行业王朝，在大约 200 年的时间里间接对欧洲的经济和政治历史产生了巨大的影响。这个古老家族的兴旺始自梅耶·罗斯柴尔德（1744—1812 年），其原名为梅耶·阿姆斯洛·鲍尔（Mayer Amschel Bauer），后更名为梅耶·阿姆斯洛·罗斯柴尔德。他和他的 5 个儿子阿姆斯洛、所罗门、内森、詹姆斯、卡尔（即"罗氏五虎"）先后在法兰克福、伦敦、巴黎、维也纳、那不勒斯等欧洲著名城市开设银行。我国学者宋鸿兵著有《货币战争》一书，里面有许多引人入胜的货币战争故事，其中也涉及罗斯柴尔德家族。

1802 年，罗斯柴尔德家族抓住丹麦王室破产的机遇，进入各国政府做生意的殿堂。1798 年到 1813 年，资助英国军队的两万英镑升值到了 5000 万英镑。1898 年，购买苏伊士运河的股份获得 56% 的收益。1814 年拿破仑与欧洲联军对抗时，战局直接影响金融市场价格的波动，但战局变化无常，一场没有硝烟的以英国公债作为武器的大战此时也在伦敦交易所进行。某天晚上 8 点，拿破仑败局已定，内森·罗斯柴尔德提前安插在战场上的信使乘着快艇飞快地赶回了伦敦。当内森听到这个消息之后，直奔交易所，卖掉手里所有的公债。"英国输了"的信息瞬间就充斥了整个交易所，大家都恐慌性地抛售英国公债，100 英镑面值的公债瞬间就可以跌到 5 英镑，内森趁机买进所有的公债，等英国战胜法国的消息传来以后，英国公债价格飞涨。按照《货币战争》一书中的描述："仅此一役，罗斯柴尔德就获利 2.3 亿英镑。"类似这样的案例在罗斯柴尔德家族的历史上屡见不鲜，有人质疑，为什么总是罗斯柴尔德家族能赶上这种一本万利的事？有人分析，罗斯柴尔德是抓住机遇的天才，也有人说，他们每一笔的投资都有着幕后的黑手。

在规避风险方面，这个家族也堪称"天才"。1911 年泰坦尼克号出海，当时几乎所有保险公司都争相为此船提供保险。但罗斯柴尔德旗下的皇家太阳保险公司却不为所动。泰坦尼克号沉没后，有人追问罗斯柴尔德，你怎么能有先见之明？他的回答轻描淡写："我觉得这艘船太大了，它未必浮得起来。"20 世纪，当全世界都看到金融衍生品蓬勃发展时，很多投资银行都因此发了大财，但罗斯柴尔德家族却从来不碰这项业务。对此，大卫·罗斯柴尔德的回答是："作为一个单独的家族，如果投资金融衍生品就太愚蠢了。"2008 年金融危机，这个家族毫发无损。大卫对此的回应却是："如果因为我们没有任何损失，而说我们高明，这对其他的金融机构不公平。我们避免了损失，但这并不代表我们是最聪明的，只能说我们也许是最保守的。"

（七）当代国际金融组织

1. 国际货币基金组织

1944 年布雷顿森林会议成果之一是成立了国际货币基金组织（International Monetary Fund，IMF）。国际货币基金组织总部设在美国华盛顿，正式成立于 1946 年 5 月。该组织的最高权力机构为理事会。该机构由会员国各派遣一名理事与一名副理事组成，任期 5 年。理事通常由成员国的财政部长或央行行长担任，有投票表决权。副理事在理事缺席时才有投票权。理事会一年召开一次，一般与世界银行理事会联合举行。执行董事会是国际货币基金组织负责日常业务工作的常设机构，由 22 名执行董事组成，任期 2 年。执行董事分为指定董事与选派董事两种。指定董事由基金份额最多的五个成员国美国、英国、德国、法国、日本各派一名，中国与沙特各派一名。该组织的总裁是最高行政长官，负责组织日常事务，总裁由执行董事会推选，并兼任执行董事会主席，任期 5

年。总裁一般来自欧洲国家。在理事会与执行董事会之间还有两个机构，一个是临时委员会，负责研究国际货币制度；另一个是发展委员会，是世界银行与国际货币基金组织理事会关于向发展中国家转移资源的联合部长级委员会。两个委员会每年召开2—4次会议，讨论国际货币体系与开发援助等重大问题。此外，该组织内还有两大利益集团，一是代表发达国家利益的七国集团，另一个是代表发展中国家的二十国集团。

IMF的主要职责有：（1）汇率监管。IMF汇率监管主要体现在两个方面：一是整体监管，IMF通过分析发达国家的国际收支平衡和国内经济状况，评估这些国家的经济政策和汇率政策对世界经济发展的总体影响；二是个别监管，针对对象是成员国，监督成员国是否遵守了协定规定的义务与指导原则。（2）磋商与协调。为了了解成员国的经济发展与政策实施情况，IMF一般每年与成员国就贸易收支、物价水平、失业率、利率、货币供应量等问题进行一次磋商，由IMF专家组与成员国政府官员之间进行，磋商后专家小组会提交一份报告，供执行董事会磋商、讨论与分析成员国经济时使用，同时报告会发表在IMF主办的刊物上。（3）金融贷款。金融贷款是IMF的一项重要职能，但是对贷款的条件有严格的要求。只有当成员国出现了国际收支不平衡时，才对成员国提供短期贷款。

2. 世界银行

布雷顿森林会议另一个重要成果是成立了另一个重要的国际金融机构——世界银行。1946年6月25日，世界银行开始运行，由国际复兴开发银行、国际开发协会、国际金融公司、多边投资担保机构和国际投资争端解决中心5个成员机构组成。中国是世界银行的创始国之一。世界银行于1947年5月9日批准了第一批贷款，向法国贷款2.5亿美元。1947年11月成为联合国的专门机构。起初世界银行成立的目的是帮助欧洲国家与日本进行战后重建，后来也对发展中国家提供发展经济的资金贷款。

世界银行按照股份公司的原则建立。成立之初，世界银行法定资本为100亿美元，全部资本为10万股，每股10万美元。凡是会员国均要认购银行的股份，认购额由申请国与世行协商并经世行董事会批准。认购份额的分配，一般要考虑该国的经济实力，同时参照该国在国际货币基金组织缴纳的份额大小而定。

成员国的投票权。世界银行每个成员国拥有 250 票基本投票权，每认购 10 万美元的股本即增加一票。经过投票权改革之后，世界银行前 5 大股东国分别为美国（15.85%）、日本（6.84%）、中国（4.42%）、德国（4.00%）、法国（3.75%）和英国（3.75%）。

世界银行的组织机构有理事会与执行董事会。理事会由每个成员国任命的一名理事和副理事组成。该职位通常由该国财政部长、中央银行行长或级别相当的一名高级官员担任。理事和副理事任期五年，可以连任。执董会成员包括世界银行行长和 25 名执行董事。行长主持执董会会议，通常无表决权，但在赞成票和反对票持平的情况下有决定性的一票。未经执董会明确授权，执行董事不能单独行使任何权力，也不能单独或代表世界银行作出承诺。世界银行行长由美国人担任。

世界银行的主要业务有：（1）金融产品与服务。世界银行是发展中国家资金与技术援助的重要来源。（2）创新型知识分享。世界银行通过政策建议、分析研究和技术援助等方式向发展中国家提供支持。

四、当代金融法的世界图景

（一）不同法系下的金融法

英国学者菲利普·伍德在《金融法的世界地图》中根据国家法律的渊源与法律的形式，描绘出了一幅金融法的世界地图，在这张地图里，他将法律体系分为 8 个主要的司法辖区：（1）美国普通法法系；（2）英格兰普通法法系；（3）拿破仑法系；（4）罗马—日耳曼法系；（5）混合法系（民法/普通法）；（6）伊斯兰法系；（7）新兴国家；（8）未归类的法律管辖区域。

我们平时所言世界两大法系，普通法法系与民法法系，即英美法系与大陆法系，大概占世界人口的近 70%，占有世界的面积的 80%，占世界 GDP 的 80%。

要对世界上几乎所有国家的金融法体系进行分类，需要建立分类的标准。法律分类的标准，可谓仁者见仁，智者见智，一直是一个争议不休的问题。伍德教授从众多的评价标准中选择出五个核心指标，根据伍德教授选择的标准，应当考量以下因素：（1）这些指标是有效的测试手段，这一法律制度主要揭示其对待信用和破产上的基本态度；（2）这些指标是可测量的，并且能够达到合理的精确度；（3）这些指标在数量上是有限的；（4）这些指标在金融法和金融交易中都是极端重要的；（5）这些指标都是硬法，都可能通过观察而直接获取。

（二）金融法的核心内容及其在不同法系下的适用性

1. 债务抵销的可适用性

在商法和金融法领域，普通的贸易、保险、土地租赁、建筑和商业代理、金融合同、银行借贷等，在破产程序中，如果债权人与债务人之间相互存在请求权，这种权利是可以抵销的，债务抵销之后对剩下的净额进行结算即可。债务抵销（set-off）与净额结算（netting）两个概念经常交替使用，但这两个概念在法律上是有区分的。净额结算指的是法律程序上的问题，是债务抵销后的结果。抵销描述了产生净额结算的依据，净额结算分为以债务变更的方式进行的净额结算与合同终止后的净额结算。抵销具有司法上认可的理由，如独立抵销或者破产抵销。净额结算或债务抵销总头寸涉及使用与同一交易对手冲销头寸的关系，以解决交易对手的信用风险。这与套期保值是不同的，套期保值是利用与多方的头寸抵消来降低风险。从金融法律地图的分布情况来看，英美普通法地区适用这一制度；罗马—日耳曼地区的大多数国家认可这一制度；拿破仑法系地区多数国家否认这一制度。我国《企业破产法》第40条规定："债权人在破产申请受理前对债务人负有债务的，可以向管理人主张抵销。但是，有下列情形之一的，不得抵销：（1）债务人的债务人在破产申请受理后取得他人对债务人的债权的；（2）债权人已知债务人有不能清偿到期债务或者破产申请的事实，对债务人负担债务的；但是，债权人因为法律规定或者有破产申请一年前所发生的原因而负担债务的除外；（3）债务人的债务人已知债务人有不能清偿到期债务或者破产申请的事实，对债务人取得债权的；但是，债务人的债务人因为法律规定或者有破产申请一年前所发生的原因而取得债权的除外。企业进行了破产宣告后，债权人与债务人的债权不得抵销。"

2. 债权的可转让性

这类可转让性的权利包括合同之债、应收账款和请求权。合同债权人转让债权后，法律要求债权人通知债务人，还是债权人有选择权，不同司法辖区的规定不同，因为这涉及债权转让的效力问题。如果法律要求债权人通知债务人，这种要求是强制性的，债权人不通知则权利转让行为无效。如果法律没有这种强制性的规定，则债权人可以选择是否通知债务人，是否通知债务人不影响转让行为的法律效力。有的司法辖区要求转让公示。强制性通知要求与选择性通知要求成为区别不同司法辖区的标志。强制性通知要求或者其他公示要求说明了对合同请求权交易的限制性政策，或者表明了不将金融资产当作一种财产的形式。之前人们认为这样的要求是保护债务人利益的，但在当今世界这是一项过时的规定。因为强制性通知要求会对以下财产的转让形成障碍：无形财产的可自由转让性；担保利益或者利用大额应收账款或者其他合同请求权进行资金的筹集；贸易应收账款的保理或者贴理；资产的证券化，如将贷款出售给融资工具以获得特定价格的回报；银行贷款的转让等。从目前世界司法辖区的情况来看，大多数普通法地区没有强制通知要求；大多数罗马—日耳曼法律地区不要求强制性通知，有少数国家要求；大多数拿破仑法系地区要求进行强制性通知。我国原《合同法》第80条规定："债权人转让权利的，应当通知债务人。未经通知，该转让对债务人不发生效力。债权人转让权利的通知不得撤销，但经受让人同意的除外。"《民法典》第546条的规定与原《合同法》的规定相同。

3. 担保权益的可适用性及其范围

担保权益是一种财产权益，包括不动产或其他财产，担保的目的是保证债务的偿还或其他义务的履行。如果授予担保权益的一方未能履行其义务，那么担保权益的持有人通常可以取得有关资产并出售，以弥补任何损失。证券利息极大地降低了出借人所承担的风险水平，从而允许较低的利率和其他刺激借款的因素。如果授予担保权益，这种交易就被称为"有担保交易"。担保权益的一个常见例子是房地产抵押贷款或信托契约。在这里，借款人将物业作为抵押品，以确保贷款人偿还按揭贷款。在担保协议下，债务人的个人财产（非不动产）和无形资产，如知识产权，通常被用作抵押。抵押品的其他例子包括存货、设备、机械、农产品和作物、器具、家具、固定装置、应收账款、存款账户、合同权利和一般无形资产。一些司法辖区与国家将担保权益的立法采功能主义理念，将权利融资从功能上描述为一种担保权益，如保理、资产证券化、回购协议、租赁、分期付款、所有权保留等。支持担保权益与反对担保权益的观点都很鲜明且有力。目前世界关于担保权益的分布如下：英美普通法辖区支持担保权益；罗马—日耳曼法系支持担保权益；拿破仑法系对此限制较为严格，但也规定了例外情形；转型法律辖区规定了多种形式的担保权益；伊斯兰法律因为禁止利息，权利融资通常被当作一种贷款的替代品使用，如销售和回购。我国法律没有担保权益的规定，但可以根据相关法律规定的相关权利延伸出担保权益。如《民法典》第431条规定，质权人在质权存续期间，未经出质人同意，不得擅自使用、处分质押财产。该条分两种情况：一是出质人同意，质权人可以使用、处分质押财产，那么，既然出质人同意，自然会对担保财产使用、处分的收益作出约定，即担保权益是否延伸至使用、处分所得收益，由当事人约定；二是出质人不同意质权人可以使用、处分，那么自然就不存在担保权益的延伸问题，如果质权人擅自使用、处分担保财产，则产生侵权后果。此种情形下，不产生担保权益的自动延伸问题。《民法典》第446条规定："权利质权除适用本节规定外，适用本章第一节的有关规定。"即权利质权除了《民法典》的相应规定之外，其他规定适用动产质权的规定，权利质权与动产质权共性方面的规定，相关规范互用。《民法典》第443条、第444条、第445条分别对基金份额、股权出质，注册商标专用权、专利权、著作权等知识产权中的财产权出质，应收账款出质作出相应的规定，在这些标的物上设立质权后，质权自办理登记时设立，出质权不得转让，但是出质人与质权人协商同意的除外。如果出质人同意质权可以转让，那么质权人的担保权益应当自动延伸。《民法典》在原来《合同法》的基础上增设了保理合同。综上，《民法典》时代，法律对担保权益是否自动延伸，分为三种情况：禁止延伸、允许延伸、合意延伸。我国没有统一的动产担保交易制度，无法对担保权益作统一的延伸规定，只能根据法律对不同的动产担保标的物所作的规定进行分别解释，才能得知该标的物的担保权益能否自动延伸。

4. 商业信托的可适用性

商业信托的本质是受托人为了财产所有人的利益而持有这项财产的权利，受托人的债权人不可对其持有的这项财产进行追索。商业信托在现代金融业中扮演了极为重要的角色，而且金额巨大，大多数结算系统都需要由一个中间机构为了最终投资者的利益而持有投资产品的权利。可否在所有资产上设立信托（分割所有权），以及受托人破产的情况下，信托是不是仍然有效。按照伍德教授的分类，商业信托可分为以下类型：证券清算系统、担保权益信托、债权持有人受托、投资管理、存托凭证、市场代理、存款保护基金、出卖人与买受人设立的"信托"、名义股东、投资信托、资产证券化、养老基金、家庭信托、慈善信托等。几乎所有的法系都对信托制度进行了规定，因此，几乎在所有的国家，信托都被接受，区别在于信托的范围有宽有窄，有的国家是成文法，有的国家是判例法。我国于2001年颁布了《信托法》。根据2022年9月8日中国信托业协会发布的《2022年2季度中国信托业发展评析》，截至2022年6月末，我国信托资产规模为21.11万亿元，比2021年同期上升4715亿元。2022年2季度末，信托业实现利润总额为280.22亿元。

5. 资金追查

在最终所有人破产的情况下，是否可以对其不当获取的资产进行自由追查，包括对混合资金的追查。资金追查制度集中体现在破产法律制度中。伍德教授认为，破产制度涉及的不是交易安全问题，而是破产财产分配的公正问题。破产制度内含一个矛盾：一方面要求破产程度的公开性、破产财产的特定化、破产优先权、对物所有权的分割权，另一方面要求追回有问题的资金，并将其归还给正当的所有人。破产制度是一个国际上的共性制度，因此，不同法系之间只存在细微的差异。伍德教授提出一个普通法系与民法法系在该项制度上的差别，普通法系在破产制度的设计上有一个推定信托制度，它的产生不需要以设定信托的意思表示为前提。推定信托的设计目的是用来避免错误行为人或者类似的人以及他们的债权人的不当得利。民法法系的破产程序中没有这一项救济措施。

依上所述，伍德教授所指金融法的范围及金融法的核心指标基本囿于民商法体系，是典型的英美法系的法律分类标准，现代金融法里非常重要的中央银行法与金融监管法不在其中。这一点大家在阅读伍德教授著作时要着重关注。

参考资料：

1. 彭信威：《中国货币史》（上下），中信出版集团、东方出版中心2020年版。

2. 燕红忠主编：《中国金融史》，上海财经大学出版社2020年版。

3. 石俊志：《中国货币法制史概论》，中国金融出版社2012年版。

4. 石俊志：《中国货币法制史话》，中国金融出版社2014年版。

5. ［美］威廉·戈兹曼：《千年金融史》，张亚光、熊金武译，中信出版集团

2017 年版。

6.〔英〕菲利普·伍德：《金融法的世界地图》（第 6 版），陈儒丹、黄韬译，法律出版社 2013 年版。

7.〔美〕弗雷德里克·S.米什金：《货币金融学》（第 11 版），郑艳文、邢国勇译，陈雨露校，中国人民大学出版社 2016 年版。

8.〔日〕板谷敏彦：《世界金融史》，王宇新译，机械工业出版社 2018 年版。

第二讲 金融机构

金融机构是金融市场的主体。一般而言，金融机构包括银行、保险、证券、信托等金融企业。下面就对我国的金融机构作一些介绍。

一、银 行 业

银行业金融机构的概念，根据《中国人民银行法》第52条规定："本法所称银行业金融机构，是指在中华人民共和国境内设立的商业银行、城市信用合作社、农村信用合作社等吸收公众存款的金融机构以及政策性银行。"《银行业监督管理法》第2条对银行业金融机构的解释也包括政策性银行。政策性银行属于银行业金融机构，但是，政策性银行不吸收公众存款。

新中国成立后，我国的银行业经过了一个曲折的发展过程。新中国成立之初，国家对民国时期的银行进行了全面整顿，成立于1948年12月的中国人民银行吸收合并了国内绝大部分银行，兼具中央银行、商业银行职能，政策性业务主要由中国人民银行承担。

1978年改革开放后，随着经济的恢复与发展，金融业务的需求促进了我国银行业的多元化发展，政府采取了多项措施发展银行业：恢复了中国建设银行、中国农业银行、中国银行；新设了中国工商银行、交通银行；向深圳、广东、福建、上海四地政府发放了银行牌照，由当地政府主持创办深圳发展银行（1987）、广东发展银行（1988）、兴业银行（1988）、上海浦东发展银行（1992）；向招商局集团、中信集团、光大集团、首钢集团四家国有企业发放了银行牌照，开办了招商银行（1987）、中信实业银行（1987）、中国光大银行（1992）、华夏银行（1992）。1978—1994年间，国家的政策性业务主要由工商银行、农业银行、中国银行和建设银行承担。1993 年 12 月 25 日，国务院发布《国务院关于金融体制改革的决定》及其他文件，提出深化金融改革，将工、农、中、建四大行建设成国有大型商业银行，四大行中剥离出政策性业务，组建了专门承担政策性业务的专业银行，即政策性银行。

1. 开发性和政策性银行

政策性银行，是指由政府出资创立，以贯彻政府的经济政策为目标，在特定领域开展金融业务的、不以盈利为目的的专业性金融机构。我国的开发性和政策性银行有三家：国家开发银行、中国农业发展银行、中国进出口银行，均直属国务院领导。

（1）国家开发银行。1994 年 3 月 17 日，国务院发布《关于组建国家开发银行的通知》，国务院的组建方案中，关于国家开发银行的性质与任务为，"国家开发银行是直属国务院领导的政策性金融机构（正部级单位），对由其安排投资的国家重点建设项目，在资金总量和资金结构配置上负有宏观调控职责。国家开发银行的主要任务是：建立长期稳定的资金来源，筹集和引导社会资金用于重点建设，办理政策性重点建设贷款和贴息业务，投资项目不留资金缺口，从资金来源上对固定资产投资总量及结构进行控制和调节，按照社会主义市场经济的原则，逐步建立投资约束和风险责任机制，提高投资效益，促进国民经济的持续、快速、健康发展"。国家开发银行成立时，将原有的 6 个国家专业投资公司并入国家开发银行，同时组建新的国家开发投资公司。组建方案对国家开发投资公司与中国建设银行的职能进行了分工，建设银行成为一家独立的商业银行。国家开发银行可以从八个渠道获取资金来源或者筹措资金。2008 年 12 月改制为国家开发银行股份有限公司。2015 年 4 月 12 日，国务院明确国家开发银行定位为开发性金融机构，自此，国家开发银行既可以从事政策性金融业务，又可以从事商业性金融业务。截至 2023 年 12 月末，国家开发银行在中国境内设有 37 家一级分行和 4 家二级分行，境外设有 11 家代表处，旗下还设有多家子公司。

（2）中国农业发展银行。1994 年 4 月 19 日，国务院发布《关于组建中国农业发展银行的通知》，"中国农业发展银行是直属国务院领导的政策性金融机构，其主要任务是：按照国家的法律、法规和方针、政策，以国家信用为基础，筹集农业政策性信贷资金，承担国家规定的农业政策性金融业务，代理财政性支农资金的拨付，为农业和农村经济发展服务"。中国农业发展银行的运营来源为以下五个方面：第一，业务范围内开户企事业单位的存款；第二，发行金融债券；第三，财政支农资金；第四，向中国人民银行申请再贷款；第五，境外筹资。中国农业发展银行截至 2023 年 12 月末设有省级分行 31 个，二级分行 338 个，县级营业机构 1684 个，全资子公司 2 个，控股子公司 2 个，参股公司 3 个。

（3）中国进出口银行。中国进出口银行于 1994 年成立。根据 1993 年 12 月 25 日国务院发布的《关于金融体制改革的决定》，组建中国进出口银行。中国进出口银行的业务是为大型机电成套设备进出口提供买方信贷和卖方信贷，为中国银行的成套机电产品出口信贷办理贴息及出口信用担保，不办理商业银行业务。中国进出口银行的资金来源主要是财政专项资金和对金融机构发行的金融债券等。截至 2023 年 12 月末，中国进出口银行在境内设有 32 家营业性分支机构和香港代表处，在海外设有 1 家分行、6 家代表处。

2. 国有商业银行

国有商业银行，是指由财政部和中央汇金投资有限责任公司出资的大型商业银行。国有商业银行有 6 家：中国工商银行（1984 年 1 月 1 日成立）、中国农业银行（1951 年成立）、中国银行（1912 年 2 月 5 日成立）、中国建设银行（1954 年 10 月 1 日）、交通银行（1908 年）、中国邮政储蓄银行（2007 年 3 月 20 日成立）。传统意义上的国有商业银行主要指四大行：工、农、中、建。在 1995 年之前，四大行各自负责自己的业务范围：工商银行负责工商企业生产信贷，农业银行负责农业信贷，中国银行负责国家外汇外贸信贷，建设银行负责基本建设信贷。四大行在自己的信贷领域内形成垄断。1995 年制定了《商业银行法》，四大行开始进行改革，彼此间打破了专业领域的边界，加之股份制银行兴起，在各个领域开展竞争，其他形式的商业银行纷纷设立，商业银行的竞争格局形成。

在对国有商业银行进行股份制改革介绍之前，先介绍一下我国两家重要的投资机构：中央汇金投资有限责任（以下简称中央汇金）与中国投资有限责任公司（以下简称中投公司）。

中央汇金于 2003 年 12 月成立，是国务院批准设立的国有独资投资控股公司。中央汇金成立时的 5000 万元注册资金来源于财政部，运营资金来自中央银行，主要是国家的外汇储备资金，成立之时运用了 450 亿美元的外汇储备对中国银行、中国建设银行注资。中投公司成立于 2007 年 9 月 29 日，是国务院依照《公司法》设立的国家主权财富基金，组建宗旨是实现国家外汇资金多元化投资，注册资本金为 2000 亿美元。中投公司开展境外投资业务与境内金融机构股权管理工作。中投公司成立后，财政部通过发行特别国债，从中国人民银行购买中央汇金的全部股权，并将上述股权作为对中投公司出资的一部分，注入中投公司。中央汇金成为中投公司成立后的子公司，中央汇金的重要股东职责由国务院行使。根据国务院授权，中央汇金对国有重点金融企业进行股权投资，以出资额为限代表国家依法对国有重点金融企业行使出资人权利和履行出资人义务。中央汇金不开展商业性经营活动，不干预其控股的国有重点金融企业的日常经营活动。截至 2022 年 12 月 31 日，中央汇金控股参股机构包括国家开发银行等 18 家银行、保险、证券、投资等重要金融机构。中投公司根据国务院要求持有中央汇金股权。中投公司开展投资业务和中央汇金代表国家行使股东职能的行为之间有严格的界限。

工、农、中、建四大银行的出资人为国家财政部，为国家出资的国有商业银行，在进行股份制改革之前，国有商业银行的经营状况不是很好，资本金一直不足。1998 年，国家曾用 2700 亿元特别国债充实四大银行的资本金。2001 年，中央政府为四大国有商业银行冲销了 1.4 万亿元人民币的坏账。根据中国银行和建设银行 2003 年公布的 2002 财年年报，两家银行的损失类不良贷款超过 2000 亿美元，高坏账率是当时两家国有商业银行的现状。为改变过去由财政注资国有商业银行的做法，国务院决定成立中央汇金，可以说，中央汇金为国有商业银行的股份制改革而生。中央汇金成立后，国有商业银行的股份制改革自 2004 年拉开大幕。2004 年 1 月 6 日，中央同意中央汇金运用外汇储备注资大型商业银行，由中央汇金拿出 450 亿美元外汇储备（合计 3724.65 亿元人民币），对中国银行和中国建设银行注资，同时引进战略合作伙伴。

2004 年，交通银行通过定向募股方式，补充资本金 191 亿元，其中财政部、中央汇金和全国社保基金分别投资 50 亿元、30 亿元、100 亿元。交通银行通过财务重组由股份制商业银行改制为国有商业银行。2005 年 4 月，中央汇金以 150 亿美元外汇储备对中国工商银行注资。2008 年 11 月，中央汇金以 190 亿美元对中国农业银行注资。

国有商业银行进行股份制改革后，开始引进战略投资者。2004 年 8 月 6 日，交通银行与汇丰银行（HSBC）正式签署战略合作协议。汇丰银行以每股 1.86 元人民币的价格购入交通银行 19.9% 的股权，即 77.75 亿股，成为仅次于财政部的第二大股东，投资金额达 17.47 亿美元。2005 年 6 月 17 日，建设银行和美国银行签署了关于战略投资与合作协议。美国银行分阶段对建设银行进行投资，最终持有股权达到 19.9%。首期投资 25 亿美元购买中央汇金持有的建设银行股份。2005 年 7 月 1 日，建设银行和新加坡淡马锡旗下的全资子公司亚洲金融控股私人有限公司签署了关于战略投资协议，亚洲金融以 14.66 亿美元购入建设银行 5.1% 的股权。2005 年 8 月，中国银行与英国苏格兰皇家银行、新加坡淡马锡，9 月与瑞银集团，10 月与亚洲开发银行，2006 年 3 月与全国社保基金，分别签署协议。5 家机构作为新的战略投资者，苏格兰皇家银行出资总计 31 亿美元，购入中国银行 10% 的股权，其中将一半股权卖给了高盛、李嘉诚私人基金；淡马锡购得中国银行 5% 股份。2006 年 1 月 27 日，工商银行与高盛投资团签署了战略投资与合作协议，高盛投资团出资 37.8 亿美元购买工商银行新发行的股份。2006 年 4 月 28 日顺利完成资金交割，约占工商银行的股份比例总计 8.89%。2009 年中国农业银行股份有限公司成立之后，根据当时国内外资本市场的情况，没有延续前期经验引进境外战略投资者，只引进了几家财务投资者。

在成功改制和引进战略投资者的基础上，国有商业银行随即展开首次公开发行和股票上市工作：2005 年 6 月 23 日，交通银行 H 股在香港上市；2005 年 10 月 27 日，建设银行 H 股在香港上市；2006 年 6 月 1 日中国银行 H 股在香港上市，7 月 5 日中国银行 A 股在上海证券交易所上市；2006 年 10 月 27 日，工商银行 A＋H 股同步在上海与香港上市；2007 年 5 月 15 日，交通银行 A 股在上海证券交易所上市；2007 年 9 月 25 日，建设银行 A 股在上海证券交易所上市。2010 年 7 月 15 日和 16 日，农业银行 A 股和 H 股先后在上海和香港上市。2016 年 9 月 28 日，邮储银行在香港上市。至此，国有商业银行均实现了上市，顺利完成了股份制改革。

商业银行的成立，门槛要求比较高，不仅需要满足公司成立的各类条件，还要符合银行特别的要求，各类银行对于注册资本要求各有不同（注册资本应当是实缴资本）。设立全国性商业银行的注册资本最低限额为 10 亿元人民币；设立城市商业银行的注册资本最低限额为 1 亿元人民币；设立农村商业银行的注册资本最低限额为 5000 万元人民币。

3. 股份制商业银行

股份制商业银行是我国商业银行的形式之一，大多也是国有控股，只是股东中除了政府出资外还有企业出资。股份制商业银行是我国金融体制改革的重大成果，自1987年以来，我国目前共有12家股份制商业银行。按照注册地点，北京有4家：中信银行、华夏银行、光大银行和民生银行；广东3家：平安银行、广东发展银行、招商银行；上海1家：浦东发展银行；天津1家：渤海银行；浙江1家：浙商银行；福建1家：兴业银行；山东1家：恒丰银行。

除了出资股东有所不同之外，股份制商业银行与国有商业银行不存在实质性的差别。

4. 城市商业银行

城市商业银行，是由地方政府出资的区域性商业银行。城市商业银行源自城市信用合作社。对于在一定时期内在我国城市存在的这种城市合作金融组织，有深入了解的必要，而且我国城市信用合作社的兴衰与我国经济发展的起伏密切相关。城市信用合作社是我国的集体金融机构，为城市集体企业、个体工商户和城市居民提供金融服务。城市信用合作社出现在20世纪70年代末期，在民营经济比较活跃的城市，一些集体企业与城市个体工商户有资金融通的需求，但他们难以在国有银行获得这样的金融服务，于是，能够满足城市企业与居民金融需求的城市合作金融组织很快发展起来。据统计，1986年以前，我国城市信用合作社的数量约为1300家，总资产约为30亿元。1986年1月，国务院发布《银行管理暂行条例》，第27条规定："农村和大中城市，可以设立信用合作社。信用合作社是群众性的合作金融组织，实行民主管理。农村信用合作社，经营农村存款、贷款、结算、个人储蓄业务。城市信用合作社，经营城市街道集体组织和个体工商户的存款、贷款、结算以及代办个人储蓄存款等业务。信用合作社的管理、审批办法，由中国人民银行另行制定。"这一规定明确了城市信用合作社的法律地位。1986年6月中国人民银行发布《城市信用合作社管理暂行规定》，对城市信用合作社的性质、服务范围、设立条件等作了规定，自此，城市信用合作社加速发展。1988年8月中国人民银行发布《城市信用合作社管理规定》，提高了城市信用合作社的设立条件，注册资本由10万元提高到50万元。1989年上半年，根据中央精神，中国人民银行组织了对城市信用合作社的清理整顿工作。1990年到1991年清理整顿期间，各地控制了新设机构的规模，对经营不善的城市信用合作社予以撤并。1992 年清理整顿工作结束，我国经济进入高速发展时期，各行各业申办城市信用合作社的要求非常强烈。这一期间，城市信用合作社的数量急剧扩大，在绝大多数县（市）都设有城市信用合作社。到 1993 年底，城市信用合作社数量近 4800 家，较 1991 年末增加了1200 多家，总资产为 1878 亿元，职工 12.3 万人。自 1993 年下半年开始，中国人民银行大力清理整顿金融秩序，中国人民银行 1993 年 7 月 1 日起一律停止审批新的城市信用合作社。自 1995 年起，部分地级市在城市信用合作社基础上开始组建城市商业银行。1995 年 3 月，中国人民银行发布《关于进一步加强城市信用社管理的通知》，要求"在全国的城市合作银行组建工作过程中，不再批准设立新的城市信用社"。

一些城市信用合作社管理不规范、经营水平低下、不良资产比例高、抗御风险能力差，形成了相当大的区域性金融风险，1998 年 10 月，国务院办公厅转发中国人民银行《整顿城市信用合作社工作方案》（以下简称《整顿方案》）。《整顿方案》要求各地在地方政府的统一领导下，认真做好城市信用合作社的清产核资工作，彻底摸清各地城市信用合作社的资产负债情况和风险程度，通过采取自我救助、收购或兼并、行政关闭或依法破产等方式化解城市信用合作社风险；按照有关文件对城市信用合作社及联社进行规范改造或改制；要求全国各地进一步加强对城市信用合作社的监管。全国各地按照《整顿方案》的要求，至 1999 年底，除了对少数严重违法违规经营的城市信用合作社实施关闭或停业整顿外，还完成了将约 2300 家城市信用合作社纳入 90 家城市商业银行组建范围的工作，为城市信用合作社的健康发展奠定了良好的基础。

2005 年 11 月，中国银行业监督管理委员会、中国人民银行、财政部、国家税务总局联合制定并发布了《关于进一步推进城市信用合作社整顿工作的意见》，提出切实推进城市信用合作社整顿工作，推进被撤销和停业整顿城市信用合作社的市场退出工作等要求。2012 年 3 月 29 日，全国最后一家城市信用合作社宁波象山县绿叶城市信用合作社改制为城市商业银行，即宁波东海银行股份有限公司，城市信用合作社正式退出了我国金融的历史舞台。

截至 2023 年 12 月末，我国城市商业银行有 125 家，发展呈现不均衡状，其中有北京银行、上海银行、杭州银行、宁波银行这样业绩优秀的银行，但也有不少城市商业银行在经营困境中挣扎。

5.农村金融机构

农村金融机构主要包括农村商业银行、农村合作银行、农村信用社、村镇银行、农村资金互助社几类。

（1）农村商业银行。根据原中国银监会制定的《农村商业银行管理暂行规定》（已废止），农村商业银行是辖区内农民、农村工商户、企业法人和其他经济组织共同入股组成的股份制的地方性金融机构。农村商业银行主要以农村信用社和农村信用社县（市）联社为基础组建。设立农村商业银行应当具备下列条件：第一，有符合本规定的章程；第二，发起人不少于500人；第三，注册资本金不低于5000万元人民币，资本充足率达到8%；第四，设立前辖内农村信用社总资产10亿元以上，不良贷款比例15%以下；第五，有具备任职所需的专业知识和业务工作经验的高级管理人员；第六，有健全的组织机构和管理制度；第七，有符合要求的营业场所、安全防范措施和与业务有关的其他设施；第八，中国银行业监督管理委员会规定的其他条件。农村商业银行以发起方式设立，实行股份有限公司形式。农村商业银行根据股本金来源和归属设置自然人股、法人股。农村商业银行股东应当符合向金融机构入股的条件。农村商业银行的股本划分为等额股份，每股金额为人民币1元。农村商业银行单个自然人股东持股比例不得超过总股本的5‰，单个法人及其关联企业持股总和不得超过总股本的10%，本行职工持股总额不得超过总股本的25%。经中国银行业监督管理委员会批准，农村商业银行可经营《商业银行法》规定的部分或全部业务。

截至2023年12月末，我国共有农村商业银行1607家。

（2）农村合作银行。根据原中国银监会发布的《农村合作银行管理暂行规定》（已废止），农村合作银行是由辖内农民、农村工商户、企业法人和其他经济组织入股组成的股份合作制社区性地方金融机构。主要任务是为农民、农业和农村经济发展提供金融服务。农村合作银行主要以农村信用社和农村信用社县（市）联社为基础组建。设立农村合作银行应当具备下列条件：第一，有符合本规定的章程；第二，发起人不少于1000人；第三，注册资本金不低于2000万元人民币，核心资本充足率达到4%；第四，不良贷款比率低于15%；第五，有具备任职专业知识和业务工作经验的高级管理人员；第六，有健全的组织机构和管理制度；第七，有符合要求的营业场所、安全防范措施和与业务有关的其他设施；第八，中国银行业监督管理委员会规定的其他条件。

农村合作银行的自然人股和法人股分别设定资格股和投资股两种股权。资格股是取得农村合作银行股东资格必须交纳的基础股金。投资股是由股东在基础股金外投资形成的股份。农村合作银行股东应当符合向金融机构投资入股的条件。农村合作银行股东可获取农村合作银行优先、优惠服务。股东持有的投资股可凭投资份额大小取得相应的投资分红。资格股实行一人一票。自然人股东每增加 2000 元投资股增加一个投票权，法人股东每增加 20000 元投资股增加一个投票权。农村合作银行每股金额为人民币 1 元，自然人股东资格股起点金额为人民币 1000 元（各地可根据本地实际进行调整），法人股东资格股起点金额为人民币 10000 元。投资股金额由股东自行决定。

单个自然人股东（包括职工）持股比例（包括资格股和投资股）不得超过农村合作银行股本总额的 5‰。本行职工的持股总额不得超过股本总额的 25%，职工之外的自然人股东持股总额不得低于股本总额的 30%。单个法人及其关联企业持股总和不得超过总股本的 10%，持股比例超过 5% 的，应报当地银行监管机构审批。

经中国银行业监督管理委员会批准，农村合作银行可经营《商业银行法》规定的部分或全部业务。

截至 2023 年 12 月末，我国共有 23 家农村合作银行。

（3）农村信用社。根据中国人民银行发布的《农村信用社管理规定》（已废止），农村信用社是指经中国人民银行批准设立、由社员入股组成、实行社员民主管理、主要为社员提供金融服务的农村合作金融机构。农村信用社的社员，是指向农村信用社入股的农户以及农村各类具有法人资格的经济组织。农村信用社职工应当是农村信用社社员。社员以其出资额为限承担风险和民事责任。设立农村信用社应当具备下列条件：第一，有符合本规定的章程；第二，社员一般不少于 500 个；第三，注册资本金一般不少于 100 万元人民币；第四，有具备任职资格的管理人员和业务操作人员；第五，有符合要求的营业场所、安全防范措施和办理业务必需的设施。

中国银监会成立后，农村信用社的监管机构由中国人民银行划归中国银监会。截至 2023 年 12 月末，我国农村信用社有 499 家。

农村信用社包含多个类型：其一，省级农村信用社联合社。根据中国银监会《农村信用社省（自治区、直辖市）联合社管理暂行规定》，省联社是由所在省（自治区、直辖市）内的农村信用合作社市（地）联合社、县（市、区）联合社、县（市、区）农村信用合作联社、农村合作银行自愿入股组成，实行民主管理，主要履行行业自律管理和服务职能，具有独立企业法人资格的地方性金融机构。农村商业银行在自愿的前提下可向省联社入股，并获得有关服务。全国一共包含 25 家省联合社，省联合社一般受省政府领导，对全省农村合作金融机构（含农村商业银行、农村合作银行、农村信用联社）进行管理、指导、协调和服务。其二，市农村信用合作联社。部分省份在省联社下设置市联社，市联社对本市相关金融机构（农商行、农合行、农信社）进行管理工作，市联社一般受省联社管理，全国共有 15 家市联社，如山东潍坊、山西运城等都设置了市联社。其三，县农村信用合作联社。农村信用社是根据 2004 年国务院农村金融改革精神，经中监会批准，各信用社于 2005 年 7 月 18 日完成改制而来，是由辖内农民、农村工商户、企业法人和其他经济组织以及本联社职工自愿入股组成的股份制社区性地方金融机构。

（4）村镇银行。2006 年 12 月 20 日，中国银监会发布《关于调整放宽农村地区银行业金融机构准入政策，更好支持社会主义新农村建设的若干意见》，意见认为，我国农村地区银行业存在金融机构网点覆盖率低、金融供给不足、竞争不充分等问题，为解决此问题，中国银监会按照商业可持续原则，适度调整和放宽农村地区银行业金融机构准入政策，降低准入门槛，强化监管约束，加大政策支持，促进农村地区形成投资多元、种类多样、覆盖全面、治理灵活、服务高效的银行业金融服务体系，以更好地改进和加强农村金融服务，支持社会主义新农村建设。村镇银行自此快速发展。

根据中国银监会《村镇银行管理暂行规定》，村镇银行是指经中国银监会依据有关法律、法规批准，由境内外金融机构、境内非金融机构企业法人、境内自然人出资，在农村地区设立的主要为当地农民、农业和农村经济发展提供金融服务的银行业金融机构。设立村镇银行应当具备下列条件：第一，有符合规定的章程；第二，发起人或出资人应符合规定的条件，且发起人或出资人中应至少有 1 家银行业金融机构；第三，在县（市）设立的村镇银行，其注册资本不得低于 300 万元人民币；在乡（镇）设立的村镇银行，其注册资本不得低于 100 万元人民币；第四，注册资本为实收货币资本，且由发起人或出资人一次性缴足；第五，有符合任职资格条件的董事和高级管理人员；第六，有具备相应专业知识和从业经验的工作人员；第七，有必需的组织机构和管理制度；第八，有符合要求的营业场所、安全防范措施和与业务有关的其他设施；第九，中国银行业监督管理委员会规定的其他审慎性条件。

截至 2023 年 12 月末，我国共有村镇银行 1636 家。

（5）农村资金互助社。根据中国银监会《农村资金互助社管理暂行规定》，农村资金互助社是指经中国银行业监督管理机构批准，由乡（镇）、行政村农民和农村小企业自愿入股组成，为社员提供存款、贷款、结算等业务的社区互助性银行业金融机构。设立农村资金互助社应符合以下条件：第一，有符合本规定要求的章程；第二，有 10 名以上符合本规定社员条件要求的发起人；第三，有符合本规定要求的注册资本。在乡（镇）设立的，注册资本不低于 30 万元人民币，在行政村设立的，注册资本不低于 10 万元人民币，注册资本应为实缴资本；第四，有符合任职资格的理事、经理和具备从业条件的工作人员；第五，有符合要求的营业场所、安全防范设施和与业务有关的其他设施；第六，有符合规定的组织机构和管理制度；第七，银行业监督管理机构规定的其他条件。

6. 民营银行及其他

设立中国民营银行一直是我国各界人士翘首以盼的金融体制改革举措。中国银监会于 2014 年启动民营银行的试点工作，批准设立 5 家试点银行。2015 年 6 月 22 日，国务院办公厅转发了银监会《关于促进民营银行发展指导意见》，提出"积极推动具备条件的民间资本依法发起设立中小型银行等金融机构，提高审批效率，进一步丰富和完善银行业金融机构体系，激发民营经济活力。促进民营银行依法合规经营、科学稳健发展，鼓励民营银行创新发展方式，提高金融市场竞争效能，增强对中小微企业、'三农'和社区等经济发展薄弱环节和领域的金融支持力度，更好服务实体经济"。同时，对设立民营银行提出了指导思想、基本原则、准入条件、许可程序、稳健发展、加强监管、营造环境等要求。该指导意见发布后，民营银行的组建由试点转为常态化设立。2016 年 1 月 5 日，中国银监会发布《关于民营银行监管的指导意见》，对民营银行的监管提出了具体意见。

民营银行成立的宗旨之一是发展实体经济，为中小微企业、三农和社区经济服务，本质上是为了解决普惠金融问题。截至 2023 年 12 月末，资产规模超过千亿元的民营银行已达到 5 家。部分民营银行业绩良好，经营表现不俗，但目前我国银行业竞争加剧，加上国内外宏观经济形势的影响，银行业整体增速下滑、业绩分化加剧、不良率抬头、罚单增多等问题也在增加，民营银行也面临着同样的问题。同时，民营银行经营业绩差距较大，喜忧参半，其中净利润的行业最大差距已经超过 255 倍。

截至 2023 年 12 月末，我国共有 19 家民营银行，分布在不同的 19 个省、直辖市。

7. 中外合资银行

中国实行改革开放政策后，外资开始进入中国，外资金融机构也进入中国开展金融业务，开放性经济需要金融业务的对外开放。外资银行进入中国金融市场的形式，一是在中国设立分支机构或者代表处，二是与中国金融机构合资成立中外合资银行。1979 年，日本输出银行在北京设立代表处，这是第一家外资银行代表处。1985 年，国务院发布《中华人民共和国经济特区外资银行、中外合资银行管理条例》，允许外资银行在深圳、珠海、厦门、汕头和海南设立营业性分支机构。1985 年 8 月，中国首家中外合资银行厦门国际银行成立，注册资本 10.69 亿元人民币。

1994 年 2 月 25 日，国务院发布《中华人民共和国外资金融机构管理条例》（2002 年修订），1996 年发布《上海浦东外资金融机构经营人民币业务试点暂行管理办法》，进一步向外资银行开放了对外资企业及境外居民的人民币业务，加速了外资银行在中国的发展。2001 年 12 月，中国加入世界贸易组织。2006 年 12 月，中国加入世界贸易组织的过渡期结束，中国银行业全面对外开放。

根据《外资金融机构管理条例》，外资金融机构是指依照中华人民共和国有关法律、法规的规定，经批准在中国境内设立和营业的下列金融机构：第一，总行在中国境内的外国资本的银行（独资银行，又称外资法人银行）；第二，外国银行在中国境内的分行（外国银行分行）；第三，外国的金融机构同中国的公司、企业在中国境内合资经营的银行（合资银行）；第四，总公司在中国境内的外国资本的财务公司（独资财务公司）；第五，外国的金融机构同中国的公司、企业在中国境内合资经营的财务公司（合资财务公司）。独资银行、合资银行的注册资本最低限额为 3 亿元人民币等值的自由兑换货币。独资财务公司、合资财务公司的注册资本最低限额为 2 亿元人民币等值的自由兑换货币。注册资本应当是实缴资本。外国银行分行应当由其总行无偿拨给不少于 1 亿元人民币等值的自由兑换货币的营运资金。

截至 2023 年 12 月末，共有中外合资银行 7 家：厦门国际银行、上海巴黎国际银行、福建亚洲银行、浙江商业银行、华商银行、青岛国际银行、华一银行。

8. 外资法人银行

外资法人银行是注册在中国的外国银行，外资法人银行是中国法人，又称外商独资银行，由 1 家外国银行单独出资或者 1 家外国银行与其他外国金融机构共同出资设立的外商独资银行。过去，外国银行需要在中国开展业务，一般在中国设立分支机构，分支机构不是独立法人。

外资法人银行在国内历史已久，英商丽都银行 1847 年开始便进入中国。外资法人银行可谓是中国近代金融业的启蒙者。

截至 2023 年 12 月末，我国共有外资法人银行 42 家。

9. 外国银行分行

外国银行分行是外国银行在中国设立的分支机构，可经营部分或全部外汇业务，人民币业务不能针对中国境内的公民，经中国金融监管机构批准，也可经营结汇和售汇业务。

10. 外国银行代表处

外国银行代表处是外国银行设在中国的代表机构，只能从事非经营性活动，比如联络、市场调查和咨询等。

11. 非银行机构

（1）企业集团财务公司。根据原中国银监会《企业集团财务公司管理办法》（该管理办法由中国人民银行于 2000 年发布，2004 年、2006 年由中国银监会修订，2022 年由中国银行保险监督管理委员会修订），财务公司是指以加强企业集团资金集中管理和提高企业集团资金使用效率为目的，为企业集团成员单位提供财务管理服务的非银行金融机构。申请设立财务公司的企业集团应当具备下列条件：第一，符合国家的产业政策；第二，申请前一年，母公司的注册资本金不低于 8 亿元人民币；第三，申请前一年，按规定并表核算的成员单位资产总额不低于 50 亿元人民币，净资产率不低于 30%；第四，申请前连续两年，按规定并表核算的成员单位营业收入总额每年不低于 40 亿元人民币，税前利润总额每年不低于 2 亿元人民币；第五，现金流量稳定并具有较大规模；第六，母公司成立 2 年以上并且具有企业集团内部财务管理和资金管理经验；第七，母公司具有健全的公司法人治理结构，未发生违法违规行为，近 3 年无不良诚信记录；第八，母公司拥有核心主业；第九，母公司无不当关联交易。财务公司可以经营下列部分或者全部业务：第一，对成员单位办理财务和融资顾问、信用鉴证及相关的咨询、代理业务；第二，协助成员单位实现交易款项的收付；第三，经批准的保险代理业务；第四，对成员单位提供担保；第五，办理成员单位之间的委托贷款及委托投资；第六，对成员单位办理票据承兑与贴现；第七，办理成员单位之间的内部转账结算及相应的结算、清算方案设计；第八，吸收成员单位的存款；第九，对成员单位办理贷款及融资租赁；第十，从事同业拆借；第十一，中国银监会批准的其他业务。符合条件的财务公司，可以向中国银监会申请从事下列业务：第一，经批准发行财务公司债券；第二，承销成员单位的企业债券；第三，对金融机构的股权投资；第四，有价证券投资；第五，成员单位产品的消费信贷、买方信贷及融资租赁。

截至 2023 年 12 月末，我国共有企业集团财务公司 254 家。

（2）汽车金融公司。根据《汽车金融公司管理办法》（2007 年由中国银监会制定，2023 年 7 月 11 日由国家金融监督管理总局修订），汽车金融公司是指经国家金融监督管理总局批准设立的、专门提供汽车金融服务的非银行金融机构。汽车金融公司名称中应标明"汽车金融"字样。未经国家金融监督管理总局批准，任何单位和个人不得在机构名称中使用"汽车金融""汽车信贷""汽车贷款"等字样。设立汽车金融公司法人机构应具备下列条件：第一，有符合《公司法》和国家金融监督管理总局规定的公司章程；第二，有符合本办法规定的出资人；第三，有符合本办法规定的注册资本；第四，有符合任职资格条件的董事、高级管理人员和熟悉汽车金融业务的合格从业人员；第五，建立了有效的公司治理、内部控制和风险管理体系；第六，建立了与业务经营和监管要求相适应的信息科技架构，具有支撑业务经营的必要、安全且合规的信息系统，具备保障业务持续运营的技术与措施；第七，有与业务经营相适应的营业场所、安全防范措施和其他设施；第八，国家金融监督管理总局规定的其他审慎性条件。汽车金融公司的出资人为中国境内外依法设立的非银行企业法人，其中主要出资人须为汽车整车制造企业或非银行金融机构。主要出资人是指出资数额最大且出资额不低于拟设汽车金融公司全部股本 30% 的出资人。汽车金融公司出资人中至少应当有 1 名具备 5 年以上丰富的汽车消费信贷业务管理和风险控制经验，或为汽车金融公司引进合格的专业管理团队，其中至少包括 1 名有丰富汽车金融从业经验的高级管理人员和 1 名风险管理专业人员。汽车金融公司可从事下列部分或全部本外币业务：接受股东及其所在集团母公司和控股子公司的定期存款或通知存款；接受汽车经销商和售后服务商贷款保证金和承租人汽车租赁保证金；同业拆借业务；向金融机构借款；发行非资本类债券；汽车及汽车附加品贷款和融资租赁业务；汽车经销商和汽车售后服务商贷款业务，包括库存采购、展厅建设、零配件和维修设备购买等贷款；转让或受让汽车及汽车附加品贷款和融资租赁资产；汽车残值评估、变卖及处理业务；与汽车金融相关的咨询、代理和服务。符合条件的汽车金融公司，可以向国家金融监督管理总局及其派出机构申请经营下列部分或者全部本外币业务：其一，发行资本工具；其二，资产证券化业务；其三，套期保值类业务；其四，国家金融监督管理总局批准的其他业务。

截至 2023 年 12 月末，我国共有汽车金融公司 25 家。

（3）金融租赁公司。根据原中国银监会《金融租赁公司管理办法》，金融租赁公司是指经国家金融监管部门批准，以经营融资租赁业务为主的非银行金融机构。金融租赁公司名称中应当标明"金融租赁"字样。未经国家金融监管部门批准，任何单位不得在其名称中使用"金融租赁"字样。融资租赁，是指出租人根据承租人对租赁物和供货人的选择或认可，将其从供货人处取得的租赁物按合同约定出租给承租人占有、使用，向承租人收取租金的交易活动。申请设立金融租赁公司，应当具备以下条件：第一，有符合《中华人民共和国公司法》和银监会规定的公司章程；第二，有符合规定条件的发起人；第三，注册资本为一次性实缴货币资本，最低限额为 1 亿元人民币或等值的可自由兑换货币；第四，有符合任职资格条件的董事、高级管理人员，并且从业人员中具有金融或融资租赁工作经历 3 年以上的人员应当不低于总人数的 50%；第五，建立了有效的公司治理、内部控制和风险管理体系；第六，建立了与业务经营和监管要求相适应的信息科技架构，具有支撑业务经营的必要、安全且合规的信息系统，具备保障业务持续运营的技术与措施；第七，有与业务经营相适应的营业场所、安全防范措施和其他设施；第八，银监会规定的其他审慎性条件。

金融租赁公司的发起人包括在中国境内外注册的具有独立法人资格的商业银行，在中国境内注册的、主营业务为制造适合融资租赁交易产品的大型企业，在中国境外注册的融资租赁公司以及国家金融监管部门认可的其他发起人。经国家金融监管部门批准，金融租赁公司可以经营下列部分或全部本外币业务：融资租赁业务；转让和受让融资租赁资产；固定收益类证券投资业务；接受承租人的租赁保证金；吸收非银行股东 3 个月（含）以上定期存款；同业拆借；向金融机构借款；境外借款；租赁物变卖及处理业务；经济咨询。经国家金融监管部门批准，经营状况良好、符合条件的金融租赁公司可以开办下列部分或全部本外币业务：其一，发行债券；其二，在境内保税地区设立项目公司开展融资租赁业务；其三，资产证券化；其四，为控股子公司、项目公司对外融资提供担保；其五，银监会批准的其他业务。

截至 2023 年 12 月末，我国共有融资租赁公司 68 家。

（4）消费金融公司。根据原中国银监会《消费金融公司试点管理办法》，消费金融公司是指经国家金融监管部门批准，在中华人民共和国境内设立的，不吸收公众存款，以小额、分散为原则，为中国境内居民个人提供以消费为目的的贷款的非银行金融机构。消费贷款是指消费金融公司向借款人发放的以消费（不包括购买房屋和汽车）为目的的贷款。消费金融公司名称中应当标明"消费金融"字样。未经国家金融监管部门批准，任何机构不得在名称中使用"消费金融"字样。申请设立消费金融公司应当具备下列条件：第一，有符合《公司法》和银监会规定的公司章程；第二，有符合规定条件的出资人；第三，有符合本办法规定的最低限额的注册资本；第四，有符合任职资格条件的董事、高级管理人员和熟悉消费金融业务的合格从业人员；第五，建立了有效的公司治理、内部控制和风险管理制度，具备与业务经营相适应的管理信息系统；第六，有与业务经营相适应的营业场所、安全防范措施和其他设施；第七，银监会规定的其他审慎性条件。消费金融公司的出资人应当为中国境内外依法设立的企业法人，并分为主要出资人和一般出资人。主要出资人是指出资数额最多并且出资额不低于拟设消费金融公司全部股本 30% 的出资人，一般出资人是指除主要出资人以外的其他出资人。主要出资人须为境内外金融机构或主营业务为提供适合消费贷款业务产品的境内非金融企业。

经国家金融监管部门批准，消费金融公司可以经营下列部分或者全部人民币业务；发放个人消费贷款；接受股东境内子公司及境内股东的存款；向境内金融机构借款；经批准发行金融债券；境内同业拆借；与消费金融相关的咨询、代理业务；代理销售与消费贷款相关的保险产品；固定收益类证券投资业务；经银监会批准的其他业务。消费金融公司向个人发放消费贷款不应超过客户风险承受能力且借款人贷款余额最高不得超过人民币 20 万元。

截至 2023 年 12 月末，我国共有消费金融公司 31 家。

12. 金融资产管理公司

将商业银行的不良资产交由专门成立的金融资产管理公司处理源自美国，后来成为国际上的通行做法。20 世纪 80 年代至 90 年代初，美国发生了银行业危机。当时，美国约有 1600 多家银行、1300 家储蓄和贷款机构陷入了困境。为了化解危机，美国联邦存款保险公司、联邦储蓄信贷保险公司全力进行了援助，美国联邦政府设立了重组信托公司（Resolution Trust Corporation，RTC）对储贷机构的不良资产进行处置。RTC 在 1989—1994 年经营的五年多时间，通过金融创新，成功化解了银行的金融风险，其经验后被世界其他国家效仿。继美国之后，北欧四国瑞典、挪威、芬兰和丹麦，东欧经济转轨国家、拉美国家、法国、日本、韩国、马来西亚、泰国、印度尼西亚等国家也采取类似美国的办法处理银行的不良资产。

1998 年亚洲金融危机发生后，我国应对及时，措施果断，避免了金融危机波及我国，但商业银行仍然累积了大量的不良资产，据统计，国有商业银行的不良资产总额大约有 22898 亿元，约占整个贷款的 25.37%。如何处理这笔数额巨大的银行不良资产，成为我国能否化解亚洲金融危机的关键。为此，国务院决定成立金融资产管理公司，专门负责处理商业银行的不良资产。

国务院于 2000 年 11 月 1 日发布《金融资产管理公司条例》，根据该条例的规定，金融资产管理公司是指经国务院决定设立的收购国有银行不良贷款，管理和处置因收购国有银行不良贷款形成的资产的国有独资非银行金融机构。金融资产管理公司在其收购的国有银行不良贷款范围内，管理和处置因收购国有银行不良贷款形成的资产时，可以从事下列业务活动：第一，追偿债务；第二，对所收购的不良贷款形成的资产进行租赁或者以其他形式转让、重组；第三，债权转股权，并对企业阶段性持股；第四，资产管理范围内公司的上市推荐及债券、股票承销；第五，发行金融债券，向金融机构借款；第六，财务及法律咨询、资产及项目评估；第七，中国人民银行、中国证券监督管理委员会批准的其他业务活动。金融资产管理公司可以向中国人民银行申请再贷款。

金融资产管理公司收购不良贷款的资金来源包括：第一，划转中国人民银行发放给国有独资商业银行的部分再贷款；第二，发行金融债券。

我国于 1999 年成立了四家资产管理公司，即中国华融资产管理公司、中国长城资产管理公司、中国东方资产管理公司、中国信达资产管理公司，分别接收从中国工商银行、中国农业银行、中国银行和中国建设银行的不良资产，共计 1.4 万亿元。为规范金融资产管理公司资产处置管理工作程序和资产处置行为，最大限度保全资产、减少损失，2000 年财政部发布《金融资产管理公司资产处置管理办法》（2004 年修订）。我国金融资产管理公司成立时确定的存续期为 10 年，应于 2010 年到期终止。

不良资产处理存在所谓的"冰棍效应"，即不良资产随着时间的推移而不断加速贬值。政府要求金融资产管理公司在 2006 年前必须处置完毕债权资产。金融管理公司出于自身利益的诉求，以及在资产处理过程中出现的前期资产处理收益较高而后期资产处理收益递减的现实问题，财政部为四家金融资产管理公司设立了政策性收购不良资产处置目标责任制，同时允许资产管理公司开展商业化收购和接受委托代理处置不良资产业务，走市场化、商业化的路子。2004年 4 月，财政部发布三个规范性文件：《金融资产管理公司投资业务风险管理办法》《金融资产管理公司委托代理业务风险管理办法》《金融资产管理公司商业化收购业务风险管理办法》，自此，金融资产管理公司开启了商业化收购业务、委托代理业务、投资业务三项新业务，资产管理公司的发展步入了快车道。如华融资产管理公司于 2012 年 9 月 28 日整体改制为股份有限公司，2015 年 10 月30 日，中国华融在香港联交所主板上市。2022 年 3 月，中国华融党委划转至中国中信集团有限公司党委管理。中国东方资产管理公司于 2016 年 9 月改制为股份有限公司，截至 2022 年末，中国东方集团总资产达 12479 亿元，在全国共设26 家分公司，下辖中华联合保险集团股份有限公司、大连银行股份有限公司、东兴证券股份有限公司、中国东方资产管理（国际）控股有限公司、上海东兴投资控股发展有限公司、东方前海资产管理有限公司、东方邦信融通控股股份有限公司、东方金诚国际信用评估有限公司、大业信托有限责任公司和浙江融达企业管理有限公司 10 家子公司，业务涵盖不良资产经营、保险、银行、证券、基金、信托、信用评级和海外业务等，员工总数 5 万多人，成了实质意义上的金融控股公司，拥有所有的金融牌照。中国信达资产管理公司、中国长城资产管理公司与中国东方资产管理公司有着类似的发展轨迹。

二、保　险　业

保险业在中国已经有 200 多年的历史。19 世纪初，英国东印度公司在广州开办了中国第一家保险机构，服务于鸦片贸易。随后，一些外资保险公司在广州、上海等贸易口岸设立保险机构。现在的美国国际集团（AIG），其前身是美亚财产保险公司和友邦人寿保险公司，这两家公司皆诞生于 1920 年前后的上海。

新中国成立后，经过社会主义改造，逐步确立了国营保险公司在保险业的领导地位。1958 年，国内保险业务基本停办。1979 年 4 月，国务院同意恢复保险业务。2006 年 6 月 15 日，国务院发布《关于保险业改革发展的若干意见》，提出我国保险业的总体目标是：建设一个市场体系完善、服务领域广泛、经营诚信规范、偿付能力充足、综合竞争力较强，发展速度、质量和效益相统一的现代保险业。我国于 2009 年制定《保险法》。

根据《保险法》，保险是指投保人根据合同约定，向保险人支付保险费，保险人对于合同约定的可能发生的事故因其发生所造成的财产损失承担赔偿保险金责任，或者当被保险人死亡、伤残、疾病或者达到合同约定的年龄、期限等条件时承担给付保险金责任的商业保险行为。设立保险公司应当具备下列条件：第一，主要股东具有持续盈利能力，信誉良好，最近三年内无重大违法违规记录，净资产不低于人民币两亿元；第二，有符合本法和《公司法》规定的章程；第三，有符合本法规定的注册资本；第四，有具备任职专业知识和业务工作经验的董事、监事和高级管理人员；第五，有健全的组织机构和管理制度；第六，有符合要求的营业场所和与经营业务有关的其他设施；第七，法律、行政法规和国务院保险监督管理机构规定的其他条件。设立保险公司，其注册资本的最低限额为人民币两亿元。国务院金融监管机构根据保险公司的业务范围、经营规模，可以调整其注册资本的最低限额，但不得低于两亿元。保险公司的注册资本必须为实缴货币资本。

根据《保险公司管理规定》，保险机构是指保险公司及其分支机构。保险公司是指经保险监督管理机构批准设立，并依法登记注册的商业保险公司。保险公司分支机构是指经保险监督管理机构批准，保险公司依法设立的分公司、中心支公司、支公司、营业部、营销服务部以及各类专属机构。

（一）人身保险公司

根据《保险法》的规定，人身保险业务包括人寿保险、健康保险、意外伤害保险等保险业务。2023 年银保监会发布《人身保险公司分类监管办法（征求意见稿）》（以下简称《征求意见稿》），拟将人身保险公司分为Ⅰ类、Ⅱ类、Ⅲ类、Ⅳ类和Ⅴ类共 5 个类别。业务范围方面，人身保险公司业务范围分为基础类业务和扩展类业务。基础类业务包括普通型保险、健康保险、意外伤害保险、分红型保险、万能型保险，扩展类业务包括投资连结型保险和变额年金。以下是根据分类标准确定的经营业务范围、经营区域和资金运用要求。

表 1

分类	分类标准	经营业务范围	经营区域	资金运用
Ⅰ类	最近一次监管评级为 1 级	在经营范围内，可开展基础类业务和扩展类业务；在经营范围内，支持开展专属养老产品、费率可调整型长期医疗保险产品开发等对公司经营管理能力和风险管控能力要求较高的创新业务	可按照全国人身保险市场准入规划在全国范围内依法合规增设各级分支机构	可依法合规开展全部资金运用业务，监管机构根据实际情况支持该类公司试点开展创新投资业务，并主要通过非现场监测方式开展资金运用监管
Ⅱ类	最近一次监管评级为 2 级	根据公司具体风险状况和实际经营能力，控制万能型保险和扩展类业务保费增长，原则上万能型保险和扩展类业务规模保费增速不能超过公司上一年度万能型保险和扩展类业务规模保费增速或 30%，两者取低；按照"一司一策"原则，在经营范围内，可以开展专属养老产品、费率可调整型长期医疗保险产品开发等对公司经营管理能力和风险管控能力要求较高的创新业务	可按照全国人身保险市场准入规划在一定区域内依法合规增设各级分支机构	可依法合规开展全部资金运用业务，监管机构通过非现场监测和现场检查相结合的方式开展资金运用监管，并视监管情况提示投资风险

分类	分类标准	经营业务范围	经营区域	资金运用
Ⅲ类	最近一次监管评级为3级	严格控制万能型保险和扩展类业务保费规模，原则上万能型保险和扩展类业务规模保费收入不能超过公司上一年度万能型保险和扩展类业务规模保费收入；按照"一司一策"原则，在经营范围内，审慎开展专属养老产品、费率可调型长期医疗保险产品开发等对公司经营管理能力和风险管控能力要求较高的创新业务	可在注册地所在省级地区及经济毗邻省级地区依法合规增设各级分支机构	可依法合规开展全部资金运用业务，监管机构对该类公司加强资金运用非现场监测频度和现场检查力度，并视风险状况和违规情况限制开展相关资金运用业务
Ⅳ类	最近一次监管评级为4级	严格压降万能型保险和扩展类业务保费规模和业务占比，避免风险积聚。监管机构根据人身保险公司风险情况，"一司一策"对万能型保险和扩展类业务提出压降要求。不得开展专属养老产品、费率可调型长期医疗保险产品开发等对公司经营管理能力和风险管控能力要求较高的创新业务	原则上不得增设各级分支机构	可依法合规开展部分资金运用业务。监管机构对该类公司加强资金运用非现场监测频度和现场检查力度，根据风险情况，限制未上市企业股权、不动产及集合资金信托计划等非标准化资产投资业务，支持其委托监管评级为A类和B类的保险资产管理机构开展保险资管产品、股权投资基金和集合资金信托计划等投资
Ⅴ类	最近一次监管评级为5级或S级	监管机构根据人身保险公司风险情况，审慎决定暂停人身保险公司万能型保险和扩展类业务。不得开展专属养老产品、费率可调型长期医疗保险产品开发等对公司经营管理能力和风险管控能力要求较高的创新业务		可依法合规开展部分资金运用业务。监管机构对该类公司加强资金运用非现场监测频度、现场检查力度并采取贴身监管措施，根据风险情况，审慎决定限制或暂停未上市企业股权、不动产及金融产品等全部或部分非标准化资产投资业务，支持其委托监管评级为A类的保险资产管理机构开展保险资管产品、股权投资基金和集合资金信托计划等投资

（二）财产保险公司

根据《保险法》的规定，财产保险业务包括财产损失保险、责任保险、信用保险、保证保险等保险业务。财产保险公司经保险监督管理机构核定，可以经营短期健康保险业务和意外伤害保险业务。

（三）出口信用保险公司

2001 年 12 月 18 日，中国出口信用保险公司成立。中国出口信用保险公司是由国家出资设立、支持中国对外经济贸易发展与合作、具有独立法人地位的国有政策性保险公司。中国出口信用保险公司重点支持货物、技术和服务等出口，特别是高科技、附加值大的机电产品等资本性货物出口，促进经济增长、就业与国际收支平衡。主要产品及服务包括：中长期出口信用保险、海外投资保险、短期出口信用保险、国内信用保险、与出口信用保险相关的信用担保和再保险、应收账款管理、商账追收、信息咨询等出口信用保险服务。

截至 2023 年末，中国出口信用保险公司累计支持的国内外贸易和投资规模超过 7.98 万亿美元，为超过 31 万家企业提供了信用保险及相关服务，累计向企业支付赔款 216.9 亿美元，累计带动近 300 家银行为出口企业提供保单融资支持超过 4.8 万亿元人民币。根据伯尔尼协会统计，2015 年以来，中国信保业务总规模连续在全球官方出口信用保险机构中排名第一。

（四）再保险公司

根据《保险法》的规定，保险人将其承担的保险业务以分保形式部分转移给其他保险人的，为再保险。应再保险接受人的要求，再保险分出人应当将其自负责任及原保险的有关情况书面告知再保险接受人。再保险接受人不得向原保险的投保人要求支付保险费。原保险的被保险人或者受益人不得向再保险接受人提出赔偿或者给付保险金的请求。再保险分出人不得以再保险接受人未履行再保险责任为由，拒绝履行或者迟延履行其原保险责任。保险公司对每一危险单位，即对一次保险事故可能造成的最大损失范围所承担的责任，不得超过其实有资本金加公积金总和的 10%；超过的部分应当办理再保险。

再保险公司是从事再保险业务的保险公司。中国再保险（集团）股份有限公司（以下简称"中再集团"）由中华人民共和国财政部和中央汇金投资有限责任公司发起设立，注册资本人民币 42479808085 元，其中财政部持股 11.45%，中央汇金持股 71.56%。中再集团源于 1949 年 10 月成立的中国人民保险公司，2007 年 10 月整体改制为股份有限公司。目前，中再集团直接控股 6 家境内子公司：中国财产再保险有限责任公司（中再产险）、中国人寿再保险有限责任公司（中再寿险）、中国大地财产保险股份有限公司（中国大地保险）、中再资产管理股份有限公司（中再资产）、中再保数字科技有限责任公司、华泰保险经纪有限公司（华泰经纪）；直接控股境外子公司主要包括：中再 UK 公司、中再承保代理有限公司等；间接控股境外子公司主要包括：中再资产管理（香港）有限公司、桥社英国控股公司、中国再保险（香港）股份有限公司等；设有 4 家海外分支机构：新加坡分公司、伦敦代表处、香港代表处和纽约代表处。

（五）外资保险公司

根据《外资保险公司管理条例》，外资保险公司是指依照中华人民共和国有关法律、行政法规的规定，经批准在中国境内设立和营业的下列保险公司：(1) 外国保险公司同中国的公司、企业在中国境内合资经营的保险公司（合资保险公司）；(2) 外国保险公司在中国境内投资经营的外国资本保险公司（独资保险公司）；(3) 外国保险公司在中国境内的分公司（外国保险公司分公司）。外资保险公司必须遵守中国法律、法规，不得损害中国的社会公共利益。外资保险公司的正当业务活动和合法权益受中国法律保护。

申请设立外资保险公司的外国保险公司，应当具备下列条件：(1) 经营保险业务 30 年以上；(2) 在中国境内已经设立代表机构 2 年以上；(3) 提出设立申请前 1 年年末总资产不少于 50 亿美元；(4) 所在国家或者地区有完善的保险监管制度，并且该外国保险公司已经受到所在国家或者地区有关主管当局的有效监管；(5) 符合所在国家或者地区偿付能力标准；(6) 所在国家或者地区有关主管当局同意其申请；(7) 原中国保监会规定的其他审慎性条件。

外资保险公司按照中国银保监会核定的业务范围，可以全部或者部分依法经营下列种类的保险业务：(1) 财产保险业务，包括财产损失保险、责任保险、信用保险等保险业务；(2) 人身保险业务，包括人寿保险、健康保险、意外伤害保险等保险业务。外资保险公司经中国银保监会按照有关规定核定，可以在核定的范围内经营大型商业风险保险业务、统括保单保险业务。同一外资保公司不得同时兼营财产保险业务和人身保险业务。

（六）保险资产管理公司

根据《保险资产管理公司管理规定》，保险资产管理公司是指经中国银保监会批准，在中华人民共和国境内设立，通过接受保险集团（控股）公司和保险公司等合格投资者委托、发行保险资产管理产品等方式，以实现资产长期保值增值为目的，开展资产管理业务及国务院金融管理部门允许的其他业务的金融机构。

保险资产管理公司应当具备下列条件：（1）具有符合《公司法》和银保监会规定的公司章程；（2）具有符合规定条件的股东；（3）境内外保险集团（控股）公司、保险公司合计持股比例超过50%；（4）具有符合本规定要求的最低注册资本；（5）具有符合规定条件的董事、监事和高级管理人员，配备从事研究、投资、运营、风险管理等资产管理相关业务的专业人员；（6）建立有效的公司治理、内部控制和风险管理体系，具备从事资产管理业务需要的信息系统，具备保障信息系统有效安全运行的技术与措施；（7）具有与业务经营相适应的营业场所、安全防范措施和其他设施；（8）银保监会规定的其他审慎性条件。

保险资产管理公司经营范围包括以下业务：（1）受托管理保险资金及其形成的各种资产；（2）受托管理其他资金及其形成的各种资产；（3）管理运用自有人民币、外币资金；（4）开展保险资产管理产品业务、资产证券化业务、保险私募基金业务等；（5）开展投资咨询、投资顾问，以及提供与资产管理业务相关的运营、会计、风险管理等专业服务；（6）银保监会批准的其他业务；（7）国务院其他部门批准的业务。

三、证　券　业

证券业是为证券投资活动服务的专门行业。各国定义的证券业范围略有不同。按照美国的"产业分类标准"，证券业由证券经纪公司、证券交易所和有关的商品经纪集团组成。根据我国《证券法》的规定，证券业包括的机构为：证券交易场所、证券公司、证券登记结算机构、证券服务机构、证券业协会、证券监督管理机构，这基本上包括了证券业的全部机构。但本讲内容只涉及证公司。

证券公司是专门从事有价证券交易的法人企业，分为证券经营公司和证券登记公司。狭义的证券公司是指证券经营公司。证券公司具有证券交易所的会员资格，可以承销发行、自营买卖或自营兼代理买卖证券。普通投资人的证券投资都要通过证券公司来进行。

证券公司在不同的国家称谓不同。在美国，证券公司被称作投资银行（Investment Bank）或者证券经纪商（Broker-Dealer）。2008年金融危机之后，美国的五大投资银行因破产而不复存在。在英国，证券公司被称作商人银行（Merchant Bank）。在德国，由于一直沿用混业经营模式，投资银行仅是全能银行（Universal Bank）的一个部门。在日本，称为证券公司（Securities Company）。我国采证券公司之称谓。

设立证券公司，应当具备下列条件，并经国务院证券监督管理机构批准：（1）有符合法律、行政法规规定的公司章程；（2）主要股东及公司的实际控制人具有良好的财务状况和诚信记录，最近三年无重大违法违规记录；（3）有符合本法规定的公司注册资本；（4）董事、监事、高级管理人员、从业人员符合本法规定的条件；（5）有完善的风险管理与内部控制制度；（6）有合格的经营场所、业务设施和信息技术系统；（7）法律、行政法规和经国务院批准的国务院证券监督管理机构规定的其他条件。未经国务院证券监督管理机构批准，任何单位和个人不得以证券公司名义开展证券业务活动。

经国务院证券监督管理机构核准，取得经营证券业务许可证，证券公司可以经营下列部分或者全部证券业务：（1）证券经纪；（2）证券投资咨询；（3）与证券交易、证券投资活动有关的财务顾问；（4）证券承销与保荐；（5）证券融资融券；（6）证券做市交易；（7）证券自营；（8）其他证券业务。

截至2023年12月末，我国共有证券公司140家。

四、信　托　业

信托在国外已有3800年的历史。1822年成立的美国纽约农业火险放款公司，后更名为农民放款信托投资公司，是世界上第一家信托投资公司。

中国的信托业始于20世纪初的上海。1921年8月，在上海成立了第一家专业信托投资机构——中国通商信托公司。1935年上海成立了中央信托总局。1979年10月，新中国第一家信托机构——中国国际信托投资公司成立。此后，从中央银行到各专业银行及行业主管部门、地方政府纷纷办起各种形式的信托投资公司，到1988年达到最高峰时共有1000多家。

根据《信托法》，信托是指委托人基于对受托人的信任，将其财产权委托给受托人，由受托人按委托人的意愿以自己的名义，为受益人的利益或者特定目的，进行管理或者处分的行为。

根据《信托投资公司管理办法》，信托公司是指依照《公司法》和本办法设立的主要经营信托业务的金融机构。信托业务是指信托公司以营业和收取报酬为目的，以受托人身份承诺信托和处理信托事务的经营行为。设立信托公司应当具备下列条件：（1）有符合《公司法》和中国银行业监督管理委员会规定的公司章程；（2）有具备中国银行业监督管理委员会规定的入股资格的股东；（3）具有本办法规定的最低限额的注册资本；（4）有具备中国银行业监督管理委员会规定任职资格的董事、高级管理人员和与其业务相适应的信托从业人员；（5）具有健全的组织机构、信托业务操作规程和风险控制制度；（6）有符合要求的营业场所、安全防范措施和与业务有关的其他设施；（7）中国银行业监督管理委员会规定的其他条件。

信托公司可以申请经营下列部分或者全部本外币业务：（1）资金信托；（2）动产信托；（3）不动产信托；（4）有价证券信托；（5）其他财产或财产权信托；（6）作为投资基金或者基金管理公司的发起人从事投资基金业务；（7）经营企业资产的重组、并购及项目融资、公司理财、财务顾问等业务；（8）受托经营国务院有关部门批准的证券承销业务；（9）办理居间、咨询、资信调查等业务；（10）代保管及保管箱业务；（11）法律法规规定或国家金融监管机构批准的其他业务。

截至2023年12月末，我国共有信托公司68家。

五、期　货　业

期货（Futures）与现货完全不同，现货是实际可交易的商品，如我们在日常生活中进行的交易，基本是现货交易，一手交钱一手交货。期货主要不是货，是以某种大宗产品如棉花、大豆、石油等，以及金融资产如股票、债券等为标的的标准化可交易合约。因此，这个标的物可以是某种商品，如黄金、原油、农产品，也可以是金融工具。交收期货的日期可由交易双方约定。买卖期货的合同或协议叫做期货合约。买卖期货的场所叫做期货交易所。投资者可以对期货进行投资或投机。2022年4月20日，第十三届全国人民代表大会常务委员会第三十四次会议表决通过《期货和衍生品法》，自2022年8月1日起施行。

期货交易历史悠久，1571年英国商人托马斯·格雷哈姆在伦敦开设了世界上第一家商品远期合同交易所——皇家交易所。1848年成立的美国芝加哥期货交易所是第一家现代意义的期货交易所。芝加哥期货交易所在1865年确立了标准合约的模式。1990年10月12日，经国务院批准成立了郑州粮食批发市场，以现货交易为基础，引入期货交易机制，是我国第一家期货交易的机构。1991年5月28日，上海金属商品交易所成立；1991年6月10日，深圳有色金属交易所成立；1992年9月，我国第一家期货经纪公司——广东万通期货经纪公司成立，标志着我国期货市场中断了40多年后重新恢复；1993年2月28日，大连商品交易所成立；1998年8月，上海期货交易所成立；2006年9月8日，中国金融交易所成立；2010年4月16日，中国推出国内第一个股指期货——沪深300股指期货合约；2011年4月15日，中国大连商品交易所推出世界上首个焦炭期货合约；2012年12月3日，中国郑州商品交易所推出首个玻璃期货合约。

期货公司是从事期货交易的金融机构。根据《期货和衍生品法》，设立期货公司应当具备下列条件，并经国务院期货监督管理机构核准：（1）有符合法律、行政法规规定的公司章程；（2）主要股东及实际控制人具有良好的财务状况和诚信记录，净资产不低于国务院期货监督管理机构规定的标准，最近三年无重大违法违规记录；（3）注册资本不低于人民币1亿元，且应当为实缴货币资本；（4）从事期货业务的人员符合本法规定的条件，董事、监事和高级管理人员具备相应的任职条件；（5）有良好的公司治理结构、健全的风险管理制度和完善的内部控制制度；（6）有合格的经营场所、业务设施和信息技术系统；（7）法律、行政法规和国务院期货监督管理机构规定的其他条件。国务院期货监督管理机构根据审慎监管原则和各项业务的风险程度，可以提高注册资本最低限额。期货公司应当在其名称中标明"期货"字样，国务院期货监督管理机构另有规定的除外。根据中国证监会发布的《期货公司管理办法》（征求意见稿），申请设立期货公司除应当符合《期货和衍生品法》第 60 条规定的条件外，还应当具备下列条件：（1）符合期货从业条件的业务人员不少于 15 人；（2）符合任职条件的高级管理人员不少于 3 人；（3）中国证监会规定的其他条件。

期货公司经国务院期货监督管理机构核准可以从事下列期货业务：（1）期货经纪；（2）期货交易咨询；（3）期货做市交易；（4）其他期货业务。期货公司从事资产管理业务的，应当符合《证券投资基金法》等法律、行政法规的规定。

截至 2023 年 12 月末，我国共有 150 家期货公司。

六、金融控股公司

2020 年 9 月 11 日，国务院发布《关于实施金融控股公司准入管理的决定》，金融控股公司的监管机构为中国人民银行。2023 年 10 月 23 日，中国机构编制网公布《中共中央办公厅　国务院办公厅关于调整中国人民银行职责机构编制的通知》，将中国人民银行对金融控股公司等金融集团的日常监管职责，划入国家金融监督管理总局。

根据中国人民银行发布的《金融控股公司监督管理试行办法》，金融控股公司是指依法设立，控股或实际控制两个或两个以上不同类型金融机构，自身仅开展股权投资管理、不直接从事商业性经营活动的有限责任公司或股份有限公司。控股股东或实际控制人为境内非金融企业、自然人以及经认可的法人的金融控股公司。金融机构跨业投资控股形成的金融集团参照金融控股公司的监管办法确定监管政策标准。

非金融企业、自然人及经认可的法人实质控制两个或两个以上不同类型金融机构，并具有以下情形之一的，应当设立金融控股公司：（1）实质控制的金融机构中含商业银行，金融机构的总资产规模不少于 5000 亿元的，或金融机构总资产规模少于 5000 亿元，但商业银行以外其他类型的金融机构总资产规模不少于 1000 亿元或受托管理资产的总规模不少于 5000 亿元。（2）实质控制的金融机构不含商业银行，金融机构的总资产规模不少于 1000 亿元或受托管理资产的总规模不少于 5000 亿元。（3）实质控制的金融机构总资产规模或受托管理资产的总规模未达到第一项、第二项规定的标准，但中国人民银行按照宏观审慎监管要求，认为需要设立金融控股公司的。符合前述规定条件的企业集团，如果企业集团内的金融资产占集团并表总资产的比重达到或超过85%的，可申请专门设立金融控股公司，由金融控股公司及其所控股机构共同构成金融控股集团；也可按照本办法规定的设立金融控股公司的同等条件，由企业集团母公司直接申请成为金融控股公司，企业集团整体被认定为金融控股集团，金融资产占集团并表总资产的比重应当持续达到或超过85%。

申请设立金融控股公司的，除应当具备《公司法》规定的条件外，还应当具备以下条件：（1）实缴注册资本额不低于50亿元人民币，且不低于直接所控股金融机构注册资本总和的50%。（2）拟设金融控股公司的股东、实际控制人符合相关法律、行政法规、国务院决定和本办法规定。（3）有符合任职条件的董事、监事和高级管理人员。（4）有健全的组织机构和有效的风险管理、内部控制制度。（5）有能力为所控股金融机构持续补充资本。

设立金融控股公司，还应当符合其他审慎性条件。

参考资料：

1. 吴定富：《我国保险业改革发展的现状与趋势》，《湖南日报》2011年2月21日。

2. 曹凤岐、贾春新：《金融市场与金融机构（第二版）》，北京大学出版社2014年版。

3. 陆磊：《金融机构改革的道路选择》，中国金融出版社2018年版。

4. 陈元、黄益平：《中国金融四十人看四十年》，中信出版集团2018年版。

第三讲　监管机构

我国金融监管机构的设立与职能变化随着我国金融业的发展而演变。本讲主要内容为我国金融监管机构及其演变。

一、金融监管机构

（一）中国人民银行

首先我们要谈中国人民银行的发展史与职能演变。1948 年 12 月 1 日，中国人民银行在河北省石家庄市宣布成立。成立当天，华北人民政府发出布告，由中国人民银行发行的人民币在华北、华东、西北三区统一流通，所有公私款项收付及一切交易均以人民币为本位货币。1949 年 2 月，中国人民银行由石家庄市迁入北平。1949 年 9 月，中国人民政治协商会议通过《中央人民政府组织法》，中国人民银行为政务院的直属单位，接受财政经济委员会指导，与财政部保持密切联系，赋予其国家银行职能，承担发行国家货币、经理国家金库、管理国家金融、稳定金融市场、支持经济恢复和国家重建的任务。随着新中国的成立，中国人民银行逐步建立了国家银行体系，建立了全国垂直领导的组织机构体系；统一了人民币发行，逐步收兑了解放区发行的货币，全部清除并限期兑换了国民党政府发行的货币，很快使人民币成为全国统一的货币；对各类金融机构实行了统一管理。中国人民银行是我国唯一的金融监管机构。

在 1978 年实行改革开放之前，我国实行统一的计划体制，金融领域也是实行集中统一的管理体制。中国人民银行作为国家金融管理和货币发行的机构，既是管理金融的国家机关，又是全面经营银行业务的国家银行。我国从 1953 年开始建立了集中统一的综合信贷计划管理体制，即全国的信贷资金，不论是资金来源还是资金运用，都由中国人民银行总行统一掌握，实行"统存统贷"的管理办法，银行信贷计划纳入国家经济计划，成为国家管理经济的重要手段。高度集中的国家银行体制，为大规模的经济建设进行全面的金融监督和服务。

此时的中国人民银行既是国家的中央银行，也是国家的商业银行，还承担部分政策性职能。中国人民银行担负着组织和调节货币流通的职能，统一经营各项信贷业务，在国家计划实施中具有综合反映和货币监督功能。中国人民银行对国有企业提供超定额流动资金贷款、季节性贷款和少量的大修理贷款，对城乡集体经济、个体经济和私营经济提供部分生产流动资金贷款，对农村中的贫困农民提供生产贷款、口粮贷款和其他生活贷款。这时的基本做法是：长期资金归财政、短期资金归银行，无偿资金归财政、有偿资金归银行，定额资金归财政、超定额资金归银行。

改革开放之后，我国的金融业务逐步呈现多元化发展，金融机构也随之发展。1979 年 1 月，我国恢复了中国农业银行。1979 年 3 月，中国银行成为国家指定的外汇专业银行；同时设立了国家外汇管理局。随后，政府又恢复了国内保险业务，重新建立中国人民保险公司；地方政府还相继组建了信托投资公司和城市信用合作社，出现了金融机构多元化和金融业务多样化的局面。金融机构发展起来之后，需要改革原有的金融体制，建立统一的监管制度。1982 年 7 月，国务院批转中国人民银行的报告，进一步强调"中国人民银行是我国的中央银行，是国务院领导下统一管理全国金融的国家机关"，以此为起点开始了组建专门的中央银行体制的准备工作。

1983 年 9 月 17 日，国务院作出决定由中国人民银行专门行使中央银行的职能，并具体规定了中国人民银行的 10 项职责。从 1984 年 1 月 1 日起，中国人民银行开始专门行使中央银行的职能，集中力量研究和实施全国金融的宏观决策，加强信贷总量的控制和金融机构的资金调节，以保持货币稳定；同时新设中国工商银行，中国人民银行过去承担的工商信贷和储蓄业务由中国工商银行专业经营；中国人民银行分支行的业务实行垂直领导；设立中国人民银行理事会，作为协调决策机构；建立存款准备金制度和中央银行对专业银行的贷款制度，初步确定了中央银行制度的基本框架。

1995 年 3 月 18 日，全国人民代表大会通过《中国人民银行法》，首次以国家立法形式确立了中国人民银行作为中央银行的地位，标志着中央银行体制走向了法制化、规范化的轨道，是中央银行制度建设的重要里程碑。

1998 年，按照中央金融工作会议的部署，改革中国人民银行管理体制，撤销省级分行，设立跨省区分行，同时，成立中国人民银行系统党委，对党的关系实行垂直领导，干部垂直管理。

2003 年，按照党的十六届二中全会审议通过的《关于深化行政管理体制和机构改革的意见》和第十届全国人民代表大会一次会议批准的国务院机构改革方案，将中国人民银行对银行、金融资产管理公司、信托投资公司及其他存款类金融机构的监管职能分离出来，并和中央金融工委的相关职能进行整合，成立中国银行业监督管理委员会。同年 9 月，中央机构编制委员会正式批准中国人民银行的"三定"调整意见。12 月 27 日，第十届全国人民代表大会常务委员会第六次会议审议通过了《中国人民银行法（修正案）》。

有关金融监管职责调整后，中国人民银行新的职能正式表述为"制定和执行货币政策、维护金融稳定、提供金融服务"。同时，明确界定："中国人民银行为国务院组成部门，是中华人民共和国的中央银行，是在国务院领导下制定和执行货币政策、维护金融稳定、提供金融服务的宏观调控部门。"这次《中国人民银行法》的修订，突出了"一个强化"，即强化与制定和执行货币政策有关的职能；"一个转换"，即转换实施对金融业宏观调控和防范与化解系统性金融风险的方式；"两个增加"，即增加反洗钱和管理信贷征信业两项职能。

根据 2023 年《党和国家机构改革方案》，"撤销中国人民银行大区分行及分行营业管理部、总行直属营业管理部和省会城市中心支行，在 31 个省（自治区、直辖市）设立省级分行，在深圳、大连、宁波、青岛、厦门设立计划单列市分行。中国人民银行北京分行保留中国人民银行营业管理部牌子，中国人民银行上海分行与中国人民银行上海总部合署办公。不再保留中国人民银行县（市）支行，相关职能上收至中国人民银行地（市）中心支行。对边境或外贸结售汇业务量大的地区，可根据工作需要，采取中国人民银行地（市）中心支行派出机构方式履行相关管理服务职能"。将中国人民银行对金融控股公司等金融集团的日常监管职责、有关金融消费者保护职责划入国家金融监督管理总局。

（二）国家外汇管理局

国家外汇管理局于 1979 年 3 月成立，由中国人民银行管理。国家外汇管理局的主要职能有 10 项，可以从国家外汇管理局的官网上查询。

世界上许多国家和地区设有外汇监管机构，如英国金融行为监管局、瑞士金融市场监督管理局、美国全国期货协会、日本金融厅、澳大利亚证券及投资委员会、香港证券及期货事务监察委员会、新加坡金融管理局、新西兰金融市场管理局、德国联邦金融监管局、加拿大投资行业监管组织、法国金融市场管理局等。

根据我国《外汇管理条例》的规定，外汇是指下列以外币表示的可以用作国际清偿的支付手段和资产：（1）外币现钞，包括纸币、铸币；（2）外币支付凭证或者支付工具，包括票据、银行存款凭证、银行卡等；（3）外币有价证券，包括债券、股票等；（4）特别提款权；（5）其他外汇资产。境内机构、境内个人的外汇收支或者外汇经营活动，以及境外机构、境外个人在境内的外汇收支或者外汇经营活动，都要受到该条例的监管。监管的主要内容包括：经常项目外汇管理，经常项目是指国际收支中涉及货物、服务、收益及经常转移的交易项目等；资本项目外汇管理，资本项目是指国际收支中引起对外资产和负债水平发生变化的交易项目，包括资本转移、直接投资、证券投资、衍生产品及贷款等；金融机构外汇业务管理；人民币汇率和外汇市场管理。

根据中国人民银行《银行办理结售汇业务管理办法》的规定，银行办理结售汇业务应当经外汇局批准。根据该管理办法规定的市场准入条件，具备条件的银行可以申请办理即期结售汇业务、人民币与外汇衍生产品业务。

（三）中国保险监督管理委员会

1998 年 11 月，根据《中共中央　国务院关于深化金融改革、整顿金融秩序、防范金融风险的通知》（中发〔1997〕19 号）和《国务院关于成立中国保险监督管理委员会的通知》（国发〔1998〕37 号），设立中国保险监督管理委员会。2003 年国务院办公厅发布《关于印发中国保险监督管理委员会主要职责内设机构和人员编制规定的通知》（国办发〔2003〕61 号），具体确定了保监会的职能。

2018 年 2 月 28 日，党的十九届三中全会通过了《中共中央关于深化党和国家机构改革的决定》。"加强和优化金融管理职能，增强货币政策、宏观审慎政策、金融监管协调性，优化金融监管力量，健全金融监管体系，守住不发生系统性金融风险的底线，维护国家金融安全。"

2018 年 3 月，第十三届全国人民代表大会第一次会议批准了《国务院机构改革方案》，组建中国银行保险监督管理委员会，不再保留中国保险监督管理委员会。

(四) 中国银行业监督管理委员会

2003 年 3 月，中国银行业监督管理委员会设立。2003 年 3 月，根据第十届全国人民代表大会第一次会议批准的国务院机构改革方案和《国务院关于机构设置的通知》(国发〔2003〕8 号)，设立中国银行业监督管理委员会，为国务院直属正部级事业单位。2003 年 4 月 25 日，中国银行业监督管理委员会成立；2003 年 4 月 28 日起正式履行职责。中国银行业监督管理委员会划入中国人民银行对银行业金融机构的监管职责和原中共中央金融工作委员会的相关职责。根据中共中央决定，中国银行业监督管理委员会成立党委，履行中共中央规定的职责。中国人民银行原来的银行监管一司、二司、非银司、合作司和银行管理司进行了重新整合。整合后的中国银行业监督管理委员会新部门分别是：监管一部负责国有商业银行，监管二部负责股份制商业银行，监管三部负责外资和政策性银行，而非银行金融机构监管部和合作金融机构监管部负责信托公司、租赁公司、资产管理公司等金融机构。

2018 年 3 月，根据第十三届全国人民代表大会第一次会议批准的《国务院机构改革方案》，将中国银行业监督管理委员会和中国保险监督管理委员会的职责整合，组建中国银行保险监督管理委员会；将中国银行业监督管理委员会拟订银行业、保险业重要法律法规草案的职责划入中国人民银行，不再保留中国银行业监督管理委员会。

(五) 中国银行保险监督管理委员会

根据 2018 年《国务院机构改革方案》，将中国银行业监督管理委员会和中国保险监督管理委员会的职责整合，组建中国银行保险监督管理委员会，作为国务院直属事业单位。将中国银行业监督管理委员会和中国保险监督管理委员会拟订银行业、保险业重要法律法规草案和审慎监管基本制度的职责划入中国人民银行。不再保留中国银行业监督管理委员会和中国保险监督管理委员会。

中国银保监会的成立，实现了国家金融监管机构的职能转变，围绕国家金融工作的指导方针和任务，进一步明确职能定位，强化监管职责，加强微观审慎监管、行为监管与金融消费者保护，守住不发生系统性金融风险的底线。按照简政放权要求，逐步减少并依法规范事前审批，加强事中事后监管，优化金融服务，向派出机构适当转移监管和服务职能，推动银行业和保险业机构业务和服务下沉，更好地发挥金融服务实体经济功能。

（六）国家金融监督管理总局

2023 年 3 月 16 日，中共中央、国务院印发《党和国家机构改革方案》，根据该改革方案："组建国家金融监督管理总局。统一负责除证券业之外的金融业监管，强化机构监管、行为监管、功能监管、穿透式监管、持续监管，统筹负责金融消费者权益保护，加强风险管理和防范处置，依法查处违法违规行为，作为国务院直属机构。国家金融监督管理总局在中国银行保险监督管理委员会基础上组建，将中国人民银行对金融控股公司等金融集团的日常监管职责、有关金融消费者保护职责、中国证券监督管理委员会的投资者保护职责划入国家金融监督管理总局。不再保留中国银行保险监督管理委员会。"

2023 年 5 月 18 日上午 9 点，国家金融监督管理总局在北京金融街 15 号正式揭牌。这意味着运行了 5 年的银保监会正式退出历史舞台。与此同时，"国家金融监督管理总局"官方网站也正式启用。至此，我国金融监管体系从"一行两会"迈入"一行—总局——一会"的新格局。

（七）中国证券监督管理委员会

新中国的证券市场发端于 20 世纪 80 年代初国债的发行。1981 年，我国政府开始采用发行国债的形式筹措资金，证券市场开始发育。1984 年 11 月 18 日，新中国第一只股票由上海飞乐音响公司发行。这一阶段证券业与证券市场主要由中国人民银行负责监管。

我国政府于 1990 年 11 月 26 日成立上海证券交易所，1990 年 12 月 1 日成立深圳证券交易所。

1992 年 10 月，国务院证券委员会（以下简称"国务院证券委"）和中国证券监督管理委员会（以下简称"中国证监会"）宣告成立，标志着中国证券市场统一监管体制开始形成。国务院证券委是国家对证券市场进行统一宏观管理的主管机构。中国证监会是国务院证券委的监管执行机构，依照法律法规对证券市场进行监管。

国务院证券委和中国证监会成立以后，其职权范围随着市场的发展逐步扩展。1993 年 11 月，国务院决定将期货市场的试点工作交由国务院证券委负责，中国证监会具体执行。1995 年 3 月，国务院正式批准《中国证券监督管理委员会机构编制方案》，确定中国证监会为国务院直属副部级事业单位，是国务院证券委的监管执行机构，依照法律、法规的规定，对证券期货市场进行监管。此时证券经营机构仍由中国人民银行监管。

1997 年 8 月，国务院研究决定，将上海、深圳证券交易所统一划归中国证监会监管；同时，在上海和深圳两市设立中国证监会证券监管专员办公室；11 月，中央召开全国金融工作会议，决定对全国证券管理体制进行改革，理顺证券监管体制，对地方证券监管部门实行垂直领导，并将原由中国人民银行监管的证券经营机构划归中国证监会统一监管。

1998 年 4 月，根据国务院机构改革方案，决定将国务院证券委与中国证监会合并组成国务院直属正部级事业单位。经过这些改革，中国证监会职能明显加强，集中统一的全国证券监管体制基本形成。

1998 年 9 月，国务院批准了《中国证券监督管理委员会职能配置、内设机构和人员编制规定》。中国证监会机关内设 20 个职能部门，1 个稽查总队，3 个中心；根据《证券法》第 14 条规定，中国证监会还设有股票发行审核委员会，委员由中国证监会专业人员和所聘请的会外有关专家担任。中国证监会在省、自治区、直辖市和计划单列市设立 36 个证券监管局，以及上海、深圳证券监管专员办事处。

中国证监会负责制定、修改和完善证券期货市场规章规则，撰写市场发展规划，办理重大审核事项，指导协调风险处置，组织查处证券期货市场重大违法违规案件，指导、检查、督促和协调系统监管工作。

我国证券市场的监管经过了"政策—行政法规—法律"的过程。在证券市场建立之初，国务院于 1992 年底发布《关于进一步加强证券市场宏观管理的通知》，总结了我国证券市场发展的经验教训，确立了我国证券管理体系的基本框架。国务院于 1993 年 4 月 22 日发布《股票发行与交易管理暂行条例》，以行政法规的形式规范我国境内从事股票发行、交易及其相关活动，将证券市场纳入法治化轨道。1993 年 12 月 29 日第八届全国人民代表大会常务委员会第五次会议通过了《公司法》，对股份发行、股份转让、上市公司、公司债券等均作了相应规定，使证券交易与证券市场有了法律遵循。

二、分 业 监 管

金融机构根据法律的规定，将只能从事单一的金融业务还是可以从事多种金融业务，分为分业经营与混业经营。目前根据相关法律的规定，我国金融机构只能从事分业经营。

根据 1995 年《商业银行法》第 43 条规定："商业银行在中华人民共和国境内不得从事信托投资和股票业务，不得投资于非自用不动产。商业银行在中华人民共和国境内不得向非银行金融机构和企业投资。本法施行前，商业银行已向非银行金融机构和企业投资的，由国务院另行规定实施办法。"2015 年该法修订后该条款为："商业银行在中华人民共和国境内不得从事信托投资和证券经营业务，不得向非自用不动产投资或者向非银行金融机构和企业投资，但国家另有规定的除外。"

2015 年修订的《保险法》第 8 条规定："保险业和银行业、证券业、信托业实行分业经营、分业管理，保险公司与银行、证券、信托业务机构分别设立。国家另有规定的除外。"

2019 年修订的《证券法》第 6 条规定："证券业和银行业、信托业、保险业实行分业经营、分业管理，证券公司与银行、信托、保险业务机构分别设立。国家另有规定的除外。"

分业经营必然要设立分业监管机构，金融机构分业经营模式下对应的自然是分业监管机构。如上所述，中国人民银行、银监会监管银行业，保监会监管保险业与信托业，证监会监管证券业、基金业等，随着监管机构的改革，除证券业之外，银行业与保险业的监管模式趋于统一。

我国金融业分业经营格局形成之后，长期以来，中国的金融监管功能分散在中国人民银行、证监会、银监会、保监会和发改委四个部门中，财政部由于对几大国有银行和大型金融机构行使出资人职权，也经常介入金融监管政策中。我国的金融监管存在明显的条块分割、政出多门的问题。随着我国经济的快速发展，带来了金融业的蓬勃发展，各类型金融机构在资产管理领域展开竞争。但是分属不同监管部门的现实，却造成了一系列问题——不公平的市场准入、监管套利、政策不确定性、系统性风险难以统一监控。分业监管即机构监管这种画地为牢的局面，直接影响资本市场壮大机构投资者队伍的使命。

从金融机构的实际经营情况来看，法律规定的分业经营模式逐渐向综合经营模式转变，金融机构综合经营的趋势越来越明显，第一，金融机构"跨行业"越来越多。随着金融业务相互渗透，金融机构经营日益综合化、多元化，削弱了分业监管的基础。如从中国工商银行官网投资理财栏目下，投资理财的业务包括：理财、贵金属、基金、外汇、债券、保险、证券期货。金融机构之间交叉持股也日益成为普遍现象。2021年9月30日，中国银保监会发布《银行保险机构大股东行为监管办法（试行）》，第9条规定："银行保险机构大股东与银行保险机构之间不得直接或间接交叉持股，国务院另有规定的除外。"从这个条文的规定来看，规范的是金融机构大股东的行为，大股东之外的股东不受此条规制，另外，国务院可以规定即使大股东也可以直接或者间接交叉持股。金融机构除大股东之外，其他股东可以股权投资方式交叉持股，实践已经突破了法律的禁止性规定。第二，金融产品"跨领域"越来越多。跨越银行、证券、保险的跨界新产品如保险代理、证券质押、保证金账户、投资连结保险等不断涌现，金融衍生产品不断创新，产品结构体系越来越复杂，金融服务边界日渐模糊。第三，金融业务"跨市场"越来越多。新兴金融业态爆发式增长，股市、债市、汇市、房市相互贯通，大宗商品市场、货币市场、资本市场相互交织，现货市场、期货市场、期权市场相互影响。第四，互联网金融"跨平台"越来越多。随着电子信息技术特别是移动互联网技术的快速发展，传统金融业务和线下产品在互联网上迅速推广，新工具、新平台、新模式不断涌现，金融交易趋向电子化。第五，地方金融"跨区域"越来越多。城市商业银行、农村商业银行、农村合作银行、农村信用社、农村金融互助组织在改制过程中重新焕发生机，多层次的金融体系正在逐渐形成。第六，金融市场"跨国界"越来越多。全球贸易、投资、货币、资本流动格局发生重大变化，金融机构活动日益国际化，世界各国特别是主要国家金融变动对我国的影响加大。因此，无论是从金融机构追求自身利益的要求来看，还是从现代技术为金融机构从事多元化的金融业务提供的可能性来看，金融机构的综合经营越来越成为趋势，分业经营向混业经营转型，目前存在的障碍主要是法律的规制。

当然，金融机构经营业务的综合化趋势给金融监管带来了挑战。近年来频繁显露的局部风险特别是瞬间钱荒、股市大起大落、汇市剧烈波动、大规模金融诈骗表明，现行监管框架存在着不适应我国金融业和金融市场发展的体制性矛盾。

三、机 构 监 管

2023年5月18日，国家金融监督管理总局揭牌，国家金融监督管理总局党委书记李云泽在揭牌仪式上表示，将全面强化机构监管、行为监管、功能监管、穿透式监管、持续监管，为构建新发展格局、推动高质量发展提供有力支撑和坚强保障。下面对这几种监管模式进行讲解。

分业经营模式下，机构监管是监管常态。机构监管是指金融监管机构对其所对应的金融机构进行的监管。我国金融监管机构根据不同类型的金融机构分别对其进行监管。在对金融监管机构进行改革之前，银行业对应的监管机构是中国银行业监督管理委员会，保险业对应的监管机构是中国保险监督管理委员会，证券业对应的监管机构是中国证券监督管理委员会。机构监管是传统的金融监管模式，这一模式的优点是每个金融机构都有对应的监管机构，监管机构与金融机构之间存在较为稳定的监管关系，目标明确、思路清晰，监管规则与监管方法成熟。缺点是这种监管模式无法应对金融业日益综合化的经营现状。

在中国的实践中，机构型监管带来了监管者的竞争问题，如银行监管机构、保险监管机构、证券监管机构之间产生监管竞争，因此形成监管俘获的后果。当然，监管者竞争可以促进金融产品的创新。

四、功 能 监 管

功能监管的概念由美国经济学家罗伯特·默顿（Robert C. Merton）提出。1993年，默顿发表了《功能视角下的金融体系运营与监管》一文，提出尽管金融体系随时间的演进和空间的不同而形态各异并不断变化，但其执行的六项经济功能却是大体稳定的：一是支付清算功能；二是汇集资金功能；三是跨时、跨区、跨业配置资源功能；四是管理风险功能；五是价格发现功能；六是降低信息不对称成本的功能。而且随着技术的发展，金融消费者和投资者金融知识水平与习惯的改变，以及监管环境的变化，金融机构和金融市场提供上述功能的成本将会发生变化，成本最低的将在竞争中胜出，出现金融机构之间以及金融机构与金融市场之间的相互替代，这也就是金融创新的过程。因此，在持续的金融创新中，金融机构提供的金融产品与服务的范围实际上是不断变化的，金融机构与金融市场的边界也是不断变化的，传统的机构监管者就会不断面临严重的监管重叠和监管真空共存的尴尬局面。因此，默顿认为机构监管转向功能监管将是不可避免的趋势，主张对发挥同一金融功能的不同金融机构所开展的类似业务与金融活动进行大体相同的监管。自此，功能监管的概念开始得到学术界和金融界的关注。

1993 年，当默顿和博迪首次提出"基于功能观点的金融体系改革理论"时，西方国家的传统银行业务正遭受来自证券业、保险和基金组织的侵蚀，美国修改《格拉斯—斯蒂格尔法》的呼声日高。此时，功能监管观点的提出正好为金融混业经营提供了最为有力的理论依据。1995 年，巴塞尔委员会在为银行设置全球性的证券资产组合的资本标准时采纳了功能观点。1999 年，美国国会通过《金融服务现代化法》以取代《格拉斯—斯蒂格尔法》，并将"功能监管"以专章加以规定，预示着功能监管的理念将为更多的国家所接受。

依据金融体系的基本功能划分监管对象，实施跨产品、跨行业、跨市场监管。通过法律规定，把新产品、新业务、新行为及时纳入金融监管体系之中，强化交叉性、跨市场金融产品风险监测和监管协调，实现新型金融业态监管全覆盖。

从目前的资料来看，我国首次提出功能监管与行为监管的理念始于 2012 年 9 月证监会召开的座谈会，参加座谈会的国有金融机构负责人提出，希望监管部门打破传统监管框架下条块分割的格局，转变监管思路，坚持走市场化道路，从功能监管、行为监管的角度出发，不断提升金融监管有效性，同时支持金融机构在综合经营和业务模式上进行有益的尝试探索。

功能监管是指由合格的独立的监管机构，对单个金融机构的产品和服务进行监管的一种方法。这种监管方法要求合格的监管机构在组织的职能、产品或者服务方面具有特殊的专业知识的实体。功能监管与机构监管不同，机构监管关注的是金融机构的结构与属性。功能监管试图克服机构监管本身固有的问题，如机构监管根据一系列监管规则将金融机构作为一个整体加以监管，提供不同金融产品和处理多种交易的金融机构可能受到多个监管机构的监管，这些监管机构中的每一个机构都监督其管辖范围内的交易、产品或者商品。功能监管要确保最有资格且拥有专业知识的人监管一个专业领域的日常职能。如保险公司由保险专业人员监管，证券的交易由证券交易委员会监管，才能确保消费者的利益。如在美国，以下均为功能监管机构：美国证券交易委员会、金融监管局、商品期货交易委员会、州证券监管机构、保险专员等。

为了解决监管俘获和监管者竞争问题，由机构型监管向功能型监管的过渡可能是一个现实的选择。功能型监管就是指在一个统一的监管机构内，由专业分工的管理专家和相应的管理程序对金融机构的不同业务进行监管，如证券业务归证券监管部门监管、保险业务归保险监管部门监管，不管从事这些业务的是银行、证券公司还是保险公司。在功能型监管下，会打破机构型监管体制下监管当局不能相互交叉监督同一类金融机构的格局。例如，功能型监管就赋予了证监会对商业银行的证券业务的监管职责。

人们对功能监管的批评来源于金融机构的产品、服务和经营通常受到监管机构的功能监管约束。这种类型的监管通常包括监控和监管政策的调整，以跟上金融机构的服务、产品和经营业务的发展。一些人将2007—2008年的金融危机归咎于监管机构未能履行监管职责，没有适当更新美国的功能性监管体系，之前该体系基于银行主导的融资体系。当大部分资金来源转向非银行机构时，这一监管基础加速了银行体系的崩溃。功能性监管的另一个缺陷是容易受到政治突发事件的影响，以及对过去金融危机的过度反应。为了防止金融危机再次发生，法规和监管机构通常会针对已经发生的金融危机进行更新。在美国，金融监管机构的建立和新法规的制定在很大程度上取决于当前的政治气候，这导致一些人认为，美国的功能性监管不如它应该有的那么稳定。例如，后一届政府可以撤销前一届政府制定的法规。

从国际趋势来看，金融监管从分业监管走向统一监管、从机构监管走向功能监管的确正在形成一种潮流。

五、行 为 监 管

行为监管的概念与功能监管有相同之处，但也有较大的区别。行为监管由英国学者迈克尔·泰勒（Michael Taylor）在 1995 年的"双峰监管"理论中提出。泰勒认为，金融监管存在两个并行的目标：一是审慎监管目标，旨在维护金融机构的稳健经营（微观审慎）和金融体系的稳定（宏观审慎），防止发生系统性金融危机或金融市场崩溃；二是致力于提高金融效率的行为监管目标，包括金融消费者保护、促进公平有效竞争、提高金融市场透明度、诚信建设和减少金融犯罪五个方面。泰勒提出的行为监管与默顿提出的功能监管虽然名称不同、角度不同、重点不同，但两者都强调监管与效率的关系，并致力于提高金融体系对实体经济的服务能力。

但是，默顿和泰勒的理论仍有较大的区别，这种区别更多反映了英美两国不同的金融环境，虽然理论研究追求的是能够适用全时空的普遍真理，但仍会受到现实的局限。默顿的功能监管理论针对的是美国分业经营、分业监管的金融环境，强调在不断的金融创新下，限定金融机构业务范围的机构监管理念与方式是低效和无效的，主张放松金融管制，提高金融活力。该理论也成为 1999 年美国制定《金融服务现代化法》的重要推动因素之一。反观英国和欧洲大陆的金融实践，无论英国还是欧洲大陆，一直都是混业经营模式，商业银行同时也是全能银行，也就不存在限定经营范围的机构监管理念。所以，泰勒"双峰监管"理论的着眼点在于如何提高监管效能，主张将在监管目标、监管手段、专业技能等方面均有较大区别的审慎监管与行为监管分开，由不同的监管机构或部门承担，一方面可以提高监管专业化程度，另一方面也有利于避免利益冲突（金融稳定与金融效率有时不能兼得）。

我国首个监管金融机构股东行为的规范性文件是《银行保险机构大股东行为监管办法（试行）》，大股东的概念在《公司法》中是没有的，因此该监管办法界定了银行保险机构大股东：符合下列条件之一的银行保险机构股东称为大股东："（1）持有国有控股大型商业银行、全国性股份制商业银行、外资法人银行、民营银行、保险机构、金融资产管理公司、金融租赁公司、消费金融公司和汽车金融公司等机构 15% 以上股权的；（2）持有城市商业银行、农村商业银行等机构 10% 以上股权的；（3）实际持有银行保险机构股权最多，且持股比例不低于 5% 的（含持股数量相同的股东）；（4）提名董事两名以上的；（5）银行保险机构董事会认为对银行保险机构经营管理有控制性影响的；（6）中国银行保险监督管理委员会（以下简称银保监会）或其派出机构认定的其他情形。股东及其关联方、一致行动人的持股比例合并计算。持股比例合计符合上述要求的，对相关股东均视为大股东管理。"监管机构主要对银行保险机构的大股东的三类行为进行监管：持股行为、治理行为、交易行为。

持股行为方面的监管内容包括：（1）大股东的出资资金来源合法。大股东用自有资金入股银行保险机构，不得以委托资金、债务资金等非自有资金入股，法律法规另有规定的除外。（2）穿透监管大股东持股资金的来源。大股东应当逐层说明其股权结构直至实际控制人、最终受益人，以及与其他股东的关联关系或者一致行动关系，确保股权关系真实、透明，严禁隐藏实际控制人、隐瞒关联关系、股权代持、私下协议等违法违规行为。（3）禁止大股东交叉持股。银行保险机构大股东与银行保险机构之间不得直接或间接交叉持股，国务院另有规定的除外。（4）大股东股权质押受到限制。大股东质押银行保险机构股权数量超过其所持股权数量的 50% 时，大股东及其所提名董事不得行使在股东（大）会和董事会上的表决权。对信托公司、特定类型金融机构另有规定的，从其规定。银行保险机构大股东不得以所持银行保险机构股权为股东自身及其关联方以外的债务提供担保，不得利用股权质押形式，代持银行保险机构股权、违规关联持股以及变相转让股权。（5）大股东的股权转让受到限制。大股东要维护银行保险机构股权结构的相对稳定，在股权限制转让期限内不得转让或变相转让所持有的银行保险机构股权，司法裁定、行政划拨或银保监会及其派出机构责令转让的除外。

治理行为监管内容包括：（1）严禁大股东违规通过下列方式对银行保险机构进行不正当干预或限制：①对股东（大）会和董事会决议设置前置批准程序；②干预银行保险机构工作人员的正常选聘程序，或越过股东（大）会、董事会直接任免工作人员；③干预银行保险机构董事、监事和其他工作人员的绩效评价；④干预银行保险机构正常经营决策程序；⑤干预银行保险机构的财务核算、资金调动、资产管理和费用管理等财务、会计活动；⑥向银行保险机构下达经营计划或指令；⑦要求银行机构发放贷款或者提供担保；⑧要求保险机构开展特定保险业务或者资金运用；⑨以其他形式干预银行保险机构独立经营。（2）委托代理的限制。大股东可以委托代理人参加股东会，但代理人不得为股东自身及其关联方、一致行动人、所提名董事和监事以外的人员。银行保险机构大股东不得接受非关联方、一致行动人的委托参加股东（大）会。

交易行为监管内容包括：（1）禁止大股东与银行保险机构进行不正当关联交易，包括以下 9 种行为：①以优于对非关联方同类交易的条件获取贷款、票据承兑和贴现、债券投资、特定目的载体投资等银行授信；②以优于对非关联方同类交易的条件与保险机构开展资金运用业务或保险业务；③通过借款、担保等方式，非法占用、支配银行保险机构资金或其他权益；④由银行保险机构承担不合理的或应由大股东及其关联方承担的相关费用；⑤以优于对非关联方同类交易的条件购买、租赁银行保险机构的资产，或将劣质资产出售、租赁给银行保险机构；⑥无偿或以优于对非关联方同类交易的条件使用银行保险机构的无形资产，或向银行保险机构收取过高的无形资产使用费；⑦利用大股东地位，谋取属于银行保险机构的商业机会；⑧利用银行保险机构的未公开信息或商业秘密谋取利益；⑨以其他方式开展不当关联交易或获取不正当利益。（2）严禁通过掩盖关联关系、拆分交易、嵌套交易拉长融资链条等方式规避关联交易审查。（3）大股东与银行保险机构关联交易必须进行信息披露。（4）银行保险机构不得为其大股东非公开发行债券提供担保，不得直接或通过金融产品购买。

六、穿透式监管

穿透式监管的概念源自美国的立法实践，美国投资公司法律中"看穿条款"（Look-through Provision）是穿透式监管理念的起源。为防止恶意规避投资人数的限制，美国《1940 年投资公司法》规定了"看穿条款"：如果某一投资公司持有第 3（c）（1）条下基金 10%以上份额，则该投资公司所有受益人也被计入合格投资者人数限制。美国《1940 年投资顾问法案》规定，私人投资顾问在过去 12 个月内服务的客户少于 15 名，可以免于向美国证监会注册。由于该条款中客户数量的计算规则没有采用穿透原则，私募基金旗下 1 只基金算作 1 名客户，于是大部分私募基金都有意把所管理的基金数量控制在 15 只以内，从而免于向证监会注册。成立于 1994 年的美国长期资本管理公司在 2000 年倒闭清算之后，为加强对对冲基金的监管，美国证监会于 2004 年重申"看穿条款"，即在计算客户人数时，不再将 1 只基金算作 1 个客户，而是把基金的投资者都列为客户，以此大大压缩了豁免注册的范围。从理论渊源上讲，穿透式监管的理论基础是功能监管理论与行为监管理论。

有学者将穿透式监管模式分为四个重要因素。一是"实质重于形式"原则。实质就是要求认清金融交易的本质，即金融业务与行为的本质，这样才能确定监管的重点在哪里。二是穿透从事金融业务的对象。穿透对象包括最上层的投资者（资金端）、最底层的最终投向（资产端）以及中间层的业务流程（机构、行为或交易关联）。三是金融业务的全流程穿透。在资金来源、中间流程和最终投向等环节全程穿透连接起来后，监管机构能认清金融业务和行为运行的全过程。四是功能化视角。根据金融业务和行为的本质，依托金融功能类别，甄别判定潜在风险，并根据产品功能、业务性质和法律属性确定监管主体和适用规则。

金融业务的基本流程，大致包括以下三个方面：资金来源、中间交易环节与资金投向。在这三个环节中，都存在表象与实质、内容与形式的差别。如在基金业监管中，对基金的合格投资者有严格的资格要求，但如果不严格追究真正出资人的话，形式上的投资者背后可能存在一个很长的资金链条，即会有一长条"拖拉机"。穿透式监管就是要追踪谁是真正的出资人。现在金融业务非常复杂，金融市场交叉经营，当某项金融业务或金融行为具有跨行业、跨市场交叉性特征时，特别是中间经过多个通道或多次嵌套时，如何判断该项业务的功能类型或行为类型？金融监管机构如何才能对其实施有效的监管？功能监管还是行为监管恐怕都难有实效。穿透式监管方法为解决这些问题提供了基本框架。穿透式监管就是透过金融产品的表面形态，看清金融业务和行为的实质，最终弄清资金的真实来源、中间环节的合法性，以及资金的最终投向，将资金来源、中间环节与最终投向穿透连接起来，按照"实质重于形式"的原则甄别金融业务和行为的性质，根据产品功能、业务性质和法律属性明确监管主体和适用规则，对金融机构的业务和行为实施全流程监管。

穿透式监管方法进入我国金融监管领域的历史不长。2014 年 6 月 30 日，中国证监会发布的《私募投资基金监督管理办法》第 13 条规定："以合伙企业、契约等非法人形式，通过汇集多数投资者的资金直接或者间接投资于私募基金的，私募基金管理人或者私募基金销售机构应当穿透核查最终投资者是否为合格投资者，并合并计算投资者人数。"在 2016 年开展的互联网金融整顿的政府文件中，多次出现了"穿透式监管"概念或者穿透式监管的理念。如 2016 年 4 月 14 日，中国人民银行、中央宣传部、中央维稳办等部门关于印发《通过互联网开展资产管理及跨界从事金融业务风险专项整治工作实施方案》的通知中提到了"'穿透式'监管方法"，从"透过表面界定业务本质属性，落实整治责任"进行了概括性说明。2016 年 10 月 13 日国务院办公厅发布《关于印发互联网金融风险专项整治工作实施方案的通知》，明确了"穿透式监管"，强调要"透过表面判定业务本质属性、监管职责和应遵循的行为规则与监管要求""根据业务实质明确责任""认定业务属性""执行相应的监管规定"。

2017 年，我国金融监管机构发布了一系列涉及穿透式监管方法的规范性文件。我们先看原银监会 2017 年 3 月 28 日发布的《关于开展银行业"监管套利、空转套利、关联套利"专项治理工作的通知》，要求按照穿透原则认定关联方和关联交易；4 月 6 日发布的《关于开展银行业"不当创新、不当交易、不当激励、不当收费"专项治理工作的通知》，要求对同业投资业务实施穿透管理至基础资产；4 月 7 日发布的《关于提升银行业服务实体经济质效的指导意见》，要求对银行业"穿透监测资金流向"；4 月 7 日发布的《关于银行业风险防控工作的指导意见》，将穿透式监管扩展到债券，并重申同业业务中采用穿透管理，直至基础资产；4 月 10 日发布的《关于切实弥补监管短板提升监管效能的通知》提出，"强化风险源头遏制"加强股东准入监管，"穿透识别实际控制人、最终受益所有权人，并审查其资质"；6 月 27 日发布的《中国金融业信息技术"十三五"发展规划》提出，"建立覆盖全市场、穿透式信息的交易报告制度""探索基于大数据、人工智能等技术的穿透式监管方法"。要求利用信息技术进行穿透式监管。其次看原保监会。2017 年 4 月 21 日发布的《关于进一步加强保险业风险防控工作的通知》，提出"对信用保证保险开展穿透式排查"；4 月 28 日发布的《关于强化保险监管，打击违法违规行为，整治市场乱象的通知》和 5 月 5 日发布的《关于弥补监管短板构建严密有效保险监管体系的通知》，提出"加强入股资金真实性审查，强化投资人背景、资质和关联关系穿透性审查，严禁代持、违规关联持股等行为"；5 月 4 日发布的《关于保险业支持实体经济发展的指导意见》，要求按照基础资产实施穿透式监管；5 月 9 日发布的《关于开展保险资金运用风险排查专项整治工作的通知》，要求采用"实施穿透式检查"；5 月 27 日发布的《关于开展偿付能力数据真实性自查工作的通知》，要求采用穿透法核算基础资产；6 月 22 日发布的《关于进一步加强保险公司开业验收工作的通知》，要求"将对相关股东资质进行穿透性核查，要求详细说明股东资质变化的情况及原因"；6 月 23 日发布的《关于进一步加强保险公司关联交易管理有关事项的通知》，对待关联交易"穿透至实际权益持有人认定关联关系"。最后看证监会 2017 年 7 月 1 日发布的《区域性股权市场监督管理试行办法》，要求对理财、合伙、分拆发行证券等穿透核查投资者是否为合格投资者，合并计算投资者人数；9 月 1 日发布的《公开募集开放式证券投资基金流动性风险管理规定》，要求基金管理人对交易对手进行尽职调查；9 月 21 日修订了关于 IPO 信息披露的重大资产重组规则，重组交易对手方要求披露主体的种种信息，合伙企业披露到最终出资人，如果成为第·大股东或者持股 5% 以上的股东，则需要全面披露几乎所有的商业情形。

监管机构在一年的时间内如此密集地发布这些监管政策，贯穿的一个基本思路就是希望通过穿透式监管这种新的监管手段与方法，对金融业务进行全方位、全链条式的监管，让监管不留死角、不留真空，从根本上防范金融风险的发生。但也有学者提出我国资本市场滥用"穿透式"监管，可能形成更严重的系统损害。主要理由是：一是穿透式监管原本是属于产品监管中的定性判断，现在广泛适用于主体—行为—客体各个层级，扭曲了其本意；二是当穿透式监管成为教条时，无法解决结构性、复合型产品的监管问题；三是穿透式监管重点在于对公司股东的监管，实质上是刺穿了公司面纱，挑战了股东有限责任原则，必然是忽视金融公司自身经营存在的问题，可能形成更严重的系统损害情况。

穿透式监管模式不仅应用于国内金融监管，而且也广泛应用于国际金融领域。2017 年，欧盟各国修订"反洗钱""反恐怖主义融资""反避税"等方面的法律，对跨境资金流动实施穿透式监管。

七、持 续 监 管

持续监管是指监管机构持续不断地对金融机构的经营行为进行监管，类似于日常监管。持续监管的要求主要是为了防止监管机构完成审批项目之后，或者金融机构设立之后，忽略或者放松对金融机构经营行为的监管，以至于让金融机构的经营放任自流，作为追求利润的经营主体，金融机构在营利的驱动下，常常会想尽一切办法规避监管，尤其是以金融创新的方法规避监管，造成金融风险的隐患。关于持续监管的规范性文件，2019 年 3 月 1 日，证监会发布了《科创板上市公司持续监管办法（试行）》，建立以上市规则为中心的科创板持续监管规则体系，在持续信息披露、股份减持、并购重组、股权激励、退市等方面进行持续监管，科创公司应当遵守交易所持续监管实施规则。北京证券交易所 2021 年 10 月 30 日发布《北京证券交易所上市公司持续监管指引第 1号——独立董事》。此后，北京证券交易所陆续发布了系列持续监管指引。

八、监管套利

从以上讲述可以看出，真实的监管现实是，监管机构在不同的监管场合会使用不同的监管方法，甚至也会根据监管对象综合使用多种监管方法。在分业监管体制下，要从根本上消除监管真空、监管重叠和监管套利，有效防范和化解系统性金融风险，需要正确把握好穿透式监管、机构监管、功能监管和行为监管之间的关系。当然，要运用好这些监管方法，还要注意以下几点：第一，机构监管在我国既存已久，监管机构与被监管对象已习惯于机构监管的模式与运作逻辑，要有效实施功能监管、行为监管，尤其是穿透式监管，就必须要突破机构监管形成的制度藩篱。第二，要实现真正有效的监管，各种监管方法最好同时运用。

弗莱舍认为，以下三个原因中的任何一个都会发生监管套利：一是监管制度不一致；二是经济实质（指一项交易或活动的实际经济效果和影响，而不仅仅是其法律形式或表面上的外观）不一致；三是时间不一致。

监管套利是一种企业利用监管制度的漏洞来规避不利监管的做法。套利机会可以通过各种策略来实现，包括重组交易、金融工程和地理迁移到可服从的司法管辖区。监管套利很难完全防止，但通过堵住最明显的漏洞，从而增加规避监管的相关成本，可以限制其盛行。

监管套利是一种企业利用一个司法管辖区更有利的法律来规避其他地方不

太有利的监管的做法。

企业可能会运用监管套利策略，利用避税天堂和其他形式的监管漏洞。这可以通过在提供监管优势的司法管辖区合并公司或建立子公司来实现。例如，开曼群岛经常被选择作为实施监管套利的公司的搬迁目的地。开曼群岛政府允许企业在那里成立，并且不对在境外获得的收入纳税。公司不需要纳税，而是向当地政府缴纳许可费。同样，在美国，许多公司选择在特拉华州注册，因为它的税收和监管环境更有利。虽然监管套利通常是合法的，但它可能并不完全符合道德，因为这种做法可能会破坏法律或监管的精神，从而导致潜在的有害后果。例如，如果一个国家对洗钱的监管放松，那么位于该国的公司单位可能会利用这一点进行不法行为。

监管负担的减轻和高管收入隐私的增加，使得这些避风港对银行尤其具有吸引力。美国的经济危机促使立法加强对金融业的监管。这些银行面临的日益沉重的负担导致了定期的套利行为。例如，银行可能会寻求跨境收购交易，以创造一种途径，从根本上逃避它们所处的监管体系。通过在更有利的监管环境中收购一家机构，该银行或许能够摆脱被视为负担的监管。在美国有一些地方提供一定的税收减免。例如在特拉华州就没有州销售税。该州也取消了商品的州企业所得税。在特拉华州注册的企业不需要将运营总部设在那里就能享受税收减免或其他优势。例如，一家公司可以在该州设立子公司，以满足从该州提供的监管中断中受益所需的标准。公司也可以根据自己的优势安排交易。监管套利的一个例子来自黑石 2007 年的 IPO。百仕通采取了一项不同寻常的举措，以有限合伙企业的身份上市，以避免对企业征收更高的税率。为了保留这些税收优势，黑石还必须避免被归类为投资公司。通过仔细谈判税收法规，黑石试图利用税法的法律定义和经济实质之间的"监管套利"。

监管套利的例子，我们可以以互联网平台为例进行解释。按照我国目前的政策规定，互联网及其相关的服务行业监管机构为工业和信息化部、商务部和国家市场监督管理总局。金融行业监管分布在中国人民银行、国家金融监督管理总局（之前为银保监会）、证监会及行业协会等机构。互联网平台因为电子商务交易的需要，首先发展起来了第三方支付系统，开始涉足金融业，后来，互联网平台成立小额贷款公司，从事贷款业务；为保险公司服务涉足保险业；成立基金公司涉足基金业。因为互联网公司是科技公司，长期不在金融监管机构的监管视野之内，但它却从事金融业务。并且由于其经营的灵活性，比传统的金融机构更便于进行金融创新，如平台公司将贷款债权通过资产证券化（ABS），将这种债券以较低的利率在资本市场上进行交易，将自己的触角延伸至金融衍生品市场，不断放大自己的杠杆，成为发生金融危机的隐患。我国互联网巨头多数都介入了金融业务，借助自己在电子商务市场上的巨大市场份额，在较短时间内就聚集了大量的客户资源形成巨大的资金池。互联网平台从事金融业务，使得我国的金融监管既存在监管真空，也存在监管套利。

为此，金融监管机构随之发布了一系列监管文件以堵住监管漏洞。2020年12月，中国人民银行发布《网络小额贷款业务暂行管理办法》，要求小额贷款企业增加资本金，通过限制融资余额、ABS倍数、联合贷款中小贷公司出资比来大力限制杠杆。2021年2月，中国银保监会发布《互联网保险业务监管办法》，规定互联网保险业务经营要求，强化持牌经营原则，定义持牌机构自营网络平台，规定持牌机构经营条件，明确非持牌机构禁止行为。

开曼群岛是一个国际金融中心，以投资基金、银行、保险和其他金融服务和产品而闻名，并按照全球标准进行监管。开曼群岛金融服务的成功归功于其健全的监管制度、政治和经济稳定与税收中立的平台，以及高技能和经验丰富的服务提供商的支持。主要产业为金融服务、旅游、房地产销售和开发。金融和旅游业通常被认为是开曼群岛经济的两大支柱。

1985年，开曼群岛废除了对所有60岁以下的成年男性居民每年征收10开曼币的人头税，此后开曼群岛不再征收直接税。这里没有所得税、公司税、遗产税、资本利得税或赠与税。这里没有房产税，也没有对外国人拥有房产和土地的控制。政府在大多数地区按待售房产的价值收取7.5%的印花税，开曼群岛居民可享受较低的税率。30万开元以下的抵押贷款需要缴纳1%的费用，30万开元以上的抵押贷款需要缴纳1.5%的费用。

生活成本通常比美国或英国高，因为大多数商品都是进口的，必须承担运费和保险费，如果需要，还要加上关税。由于没有收入税和房产税，这在一定程度上被抵消了，但黄金地段公寓和住宅的月租金高于美国或英国的同类房产。天然气虽然比美国贵，但比英国便宜。电费和水费（使用自来水的物业）也可能比英国或美国更高。

参考资料：

1. 王兆星：《机构监管与功能监管的变革——银行监管改革探索之七》，《中国金融》2015 年第 3 期。

2. 黄韬：《我国金融市场从"机构监管"到"功能监管"的法律路径——以金融理财产品监管规则的改进为中心》，《法学》2011 年第 7 期。

3. 廖凡：《金融市场：机构监管？功能监管?》，《金融市场研究》2012 年第 1 期。

4. 苟文均：《穿透式监管与资产管理》，《中国金融》2017 年第 8 期。

5. 常戈、张艳艳：《穿透式监管：内涵、核心与挑战》，《财经智库》2021 年第 6 期。

6. 杜佳佳：《金融领域穿透式监管探析：制度源起与适用前瞻》，《西南金融》2019 年第 2 期。

7. 康卫东：《审慎监管、功能监管与行为监管：我国金融科技监管的三维构建》，《海南金融》2022 年第 10 期。

8. 邓峰：《对资本市场滥用"穿透式"监管，可能形成更严重系统损害》，《财经》2018 年刊。

9. Robert C. Merton，Zvi Bodie：Deposit insurance reform：a functional approach，Carnegie-Rochester Conference Series on Public Policy，Volume 38，June 1993，Pages 1—34.

10. Merton，Robert C. "A Functional Perspective of Financial Intermediation." Financial Management 24，no.2（Summer 1995）：23—41.

11. Fleischer，V. 2010. Regulatory arbitrage. Texas Law Review 89（2）：228—290.

12. Michael Taylor：Twin Peaks：a regulatory structure for the new century，London：CSFI，1995.

13. ［美］弗雷德里克·S.米什金、斯坦利·G.埃金斯：《金融市场与金融机构（第 9 版）》，丁宁等译，机械工业出版社 2021 年版。

第四讲　中央银行法律制度

我国的中央银行是中国人民银行。1995年3月18日，第八届全国人民代表大会第三次会议通过《中国人民银行法》，2003年12月27日修订，2020年5月25日第十三届全国人民代表大会第三次会议听取全国人民代表大会常务委员会工作报告，报告中披露，2020年立法工作包括修改《中国人民银行法》。2020年10月23日，立法机构发布《中华人民共和国中国人民银行法（修订草案征求意见稿）》，公开征求修订意见。中央银行法律制度内容比较丰富，这一讲只选择几个问题讲解。

一、货　币　政　策

（一）货币政策委员会

从国际上看，大多数国家都设有货币政策委员会。制定与执行货币政策是中央银行的核心职能。英格兰银行的中央银行研究中心曾作过一项调查，在调查的88个国家和地区的中央银行中，有79家中央银行是由货币政策委员会或类似的机构来制定货币政策，如美国联邦储备银行公开市场委员会、欧洲中央银行管理委员会、英格兰银行货币政策委员会和日本银行政策委员会等。

《中国人民银行法》第12条规定："中国人民银行设立货币政策委员会。货币政策委员会的职责、组成和工作程序，由国务院规定，报全国人民代表大会常务委员会备案。中国人民银行货币政策委员会应当在国家宏观调控、货币政策制定和调整中，发挥重要作用。"根据国务院于1997年4月5日发布的《中国人民银行货币政策委员会条例》（以下简称《货币政策委员会条例》），货币政策委员会的职责是在综合分析宏观经济形势的基础上，依据国家宏观调控目标，讨论货币政策的制定和调整、一定时期内的货币政策控制目标、货币政策工具的运用、有关货币政策的重要措施、货币政策与其他宏观经济政策的协调等涉及货币政策等重大事项，并提出建议。中国人民银行货币政策委员会是中国人民银行制定货币政策的咨询议事机构。中国人民银行货币政策委员会于1997年7月成立。

《货币政策委员会条例》第3条规定，货币政策委员会的职责是在综合分析宏观经济形势的基础上，依据国家的宏观经济调控目标，讨论下列货币政策事项，并提出建议：（1）货币政策的制定、调整；（2）一定时期内的货币政策控制目标；（3）货币政策工具的运用；（4）有关货币政策的重要措施；（5）货币政策与其他宏观经济政策的协调。

根据《货币政策委员会条例》的规定，货币政策委员会由下列单位的人员组成：中国人民银行行长；中国人民银行副行长2人；国家计划委员会副主任1人；国家经济贸易委员会副主任1人；财政部副部长1人；国家外汇管理局局长；中国证券监督管理委员会主席；国有独资商业银行行长2人；金融专家1人。货币政策委员会组成单位的调整，由国务院决定。中国人民银行行长、国家外汇管理局局长、中国证券监督管理委员会主席为货币政策委员会的当然委员。货币政策委员会其他委员人选，由中国人民银行提名或者中国人民银行商有关部门提名，报请国务院任命。主席由中国人民银行行长担任。现在的货币政策委员会的组成单位及成员，在《货币政策委员会条例》的基础上有所增加。

我国货币政策委员会实行例会制度，在每季度的第一个月份中旬召开例会。货币政策委员会会议应当以会议纪要的形式记录各种意见。货币政策委员会委员提出的货币政策议案，经出席会议的三分之二以上委员表决通过，形成货币政策委员会建议书。自1999年起，货币政策委员会在每次例会召开之前召开货币政策专家咨询会，重点研究国际国内经济金融形势和下一步货币政策措施。货币政策委员会在研究货币政策决策时，还注重吸收社会各界对货币政策的意见，努力提高货币政策的决策水平。

货币政策委员会的咨询意见通达货币政策决策机构的渠道，是通过中国人民银行报请国务院批准有关年度货币供应量、利率、汇率或者其他货币政策重要事项的决定方案时，同时应当将货币政策委员会建议书或者会议纪要作为附件，一并报送。中国人民银行报送国务院备案的有关货币政策其他事项的决定，应当将货币政策委员建议书或者会议纪要，一并备案。

（二）货币政策工具

1. 公开市场业务

在多数发达国家，公开市场操作是中央银行吞吐基础货币，调节市场流动性的主要货币政策工具，通过中央银行与市场交易对手进行有价证券和外汇交易，实现货币政策调控目标。中国公开市场操作包括人民币操作和外汇操作两部分。外汇公开市场操作于1994年3月启动，人民币公开市场操作于1998年5月26日恢复交易，规模逐步扩大。1999年以来，公开市场操作发展较快，目前已成为中国人民银行货币政策日常操作的主要工具之一，对于调节银行体系流动性水平、引导货币市场利率走势、促进货币供应量合理增长发挥了积极的作用。

中国人民银行从1998年开始建立公开市场业务一级交易商制度，选择了一批能够承担大额债券交易的商业银行作为公开市场业务的交易对象。近年来，公开市场业务一级交易商制度不断完善，先后建立了一级交易商考评调整机制、信息报告制度等相关管理制度，一级交易商的机构类别也从商业银行扩展至证券公司等其他金融机构。根据公开市场业务一级交易商考评调整机制（公开市场业务公告〔2004〕第2号、〔2018〕第2号），中国人民银行对2020年度公开市场业务一级交易商及申请加入一级交易商的机构进行了综合评估，根据评估结果，2021年4月30日公布了2021年度公开市场业务一级交易商，共有50家金融机构入选。其中有三菱日联银行（中国）有限公司、汇丰银行（中国）有限公司、德意志银行（中国）有限公司、渣打银行（中国）有限公司、花旗银行（中国）有限公司等外资金融机构。

从交易品种看，中国人民银行公开市场业务债券交易主要包括回购交易、现券交易和发行中央银行票据。其中回购交易分为正回购和逆回购两种，正回购为中国人民银行向一级交易商卖出有价证券，并约定在未来特定日期买回有价证券的交易行为，正回购为央行从市场收回流动性的操作，正回购到期则为央行向市场投放流动性的操作；逆回购为中国人民银行向一级交易商购买有价证券，并约定在未来特定日期将有价证券卖给一级交易商的交易行为，逆回购为央行向市场上投放流动性的操作，逆回购到期则为央行从市场收回流动性的操作。现券交易分为现券买断和现券卖断两种，前者为央行直接从二级市场买入债券，一次性地投放基础货币；后者为央行直接卖出持有债券，一次性地回笼基础货币。中央银行票据即中国人民银行发行的短期债券，央行通过发行央行票据可以回笼基础货币，央行票据到期则体现为投放基础货币。

根据货币调控需要，近年来中国人民银行不断开展公开市场业务工具创新。2013年1月，立足现有货币政策操作框架并借鉴国际经验，中国人民银行创设了"短期流动性调节工具"（Short-term Liquidity Operations，SLO），作为公开市场常规操作的必要补充，在银行体系流动性出现临时性波动时使用。这一工具的及时创设，既有利于央行有效调节市场短期资金供给，熨平突发性、临时性因素导致的市场资金供求大幅波动，促进金融市场平稳运行，也有助于稳定市场预期和有效防范金融风险。

中国人民银行货币政策司会定期公布公开市场业务公告、中央银行票据发行公告、公开市场业务交易公告、央行票据互换操作公告、短期流动性调节工具交易公告、中央国库现金管理业务公告。

2. 人民币存款准备金制度

存款准备金是指金融机构为保证客户提取存款和资金清算需要而准备的资金，金融机构按规定向中央银行缴纳的存款准备金占其存款总额的比例就是存款准备金率。存款准备金制度是在中央银行体制下建立起来的，美国最早以法律形式规定商业银行向中央银行缴存存款准备金。存款准备金制度的初始作用是保证存款的支付和清算，之后才逐渐演变成为货币政策工具，中央银行通过调整存款准备金率影响金融机构的信贷资金供应能力，从而间接调控货币供应量。我国自1998年3月21日起，对存款准备金制度进行了改革。

中央银行根据法律规定向商业银行收取的存款准备金称为法定存款准备金。如果商业银行在中央银行的存款超过了法定存款准备金的数额，超出部分称为超额准备金。我国目前中国人民银行对商业银行存款准备金给付商业银行利息，当期法定准备金利率为1.62%，超额准备金利率为0.72%。有的国家中央银行对商业银行的准备金支付利息，有的则不支付利息。

定向降准是针对某金融领域或金融行业进行的一次央行货币政策调整，目的是降低存款准备金率。2018年以来，中国人民银行几次下调了存款准备金率，如2018年10月，中国人民银行决定下调部分金融机构存款准备金率置换中期借贷便利，从 2018 年 10 月 15 日起，下调大型商业银行、股份制商业银行、城市商业银行、非县域农村商业银行、外资银行人民币存款准备金率 1 个百分点，当日到期的中期借贷便利（MLF）不再续做；中国人民银行决定于 2020 年 4 月对中小银行定向降准，并下调金融机构在央行超额存款准备金率，中国人民银行决定对农村信用社、农村商业银行、农村合作银行、村镇银行和仅在省级行政区域内经营的城市商业银行定向下调存款准备金率 1 个百分点，于 4 月 15 日和 5 月 15 日分两次实施到位，每次下调 0.5 个百分点，共释放长期资金约 4000 亿元。中国人民银行决定自 4 月 7 日起将金融机构在央行超额存款准备金率从 0.72% 下调至 0.35%。

3. 中央银行贷款

中央银行贷款指中央银行对金融机构的贷款，简称再贷款，是中央银行调控基础货币的渠道之一。中央银行通过适时调整再贷款的总量及利率，吞吐基础货币，促进实现货币信贷总量调控目标，合理引导资金流向和信贷投向。

自 1984 年中国人民银行专门行使中央银行职能以来，再贷款一直是我国中央银行的重要货币政策工具。近年来，适应金融宏观调控方式由直接调控转向间接调控，再贷款所占基础货币的比重逐步下降，结构和投向发生重要变化。新增再贷款主要用于促进信贷结构调整，引导扩大县域和"三农"信贷投放。

在中央银行贷款制度方面，中国人民银行于 2004 年发布了《中国人民银行对农村信用合作社贷款管理办法》《中国人民银行分行短期再贷款管理暂行办法》《中国人民银行紧急贷款管理暂行办法》，2016 年发布了《人民银行以信贷资产质押方式发放信贷政策支持再贷款》。根据这一套完整的再贷款制度，中央银行适时适度地调整贷款的总量及利率。

4. 利率政策

利率分存款利率与贷款利率。存款利率是计算存款利息的标准，是指一定时期内利息的数额与存款金额的比率，亦称存款利息率。2015 年 10 月 23 日，中国人民银行公布降息降准的同时，不再对商业银行和农村合作金融机构等设置存款利率上限，至此我国的利率管制政策基本取消，利率市场化改革进入了新阶段。

贷款利率是银行等金融机构发放贷款时从借款人处收取的利率。贷款利率分为三类：中央银行对商业银行的贷款利率；商业银行对客户的贷款利率；同业拆借利率。

贷款市场报价利率（Loan Prime Rate，LPR）是指金融机构对其最优质客户执行的贷款利率，其他贷款利率可根据借款人的信用情况，考虑抵押、期限、利率浮动方式和类型等要素，在贷款基础利率基础上加减点确定。我国全国银行同业拆借中心定期对社会公布贷款基础利率。

利率的市场化改革是我国金融改革的核心内容之一，从改革的历史路径来看，我国的利率市场化遵循这样的原则：先外币、后本币；先贷款、后存款；先大额、长期；后小额、短期。改革的思路是"放得开、形得成、调得了"。2013年7月，中国人民银行放开了贷款利率管制，2015年5月，中国人民银行在全国范围内放开小额外币存款利率管制；2015年10月，放开存款利率上限管制。通过对利率管制的放开，逐步形成了金融市场基准利率体系。2007年，建立上海银行间同业拆借利率；2013年，先后建立市场利率定价自律机制、贷款基础利率集中报价和发布机制（LPR），同步推进同业存单发行与交易；2016年，发布国债、商业银行债、企业信用债等收益率曲线。这些改革已经显示出明显的成效。但利率双轨制没有得到根本的改革，下一步改革的重要突破点在于破解利率双轨制问题。

国务院办公厅于2022年10月15日发布《第十次全国深化"放管服"改革电视电话会议重点任务分工方案》，提出继续深化利率市场化改革，发挥存款利率市场化调整机制作用，释放贷款市场报价利率（LPR）形成机制改革效能，促进降低企业融资和个人消费信贷成本。

5. 结构性货币政策工具

结构性货币政策工具是中国人民银行引导金融机构信贷投向，发挥精准滴灌、杠杆撬动作用的工具，通过提供再贷款或资金激励的方式，支持金融机构加大对特定领域和行业的信贷投放，降低企业融资成本。

结构性货币政策工具兼具总量和结构双重功能，一方面，结构性货币政策工具建立激励相容机制，将央行资金与金融机构对特定领域和行业的信贷投放挂钩，发挥精准滴灌实体经济的独特优势；另一方面，结构性货币政策工具具有基础货币投放功能，有助于保持银行体系流动性合理充裕，支持信贷平稳增长。

目前存续的结构性货币政策工具可从以下三个维度划分：

一是长期性工具和阶段性工具。长期性工具主要服务于普惠金融长效机制建设，包括支农支小再贷款和再贴现。阶段性工具有明确的实施期限或退出安排，除支农支小再贷款和再贴现之外的其他结构性货币政策工具均为阶段性工具。

二是总行管理的工具和分支行管理的工具。中国人民银行总行管理的主要是阶段性工具，特点是面向全国性金融机构、"快进快出"，确保政策高效落地、及时退出。阶段性工具中除普惠小微贷款支持工具之外均为总行管理的工具。分支行管理的主要是长期性工具，如支农支小再贷款和再贴现，也有阶段性工具，如普惠小微贷款支持工具，特点是面向地方法人金融机构，确保政策贴近基层和普惠性。

三是提供再贷款资金的工具和提供激励资金的工具。提供再贷款资金的工具要求金融机构先对特定领域和行业提供信贷支持，中国人民银行再根据金融机构的信贷发放量的一定比例予以再贷款资金支持，结构性货币政策工具中除普惠小微贷款支持工具之外均采取这一模式。提供激励资金的工具要求金融机构持续对特定领域和行业提供信贷支持，中国人民银行再根据金融机构的信贷余额增量的一定比例予以激励资金，目前普惠小微贷款支持工具采取这一模式。

表 2　央行结构性货币政策工具介绍

名称	类型	对象	内容	目的	时间
支农再贷款	长期性	农村商业银行、农村合作银行、农村信用社和村镇银行	对符合要求的贷款，按贷款本金的 100% 予以资金支持	引导其扩大涉农信贷投放，降低"三农"融资成本	自 1999 年起
支小再贷款	长期性	城市商业银行、农村商业银行、农村合作银行、村镇银行和民营银行	对符合要求的贷款，按贷款本金的 100% 予以资金支持	引导其扩大小微、民营企业贷款投放，降低融资成本	自 2014 年起

名称	类型	对象	内容	目的	时间
再贴现	长期性	全国性商业银行、地方法人银行和外资银行等具有贴现资格的银行业金融机构	未确定具体标准	重点用于支持扩大涉农、小微和民营企业融资	1986年开办,2008年发挥结构性功能
普惠小微贷款支持工具	阶段性	地方法人金融机构	对其发放的普惠小微贷款,按照余额增量的2%提供激励资金,鼓励持续增加普惠小微贷款	支持小微企业的发展	2022年到2023年6月末,按季操作
抵押补充贷款	阶段性	开发银行、农发行和进出口银行	对属于支持领域的贷款,按贷款本金的100%予以资金支持	棚户区改造、地下管廊建设、重大水利工程、"走出去"等重点领域	自2014年起实施
碳减排支持工具	阶段性	21家全国性金融机构	对于符合要求的贷款,按贷款本金的60%予以低成本资金支持	清洁能源、节能环保、碳减排技术三个重点减碳领域	2021年到2022年末,按季操作
支持煤炭清洁高效利用专项再贷款	阶段性	开发银行、进出口银行、工行、农行、中行、建行和交行共7家全国性金融机构	对于符合要求的贷款,按贷款本金的100%予以低成本资金支持	煤的大规模清洁生产、清洁燃烧技术运用等七个煤炭清洁高效利用领域,以及支持煤炭开发利用和增强煤炭储备能力	2021年到2022年末,按月操作
科技创新再贷款	阶段性	21家全国性金融机构	对于符合要求的贷款,按贷款本金的100%予以低成本资金支持	支持"高新技术企业""专精特新中小企业"、国家技术创新示范企业、制造业单项冠军企业等科技创新企业	2021年到2022年末,按月操作

续表

名称	类型	对象	内容	目的	时间
普惠养老专项再贷款	阶段性	开发银行、进出口银行、工行、农行、中行、建行和交行共7家全国性金融机构	对于符合要求的贷款，按贷款本金的100%予以低成本资金支持	支持符合标准的普惠养老机构项目，初期选择浙江、江苏、河南、河北、江西等五个省份开展试点	2022年4月开始，暂定两年，按季操作
交通物流专项再贷款	阶段性	农发行、工行、农行、中行、建行、交行和邮储银行共7家全国性金融机构	对于符合要求的贷款，按贷款本金的100%予以低成本资金支持	支持道路货物运输经营者和中小微物流（含快递）企业	实施期为2022年，按季操作

二、宏观审慎管理

（一）宏观审慎管理源起

2008年美国金融危机发生后，国际社会开始反思金融危机发生的原因。2009年初，国际清算银行（BIS）提出用宏观审慎的概念来概括政府处理危机中面临的"大而不能倒"、顺周期性、监管不足、标准不高等问题。在2009年9月召开的G20匹兹堡峰会上，最终形成的会议文件及其附件中开始正式引用了"宏观审慎管理"和"宏观审慎政策"的提法。在2010年11月召开的G20首尔峰会上，会议进一步形成了宏观审慎管理的基础性框架，包括最主要的监管以及宏观政策方面的内容，并要求G20各成员国落实执行。会议批准了《巴塞尔协议Ⅲ》的基本框架，其中包含了加强宏观审慎管理、增强逆风向调节的要求。一是在最低监管资本要求之上增加基于宏观审慎的资本要求。要求银行保留2.5%的资本留存缓冲，以更好地应对经济和金融风险冲击。各国可根据"信用（贷）/GDP"超出其趋势值的程度等要求银行增加0—2.5%的逆周期资本缓冲，以保护银行体系免受信贷激增所带来的冲击，起到逆周期调节的作用。系统重要性银行还应在上述最低资本要求的基础上具备更强的吸收损失能力。二是加强对流动性和杠杆率的要求。提出了流动性覆盖比率（LCR）和净稳定融资比率（NSFR）两个标准，以提升金融机构管理流动性风险的能力。作为最低资本要求的补充，新的杠杆率测算纳入了表外风险，以一级资本占表内资产、表外风险敞口和衍生品总风险暴露来计算杠杆水平。

中国人民银行货币政策委员会于 2009 年在第三季度货币政策执行报告首次提出"要将宏观审慎管理制度纳入宏观调控政策框架"后，在货币政策委员会 2009 年第四季度例会明确提出："要研究建立宏观审慎管理制度，有效防范和化解各类潜在金融风险。"

（二）我国宏观审慎管理机构的设立

中央机构编制委员会办公室于 2019 年 2 月发布《中国人民银行职能配置、内设机构和人员编制规定》，中国人民银行内设宏观审慎管理局。在此机构设立之前，中国人民银行已经承担了宏观审慎管理工作。中国人民银行于 2016 年 1 月 22 日发布《关于扩大全口径跨境融资宏观审慎管理试点的通知》，自 2016 年 5 月 3 日起，将本外币一体化的全口径跨境融资宏观审慎管理试点扩大至全国范围内的金融机构和企业。

（三）宏观审慎政策

1. 政策指引

中国人民银行于 2021 年 12 月 31 日发布《宏观审慎政策指引（试行）》，宏观审慎政策框架包括宏观审慎政策目标、风险评估、政策工具、传导机制与治理机制等，在国务院金融稳定发展委员会的统筹指导下，中国人民银行作为宏观审慎管理牵头部门，会同相关部门履行宏观审慎管理职责，牵头建立健全宏观审慎政策框架，监测、识别、评估、防范和化解系统性金融风险，畅通宏观审慎政策传导机制，组织运用好宏观审慎政策工具。

宏观审慎政策的目标是防范系统性金融风险，尤其是防止系统性金融风险顺周期累积以及跨机构、跨行业、跨市场和跨境传染，提高金融体系韧性和稳健性，降低金融危机发生的可能性和破坏性，促进金融体系的整体健康与稳定。系统性金融风险的防范问题后文还要深入细致地讲，系统性金融风险的监测、识别和评估在此暂不讲述。这里先对与宏观审慎政策相关的两个概念进行界定。宏观审慎政策传导机制，是指通过运用宏观审慎政策工具，对金融机构、金融基础设施施加影响，从而抑制可能出现的系统性金融风险顺周期累积或传染，最终实现宏观审慎政策目标的过程。顺畅的传导机制是提高宏观审慎政策有效性的重要保障。宏观审慎政策的治理机制是指为监测识别系统性金融风险、协调和执行宏观审慎政策以及评估政策实施效果等，所进行的组织架构设计和工作程序安排。良好的治理机制可以为健全宏观审慎政策框架和实施宏观审慎政策提供制度保障。下面具体讲中国人民银行制定的与宏观审慎政策相关的不同领域的宏观审慎管理措施。

2. 全口径跨境融资宏观审慎管理

中国人民银行于 2017 年 1 月 22 日发布《关于全口径跨境融资宏观审慎管理有关事宜的通知》（银发〔2017〕9 号）。该通知所称跨境融资，是指境内机构从非居民融入本、外币资金的行为。全口径跨境融资宏观审慎管理根据宏观经济热度、整体偿债能力和国际收支状况相适应的跨境融资水平，控制杠杆率和货币错配风险，实现本外币一体化管理。跨境融资宏观审慎管理涉及三个重要的因素：宏观经济热度、整体偿债能力、国际收支。从银行家的角度来看国家的宏观经济现状，用"宏观经济热度指数"这个概念来描述，这个概念的作用是反映宏观经济现状的扩散指数，指数由中国人民银行按季度发布，每个季度发布一次。数据来源采取调查的方法获取，中国人民银行的调查采用全面调查与抽样调查相结合的方式，需要对中国境内地市级以上的各类银行机构采取全面调查，对农村信用合作社采用分层 PPS 抽样调查。PPS 抽样调查法（Probability Proportionate to Size Sampling）是一种统计方法，按调查对象的规模大小成比例地概率抽样/PPS 抽样。全国共调查各类银行机构 3000 家左右。整体偿债能力是指我国企业用其资产偿还长期债务与短期债务的能力。国际收支分为顺差与逆差两种情况。

对于金融机构和企业，中国人民银行和国家外汇管理局已不实行外债事前审批，而是由金融机构和企业在与其资本或净资产挂钩的跨境融资上限内，自主开展本外币跨境融资。全口径跨境融资宏观审慎管理推广至全国范围后，中国人民银行可根据宏观调控需要和宏观审慎评估（MPA）的结果设置并调节相关参数，对金融机构和企业的跨境融资进行逆周期调节，使跨境融资水平与宏观经济热度、整体偿债能力和国际收支状况相适应，控制杠杆率和货币错配风险，有效防范系统性金融风险。宏观审慎管理的主要内容有：

建立宏观审慎规则下基于微观主体资本或净资产的跨境融资约束机制，企业和金融机构均可按规定自主开展本外币跨境融资。企业和金融机构开展跨境融资按风险加权计算余额，风险加权余额不得超过上限。

跨境融资风险加权余额计算中的本外币跨境融资包括企业和金融机构（不含境外分支机构）以本币和外币形式从非居民融入的资金，涵盖表内融资和表外融资。以下业务类型不纳入跨境融资风险加权余额计算：人民币被动负债；贸易信贷、人民币贸易融资；集团内部资金往来；境外同业存放、联行及附属机构往来；自用熊猫债（境外和多边金融机构等在华发行的人民币债券）；转让与减免。

中国人民银行可根据宏观金融调控需要和业务开展情况，对不纳入跨境融资风险加权余额计算的业务类型进行调整，必要时可允许企业和金融机构某些特定跨境融资业务不纳入跨境融资风险加权余额计算。

《关于扩大全口径跨境融资宏观审慎管理试点的通知》对纳入本外币跨境融资的各类型融资在跨境融资风险加权余额的计算方法作出详细的规定。该通知还对跨境融资风险加权余额上限的计算方法作了规定。

中国人民银行建立跨境融资宏观风险监测指标体系，在跨境融资宏观风险指标触及预警值时，采取逆周期调控措施，以此控制系统性金融风险。

逆周期调控措施可以采用单一措施或组合措施的方式进行，也可针对单一、多个或全部试点企业和试点金融机构进行。总量调控措施包括调整跨境融资杠杆率和宏观审慎调节参数，结构调控措施包括调整各类风险转换因子。必要时还可根据维护国家金融稳定的需要，采取征收风险准备金等其他逆周期调控措施，防范系统性金融风险。

3. 建立逆周期资本缓冲机制

中国人民银行和中国银行保险监督管理委员会于 2020 年 9 月 30 日发布《关于建立逆周期资本缓冲机制的通知》。建立逆周期资本缓冲机制是健全宏观审慎政策框架、丰富宏观审慎政策工具箱的重要举措，有助于进一步促进银行业金融机构稳健经营，提升宏观审慎政策的逆周期调节能力，缓解金融风险顺周期波动和突发性冲击导致的负面影响，维护我国金融体系稳定运行。

经济发展常常呈现周期性波动，经济周期可以分为繁荣、衰退、萧条和复苏四个阶段，逆周期是在经济发展的不同阶段采取与其发展阶段相反的投资策略，如在繁荣阶段，应避免大幅增加固定资产投资、股权投资、大幅扩张经营规模等；在萧条阶段，固定资产及股权的价格均大幅下跌，此时可以逆势增加固定资产投资、购入股权、扩张经营规模等。这就是"逆周期"战略。

资本缓冲，根据法律规定，银行需要达到一定比例的资本充足率，以便在存款人和债权人的资产遭到损失之前，银行能以自有资本承担损失。资本缓冲是指对银行而言超过"资本充足"水平的应付可能出现亏损的资本需求。金融危机发生后，政府为改善商业银行资产负债表而提出逆周期调节手段，要求银行在经济繁荣阶段储备更多资本，扩大缓冲的空间，以便在经济萧条时有能力向信贷状况良好的客户提供贷款，避免出现信贷紧缩。

逆周期资本缓冲机制是一种动态调整资本充足率机制，在经济繁荣期增加超额资本充足率，以备在经济萧条期应对资本充足率下滑的情况，这种机制要求银行在经济上行周期计提资本缓冲，以满足下行周期弥补损失的需要。

建立逆周期资本缓冲机制要从我国实际出发，参考国际惯例及巴塞尔银行监管委员会的有关要求，明确我国逆周期资本缓冲的计提方式、覆盖范围及评估机制。根据一定时期系统性金融风险评估状况和发生重大风险事件的情况，明确逆周期资本缓冲比率的初始设定，决定是否增加银行业金融机构的资本管理要求。中国人民银行、国家金融监督管理总局综合考虑宏观经济金融形势、杠杆率水平、银行体系稳健性等因素，定期评估和调整逆周期资本缓冲要求，防范系统性金融风险。

4. 银行业金融机构房地产贷款集中度管理

近几年来，随着政府对房地产市场调控的力度空前加大，"房住不炒"成为新时代中央政府调控房地产业新的发展理念，加之经济下行的影响，我国房地产业进入下行周期，一些房地产企业出现了债务危机，有些是我国房地产行业的头部企业。2020年8月20日，住房和城乡建设部与中国人民银行在北京召开了12家头部房地产企业座谈会，会上提出了房地产融资的三条红线：第一条是剔除预收款后的资产负债率要大于70%；第二条是净负债率大于100%；第三条是现金短债比小于1倍。为了防范房地产行业的整体下行造成金融市场的动荡与风险，中国人民银行、中国银行保险监督管理委员会于2020年12月31日发布《关于建立银行业金融机构房地产贷款集中度管理制度的通知》，正式建立银行业金融机构房地产贷款集中度管理制度，增强银行业金融机构抵御房地市场波动的能力，防范金融体系对房地产贷款过度集中带来的潜在系统性金融风险，提高银行业金融机构稳健性。

房地产贷款集中度管理是指银行业金融机构（不含境外分行）房地产贷款余额占该机构人民币各项贷款余额的比例（以下简称"房地产贷款占比"）和个人住房贷款余额占该机构人民币各项贷款余额的比例（以下简称"个人住房贷款占比"）应满足中国人民银行、国家金融监督管理总局确定的管理要求，即不得高于中国人民银行、国家金融监督管理总局确定的房地产贷款占比上限和个人住房贷款占比上限。该通知要求的房地产贷款占比与个人住房贷款占比如下：

$$房地产贷款占比 = 房地产贷款余额/人民币各项贷款余额 \times 100\%$$
$$个人住房贷款占比 = 个人住房贷款余额/人民币各项贷款余额 \times 100\%$$

为落实好通知精神，也防止在实施中一刀切的做法，通知要求在政策的实施过程中，根据银行业金融机构资产规模及机构类型，对房地产贷款集中度进行分档管理，并综合考虑银行业金融机构的发展规模、房地产系统性金融风险表现等因素，适时调整适用机构覆盖范围、分档设置、管理要求和相关指标的统计口径。

表3　房地产贷款集中度管理要求

银行业金融机构分档类型	房地产贷款占比上限	个人住房贷款占比上限
第一档：中资大型银行		
中国工商银行、中国建设银行、中国农业银行、中国银行、国家开发银行、交通银行、中国邮政储蓄银行	40%	32.5%
第二档：中资中型银行		
招商银行、农业发展银行、浦发银行、中信银行、兴业银行、中国民生银行、中国光大银行、华夏银行、进出口银行、广发银行、平安银行、北京银行、上海银行、江苏银行、恒丰银行、浙商银行、渤海银行	27.5%	20%
第三档：中资小型银行和非县域农合机构[1]		

续表

银行业金融机构分档类型	房地产贷款占比上限	个人住房贷款占比上限
城市商业银行[2]、民营银行	22.5%	17.5%
大中城市和城区农合机构		
第四档：县域农合机构		
县域农合机构	17.5%	12.5%
第五档：村镇银行		
村镇银行	12.5%	7.5%

注：1. 农合机构包括：农村商业银行、农村合作银行、农村信用合作社。
　　2. 不包括第二档中的城市商业银行。

中国人民银行、中国银行保险监督管理委员会于2022年1月30日发布《关于保障性租赁住房有关贷款不纳入房地产贷款集中度管理的通知》，该通知要求银行业金融机构向持有保障性租赁住房项目认定书的保障性租赁住房项目发放的有关贷款不纳入房地产贷款集中度管理。银行业金融机构要加大对保障性租赁住房的支持力度，按照依法合规、风险可控、商业可持续的原则，提供金融产品和金融服务。这一通知将保障性租赁住房贷款与商品房贷款区分开来，要求银行业金融机构区别对待，主要目的是保证保障性租赁住房贷款的正常发放，保证保障性租赁住房的正常供给。

三、系统性重要金融机构监管

（一）系统性重要金融机构的概念及标准

系统性重要金融机构（Systemically Important Financial Institutions，SIFIs）是指银行、保险公司或其他金融机构，如果该机构崩溃，将对经济构成严重风险，这些机构被认为太大而不能倒闭，并被强加额外的监管负担以防止其破产。2008年美国发生金融危机之后，一些大的金融机构破产对美国乃至全球经济造成巨大的影响。此后，"大而不能倒"（too big to fall）一词风靡全球。具有系统重要性的金融机构是指经美国监管机构认定，如果该机构崩溃将对经济构成严重风险的公司。2010 年美国颁布《多德—弗兰克法案》（Dodd-Frank Act），成立了金融稳定监督委员会（FSOC），授权该委员会给银行和其他金融机构制定系统性重要金融机构标准，对这些机构加强监管，防止 2008 年金融危机的重演。金融危机发生前，像美国国际集团（American International Group Inc.）这样大型的金融机构基本上不受政府的监管，破产之后却需要纳税人出资的巨额救助。金融稳定监督委员会（FSOC）根据企业的规模、财务状况、商业模式以及与其他经济领域的相互联系所构成的风险来审查企业。对贴上 SIFI 标签的金融机构政府强加了额外的监管要求。这些措施包括美联储的严格监管、更高的资本金要求、定期压力测试，以及需要制定"生前遗嘱"计划。

（二）我国系统性重要金融机构

中国人民银行、中国银行保险监督管理委员会、中国证券监督管理委员会 2018 年 9 月 20 日发布《关于完善系统重要性金融机构监管的指导意见》（银发〔2018〕301 号，以下简称《指导意见》），统筹与加强了系统性重要金融机构的监管。

《指导意见》规定，系统性重要金融机构是指因规模较大、结构和业务复杂度较高、与其他金融机构关联性较强，在金融体系中提供难以替代的关键服务，一旦发生重大风险事件而无法持续经营，将对金融体系和实体经济产生重大不利影响、可能引发系统性风险的金融机构。从这一概念可以看出，我国定义的系统性重要金融机构的概念包含了以下要素：一是经营规模，一般是大型的金融机构；二是结构和业务复杂度较高，一般指金融控股集团，内部结构多样，业务涉及面广；三是与其他金融机构关联性较强，如企业财务公司与金融机构的关联性、银行与信托公司、银行与证券公司等之间存在较强的关联性；四是关键服务不可替代，一旦服务停止，由于不可替代，会对经济社会生活产生巨大的影响；五是可能引发系统性风险，系统性风险不是局部风险，也不是金融机构自身风险，而是大型金融机构由于在金融市场中的独特地位，一旦发生风险，风险外溢会涉及整个金融市场，甚至是影响国家的实体经济。

系统重要性金融机构包括系统重要性的银行业机构、证券业机构、保险业机构，以及其他具有系统重要性、从事金融业务的机构。

银行业机构包括商业银行、开发性银行和政策性银行。证券业机构包括从事证券、期货、基金业务的法人机构。保险业机构包括从事保险业务的法人机构。

（三）监管途径

监管的主要途径有两条：

1.制定监管规则

对系统重要性金融机构制定特别监管要求，以增强其持续经营能力，降低发生重大风险的可能性。我国监管机构近几年来颁布了一些监管规则，如《指导意见》；中国人民银行会同国家金融监督管理总局制定了《系统重要性银行评估办法》；中国人民银行会同国家金融监督管理总局起草了《系统重要性银行附加监管规定（试行）（征求意见稿）》，向社会公开征求意见。

2.建立处置机制

建立系统重要性金融机构特别处置机制，确保其在发生重大风险时能够得到安全、快速、有效处置，保障其关键业务和服务不中断，同时防范"大而不能倒"风险。

《指导意见》提出的特别监管要求是对系统重要性金融机构实施的额外监管措施，不取代银行业、证券业、保险业监管部门的日常监管职责。

（四）监管内容

1.监管机构

中国人民银行负责系统重要性银行基本规则制定、监测分析、并表监管，会同国家金融监督管理机构提出附加监管要求，牵头组建危机管理小组，组织审查系统重要性银行恢复与处置计划，开展可处置性评估。附加监管是日常监管之外增加的监管，它不取代国家金融监督管理机构的日常监管职责。

2.附加监管要求

借鉴国际经验，建立附加资本、附加杠杆率、流动性、大额风险暴露等附加监管指标体系。对系统性重要银行增加不同比例的附加资本要求，中国人民银行、国家金融监督管理机构后续可以根据实际情况对附加资本要求进行调整。需要说明的是，系统重要性银行的附加资本要求与宏观审慎评估（MPA）中的附加资本要求不互相替代，前者只是后者中的一类，如果符合两者共同的条件，可以重复增加附加资本。

3. 恢复与处置计划要求

将恢复计划与处置计划（又称"生前遗嘱"）作为系统重要性银行附加监管的一项重要工具。恢复计划需详细说明银行如何从早期危机中恢复，确保能在满足事先设定的触发条件后启动和执行。处置计划需详细说明银行如何在无法持续经营时安全、快速、有效处置，保障关键业务和服务不中断，避免引发系统性风险。通过恢复与处置计划的制定和审查，系统重要性银行要全面梳理风险领域和薄弱环节，提高透明度、降低复杂性，提高自救能力，防范"大而不能倒"风险。

4. 审慎监管要求

提出了系统重要性银行的信息报送、风险数据加总和公司治理要求，建立监管合作与信息共享机制。通过实施附加监管，加强对系统重要性银行的监测分析、并表监管和压力测试，评估信贷集中度、复杂性、业务扩张速度等关键指标，强化事前预警。中国人民银行可直接向系统重要性银行作出风险提示，与银行的董事、高级管理人员进行监管谈话，由国家金融监督管理总局对银行提出整改要求，并建议国家金融监督管理总局采取审慎监管措施。

（五）系统性重要金融机构的评估与识别

1. 评估流程

系统重要性金融机构的评估按照以下流程每年开展一次：确定参评机构范围；采用指标法识别系统重要性金融机构，确定定量评估指标和评分方法；制作数据收集模板，向参评机构收集评估所需数据；计算各参评机构系统重要性得分，确定系统重要性金融机构认定分数阈值，形成系统重要性金融机构初始名单；结合其他定量和定性分析作出监管判断，对系统重要性金融机构初始名单作出调整；确定并公布系统重要性金融机构最终名单。

2. 参评机构范围

中国人民银行会同国家金融监督管理机构、中国证券监督管理委员会根据各行业发展特点，制定客观定量、简单可比的标准，划定参评机构范围。参评标准可采用金融机构的规模指标，即所有参评机构表内外资产总额不低于监管部门统计的同口径上年末该行业总资产的 75%；或采用金融机构的数量指标，即银行业、证券业和保险业参评机构数量分别不少于30家、10家和10家。

3. 评估指标

采用定量评估指标计算参评机构的系统重要性得分。评估指标主要衡量系统重要性金融机构经营失败对金融体系和实体经济的潜在影响，包括机构规模、关联度、复杂性、可替代性、资产变现等一级指标。中国人民银行会同国家金融监督管理总局、证监会根据各行业特点和发展状况设置二级指标及相应权重。

4. 收集数据

国家金融监督管理总局和证监会根据中央金融委员会（以下简称"金融委"）审议通过的评估指标和参评机构范围，制作数据报送模板和数据填报说明。数据填报说明包含各二级指标定义、模板较上年的变化等内容。参评机构于每年6月底之前填写并提交上一会计年度数据。监管部门进行数据质量检查和数据补充修正，并与中国人民银行共享参评机构的监管报表、填报数据和其他相关信息。

5. 系统重要性得分

国家金融监督管理总局和证监会在完成数据收集后，计算参评机构系统重要性得分。除另行规定计算方法的情形外，每一参评机构具体指标值占全部参评机构该指标总和的比重与该指标相应权重的乘积之和，即为该参评机构的系统重要性得分。国家金融监督管理总局和证监会根据整体得分情况，确定系统重要性金融机构阈值，形成系统重要性金融机构初始名单，提交金融委办公室。

6. 监管判断

中国人民银行、国家金融监督管理总局、证监会可根据其他定量或定性辅助信息，提出将系统重要性得分低于阈值的金融机构加入系统重要性金融机构名单的监管判断建议，与初始名单一并提交金融委办公室。必要时，按系统重要性得分对系统重要性金融机构分组，实行差异化监管。

7. 名单确定和披露

系统重要性金融机构初始名单、相应金融机构填报的数据和系统重要性得分、监管判断建议及依据于每年8月底之前提交金融委审议。系统重要性金融机构最终名单经金融委确定后，由中国人民银行和相关监管部门联合发布。

8. 评估流程和方法的审议与调整

金融委每3年对系统重要性金融机构的评估流程和方法进行审议，并进行必要调整与完善。行业发生显著变化、现有评估流程和方法不能满足防范系统性风险实际需要的，金融委可对评估流程和方法进行额外审议。

（六）特别监管要求

1. 附加监管要求

中国人民银行会同国家金融监督管理机构、证监会，在最低资本要求、储备资本和逆周期资本要求之外，针对系统重要性金融机构提出附加资本要求和杠杆率要求，报金融委审议通过后施行。为反映金融机构的系统重要性程度，附加资本采用连续法计算，即选取系统重要性得分最高的金融机构作为基准机构，确定其附加资本要求，其他机构的附加资本要求根据系统重要性得分与基准机构得分的比值确定。当对系统重要性金融机构进行分组监管时，可在各组内分别选取系统重要性得分最高的机构作为各组的基准机构，组内其他机构的附加资本要求采用连续法确定。

根据行业发展特点，中国人民银行可会同国家金融监督管理总局、证监会视情对高得分组别系统重要性金融机构提出流动性、大额风险暴露等其他附加监管要求，报金融委审议通过后施行。

2. 公司治理

在现有治理监管要求基础上，系统重要性金融机构要进一步建立风险覆盖全面、管理透明有效的治理架构，进一步明确董事会、监事会和高管层的职责权限，并在董事会下设风险管理委员会，负责评估机构存在的系统性风险因素，明确系统性风险管理目标，制定风险防控有关措施，督促管理层落实有关工作。

3. 风险管理

系统重要性金融机构要进行并表风险管理，对整体治理、资本、风险和财务等进行全面和持续管控，不断优化风险偏好，建立全面风险管理架构，每年制定或更新风险管理计划并报送中国人民银行和相应监管部门。系统重要性金融机构的风险管理计划应包括对机构风险状况的全面分析、风险防控体系有效性的评估以及改进风险管理水平的具体措施。

4. 信息系统

系统重要性金融机构要建立高效的数据收集和信息系统，实现对整体风险状况的有效监控，不断优化相关信息报送机制，强化信息披露。

（七）审慎监管

1. 日常监管

国家金融监督管理总局、证监会依法对系统重要性金融机构实施日常监管，包括对机构及其业务范围实行市场准入管理，审查机构高级管理人员任职资格或者任职条件，对机构实施现场检查和非现场监管，收集机构的相关监管数据，开展风险与合规评估，建立风险监控、评价和预警体系，依法查处违法违规行为等。财政部按规定对开发性银行、政策性银行及其开发性、政策性业务进行监管。

2. 风险监测

中国人民银行、国家金融监督管理总局、证监会定期针对机构整体经营情况或个别业务开展风险评估，要求机构遵守更高的信息披露标准，以及采取其他有助于监测分析机构风险状况的措施。

3. 压力测试

中国人民银行会同国家金融监督管理总局、证监会，定期对系统重要性金融机构开展压力测试，根据压力测试结果视情对系统重要性金融机构提出额外的监管要求或采取相应监管措施。

4. 监管建议

中国人民银行基于对系统重要性金融机构的风险判断，可建议相关监管部门采取相应监管措施。相关监管部门要积极采纳建议并及时作出回复。

5. 宏观审慎措施

系统重要性金融机构存在违反审慎经营规则或威胁金融稳定的，中国人民银行可向该机构直接作出风险提示。必要时，中国人民银行商有关部门按照法定程序对系统重要性金融机构的业务结构、经营策略和组织架构提出调整建议，并推进有效实施，以降低其引发系统性风险的可能性。系统重要性金融机构要按要求进行整改，并向中国人民银行和相关监管部门提交报告。

（八）特别处置机制

1. 危机管理小组

中国人民银行牵头国家金融监督管理总局、证监会及财政部等其他相关单位组建危机管理小组，负责建立系统重要性金融机构的特别处置机制，推动恢复和处置计划的制定，开展可处置性评估，以确保系统重要性金融机构经营失败时，能够得到安全、快速、有效处置，保障关键业务和服务不中断，避免引发系统性风险。

2. 恢复计划

系统重要性金融机构要制定恢复计划并按年度更新，提交危机管理小组审议修订后执行。恢复计划旨在确保在极端压力情景下，金融机构能够通过采取相关措施恢复正常经营。恢复计划包括但不限于机构概览、执行恢复计划的治理架构、关键功能和核心业务识别、压力情景的设计和分析、恢复措施触发条件、具体实施方案、可行性分析、执行障碍和改进建议等内容。

3. 处置计划

危机管理小组会同系统重要性金融机构制定处置计划并按年度更新，处置计划经危机管理小组审议修订后执行。处置计划旨在通过预先制定的处置方案，确保机构在陷入实质性财务困难或无法持续经营时，能够得到快速有序处置，并在处置过程中维持关键业务和服务不中断，避免引发系统性风险。处置计划包括但不限于机构概览、执行处置计划的治理架构、关键功能和核心业务识别、处置措施触发条件、处置计划实施所需的信息和数据、处置策略分析、处置权力和处置工具分析、具体实施方案、可行性分析、处置对经济金融的影响、执行障碍和改进建议等内容。

4. 可处置性评估

危机管理小组对系统重要性金融机构按年开展可处置性评估，评估处置机制的可行性与可靠性，以及提高可处置性需改进的方面。评估包括但不限于以下内容：处置机制和处置工具是否合法可行、处置资金来源及资金安排是否明确、金融机构的关键功能识别方法是否合理、关键功能在处置中能否持续运行、组织架构及管理信息系统能否支持处置、处置的跨境合作和信息共享安排是否可行、金融市场基础设施能否持续接入、处置对经济金融的影响等。系统重要性金融机构发生兼并、收购、重组等重大变化的，危机管理小组要及时评估其可处置性的变化情况。

5. 信息报送要求

系统重要性金融机构要及时向危机管理小组提供审查恢复和处置计划、开展可处置性评估所需要的相关信息，确保自身管理信息系统能够迅速、全面满足相关信息报送要求。

6.问题机构处置原则

系统重要性金融机构发生重大风险，经批准，由中国人民银行会同相关部门成立风险处置工作小组，进行应对和处置。处置过程中应当明晰处置责任，既要守住底线，防范系统性风险，又要依法合规，防范道德风险。依据恢复和处置计划，在处置资金使用顺序上，首先使用金融机构自有资产或市场化渠道筹集资金开展自救；上述措施不能化解风险的，相应行业保障基金可以依法提供流动性支持或救助；如上述措施均无法化解风险，在可能引发系统性风险、危及金融体系稳定时，系统重要性金融机构可以向中国人民银行申请有前置条件的、应急性流动性支持或救助，必要时，由中国人民银行会同有关部门审核并按程序报批后实施。

（九）工作机制

系统重要性金融机构由金融委在中国人民银行和国家金融监督管理总局、证监会工作的基础上确定。中国人民银行负责系统重要性金融机构基本规则制定、监测分析、并表监管，视情责成有关监管部门采取相应监管措施，并在必要时经国务院批准对金融机构进行检查监督。国家金融监督管理总局、证监会负责系统重要性金融机构评估的数据收集、得分计算和名单报送，依法对相应行业系统重要性金融机构实施微观审慎监管。中国人民银行会同国家金融监督管理总局、证监会及财政部等其他相关单位建立系统重要性金融机构特别处置机制。金融委成员单位之间要切实加强关于系统重要性金融机构的信息共享和监管合作。

（十）我国系统重要性金融机构

中国人民银行、中国银行保险监督管理委员会于2022年9月9日公布的系统性重要银行共19家。按系统重要性得分从低到高分为五组：第一组9家，分别为中国民生银行、中国光大银行、平安银行、华夏银行、宁波银行、广发银行、江苏银行、上海银行、北京银行；第二组3家，分别为中信银行、中国邮政储蓄银行、浦发银行；第三组3家，分别为交通银行、招商银行、兴业银行；第四组4家，分别为中国工商银行、中国银行、中国建设银行、中国农业银行；第五组暂无银行进入。

关于系统重要性保险公司的监管，根据中国人民银行网站 2023 年 10 月 20 日发布的信息，中国人民银行与中国国家金融监督管理总局共同发布了《系统重要性保险公司评估办法》。

（十一）监管效果

根据中国人民银行宏观审慎管理局于 2022 年 9 月 22 日发布的报告，我国系统重要性金融机构附加监管取得了积极成效，主要体现在：一是银行资本管理更为主动。截至 2022 年 6 月末，系统重要性银行均能满足附加资本和杠杆率要求，平均核心一级资本充足率为 10.7%，同比提高 0.14 个百分点，高于银行业平均水平 0.6 个百分点。二是普遍制定了"生前遗嘱"。系统重要性银行均已按要求提交了恢复计划和处置计划建议，预先筹划重大风险情形下的应对预案，提高了风险的可处置性。三是风险管理更为审慎。系统重要性银行普遍加强了信息报送及披露、风险管理、公司治理等要求，制定了系统重要性银行内部管理规定。截至 2022 年 6 月末，19 家系统重要性银行平均不良率为 1.33%，低于上年同期水平，拨备覆盖率为 240%，同比提高 15.6 个百分点。

四、金融机构资产管理监管

中国人民银行、银保监会、证监会、外汇局 2018 年 4 月 27 日发布《关于规范金融机构资产管理业务的指导意见》（以下简称《指导意见》），对我国的资产管理业务进行了全面的规范与监管。

（一）相关概念分析

1.资产管理业务

资产管理业务是指银行、信托、证券、基金、期货、保险资产管理机构、金融资产投资公司等金融机构接受投资者委托，对受托的投资者财产进行投资和管理的金融服务。金融机构为委托人利益履行诚实信用、勤勉尽责义务并收取相应的管理费用，委托人自担投资风险并获得收益。金融机构可以与委托人在合同中事先约定收取合理的业绩报酬，业绩报酬计入管理费，须与产品一一对应并逐个结算，不同产品之间不得相互串用。

2. 表内业务与表外业务

金融机构的表内业务是指在金融机构资产负债表上反映的业务，如金融机构的存贷款。表外业务是指金融机构从事的资产业务，按照现行的会计准则不计入资产负债表内，不形成金融机构的负债但能够给金融机构增加收益的业务。

资产管理业务是金融机构的表外业务，因此，金融机构开展资产管理业务时不得承诺保本保收益。出现兑付困难时，金融机构不得以任何形式垫资兑付。金融机构不得在表内开展资产管理业务。

3. 资产管理产品

资产管理产品包括但不限于人民币或外币形式的银行非保本理财产品，也包括其他金融机构如信托公司、证券公司、基金管理公司、期货公司、保险资产管理机构、金融资产投资公司发行的资产管理产品等。

资产管理产品按照募集方式的不同，分为公募产品和私募产品。公募产品面向不特定社会公众公开发行。私募产品面向合格投资者通过非公开方式发行。

资产管理产品按照投资性质的不同，分为固定收益类产品、权益类产品、商品及金融衍生品类产品和混合类产品。固定收益类产品、权益类产品、商品及金融衍生品类产品等投资于本类产品的比例不低于80%，混合类产品投资于债权类资产、权益类资产、商品及金融衍生品类资产且任一资产的投资比例未达到前三类产品标准。

金融机构在发行资产管理产品时，应当按照上述分类标准向投资者明示资产管理产品的类型，并按照确定的产品性质进行投资。在产品成立后至到期日前，不得擅自改变产品类型。混合类产品投资债权类资产、权益类资产和商品及金融衍生品类资产的比例范围应当在发行产品时予以确定并向投资者明示，在产品成立后至到期日前不得擅自改变。产品的实际投向不得违反合同约定，如有改变，除高风险类型的产品超出比例范围投资较低风险资产外，应当先行取得投资者书面同意，并履行登记备案等法律法规以及金融监督管理部门规定的程序。

4. 合格投资者

有资产者才有资格投资资产管理产品。资产管理产品的投资者分为不特定社会公众和合格投资者两大类。合格投资者是指具备相应风险识别能力和风险承担能力，投资于单只资产管理产品不低于一定金额且符合下列条件的自然人和法人或者其他组织：

（1）具有 2 年以上投资经历，且满足以下条件之一：家庭金融净资产不低于 300 万元，家庭金融资产不低于 500 万元，或者近 3 年本人年均收入不低于 40 万元；

（2）最近 1 年末净资产不低于 1000 万元的法人单位；

（3）金融管理部门视为合格投资者的其他情形。

合格投资者投资于单只固定收益类产品的金额不低于 30 万元，投资于单只混合类产品的金额不低于 40 万元，投资于单只权益类产品、单只商品及金融衍生品类产品的金额不低于 100 万元。

投资者不得使用贷款、发行债券等筹集的非自有资金投资资产管理产品。

5. 通道业务

通道业务是指券商向银行发行资管产品吸纳银行资金，再用于购买银行票据，帮助银行取现完成信托贷款，并将相关资产转移到表外。在这个过程中，券商向银行提供通道，收取一定的过桥费用。通道业务的主要形态曾经是银信合作（银行与信托机构），因为国家金融监督管理总局的监管而被叫停，后来银行转而与证券公司开展银证合作。

6. 多层嵌套

嵌套指的是在已有的表格、图像或图层中再加进去一个或多个表格、图像或图层，或者指两个物体有装配关系时，将一个物体嵌入另一物体的方法。

多层嵌套是将嵌套这种方法运用于资产产品的多层投资，如投资者投资购买银行的理财产品，将自己的资产授权银行进行投资和管理；银行为了获利，将这些资产投给了信托公司，构成第一层嵌套。信托公司可以将这些资产投资到实体经济领域，但实体经济投资回报率不高，难以满足信托公司的回报需求，于是信托公司投资给回报率高的证券公司，构成第二层嵌套。因投资股票风险高，证券公司未将这些资产购买股票，而是投给公募基金想赚更多的钱，这些资产就转到了基金公司，构成第三层嵌套。基金公司也未将这些资产投向实体经济，而是去购买银行的理财产品，构成第四层嵌套。这样的资本游戏一直可以玩下去，构成多层嵌套。

7. 刚性兑付

刚性兑付是指信托产品到期后，信托公司必须退还给投资者本金以及分配收益，当信托计划出现不能如期兑付或兑付困难时，信托公司通过发行新产品兜底处理。刚性兑付是信托业一个不成文的规定。

8. 资产净值化管理

资产净值化管理就是按照资产可变现净值来进行核算管理，实行净值化管理，可以最大程度反映金融资产的真实价值。实现资产净值化管理后，金融机构不得承诺保本保收益，可以打破刚兑，实现投资者新的投资理念。

（二）我国资产管理业务的发展情况

根据中国人民银行负责人回答记者提问时提供的信息，2018 年《指导意见》发布之前，我国金融机构的资管业务发展快速，规模不断攀升，截至 2017 年末，不考虑交叉持有因素，总规模已达百万亿元。其中，银行表外理财产品资金余额为 22.2 万亿元，信托公司受托管理的资金信托余额为 21.9 万亿元，公募基金、私募基金、证券公司资管计划、基金及其子公司资管计划、保险资管计划余额分别为 11.6 万亿元、11.1 万亿元、16.8 万亿元、13.9 万亿元、2.5 万亿元。同时，互联网企业、各类投资顾问公司等非金融机构开展资管业务也十分活跃。

资产管理存在问题的主要表现，按照中国人民银行负责人回答记者问题时的表述是这样的："同类资管业务的监管规则和标准不一致，导致监管套利活动频繁，一些产品多层嵌套，风险底数不清，资金池模式蕴含流动性风险，部分产品成为信贷出表的渠道，刚性兑付普遍，在正规金融体系之外形成监管不足的影子银行，一定程度上干扰了宏观调控，提高了社会融资成本，影响了金融服务实体经济的质效，加剧了风险的跨行业、跨市场传递。"这就是《指导意见》出台的背景。

（三）监管措施

按照"未经批准不得从事金融业务，金融业务必须接受金融监管"的理念，《指导意见》提出的监管措施主要有以下内容：

1. 金融机构开展资管业务的资质要求和管理职责

根据《指导意见》第 7 条规定，金融机构应当建立与资管业务发展相适应的管理体系和管理制度，公司治理良好、风险管理、内部控制和问责机制健全。

金融机构应当健全资管业务人员的资格认定、培训、考核评价和问责制度，确保其具备必要的专业知识、行业经验和管理能力，遵守行为准则和职业道德。

对于违反相关法律法规以及《指导意见》规定的金融机构资管业务从业人员，依法采取处罚措施直至取消从业资格。

2. 确立标准化债权类资产的认定标准，规范资管产品投资非标准化债权类资产

《指导意见》第11条规定，标准化债权类资产应当具备以下特征：等分化、可交易；信息披露充分；集中登记、独立托管；公允定价、流动性机制完善；在经国务院同意设立的交易市场上交易等。标准化债权类资产之外的债权类资产均为非标。

非标金融产品具有期限、流动性和信用转换功能，透明度较低、流动性较弱，规避了宏观调控政策和资本约束等监管要求，部分投向限制性领域，影子银行特征明显。《指导意见》规定，资管产品投资非标资产应当遵守金融监督管理部门有关限额管理、流动性管理等监管标准，并且严格期限匹配。

3. 规范金融机构的资金池运作，防范资管产品的流动性风险

一些金融机构在开展资管业务过程中，通过滚动发行、集合运作、分离定价的方式，对募集资金进行资金池运作。在这种运作模式下，多只资管产品对应多项资产，每只产品的收益来自哪些资产无法辨识，风险也难以衡量。资管产品的期限错配问题也较为严重，同时，将募集的短期资金投放到长期的债权或股权项目，加大了资管产品的流动性风险，一旦难以募集到后续资金，容易发生流动性紧张。

《指导意见》在禁止资金池业务、强调资管产品单独管理、单独建账、单独核算的基础上，要求金融机构加强产品久期管理，规定封闭式资管产品期限不得低于90天，以此纠正资管产品短期化倾向，切实减少和消除资金来源端和运用端的期限错配和流动性风险。此外，对于部分机构通过为单一融资项目设立多只资管产品变相突破投资人数限制的行为，《指导意见》明确予以禁止。为防止同一资产发生风险波及多只产品，《指导意见》要求同一金融机构发行多只资管产品投资同一资产的资金总规模不得超过300亿元，如果超出该规模，需经金融监督管理部门批准。

110

4.建立风险补偿机制

资管业务属于金融机构的表外业务，投资风险应由投资者自担，但为了应对操作风险或其他非预期风险，仍需建立一定的风险补偿机制，计提相应的风险准备金，或在资本计量时考虑相关风险因素。目前，各行业资管产品的风险准备金计提或资本计量要求不同：银行实行资本监管，按照理财业务收入计量一定比例的操作风险资本；证券公司资管计划、公募基金、基金子公司特定客户资管计划、部分保险资管计划按照管理费收入计提风险准备金，但比例不一；信托公司则按照税后利润的5%计提信托赔偿准备金。

综合考虑现行要求，《指导意见》规定，金融机构应当按照资管产品管理费收入的10%计提风险准备金，或者按照规定计量操作风险资本或相应风险资本准备金。风险准备金余额达到产品余额的1%时可以不再提取。风险准备金主要用于弥补因金融机构违法违规、违反资管产品协议、操作错误或技术故障等给资管产品财产或者投资者造成的损失。金融机构应当定期将风险准备金的使用情况报告金融管理部门。需要说明的是，对于目前不适用风险准备金计提或资本计量的金融机构，如信托公司，《指导意见》并非要求在此基础上进行双重计提，而是由金融监督管理部门按照《指导意见》的标准，在具体细则中进行规范。

5.打破资管产品的刚性兑付，实行产品净值化管理

刚性兑付偏离了资管产品"受人之托、代人理财"的本质，抬高无风险收益率水平，干扰资金价格，不仅不利于发挥市场在资源配置中的决定性作用，还弱化了市场纪律，导致一些投资者冒险投机，金融机构不尽职尽责，道德风险较为严重。打破刚性兑付已经成为社会共识，为此《指导意见》作出了一系列细化安排。第一，在定义资管业务时，要求金融机构不得承诺保本保收益，产品出现兑付困难时不得以任何形式垫资兑付。第二，引导金融机构转变预期收益率模式，强化产品净值化管理，并明确核算原则。第三，明示刚性兑付的认定情形，包括违反净值确定原则对产品进行保本保收益、采取滚动发行等方式保本保收益、自行筹集资金偿付或委托其他机构代偿等。第四，分类进行惩处。存款类金融机构发生刚性兑付，足额补缴存款准备金和存款保险保费，非存款类持牌金融机构由金融监督管理部门和中国人民银行依法纠正并予以处罚。此外，强化了外部审计机构的审计责任和报告要求。

111

实践中，部分资管产品采取预期收益率模式，过度使用摊余成本法计量所投资金融资产，基础资产的风险不能及时反映到产品的价值变化中，投资者不清楚自身承担的风险大小，进而缺少风险自担意识；而金融机构将投资收益超过预期收益的部分转化为管理费或直接纳入中间业务收入，而非给予投资者，也难以要求投资者自担风险。为了推动预期收益型产品向净值型产品转型，让投资者在明晰风险、尽享收益的基础上自担风险，《指导意见》强调金融机构的业绩报酬需计入管理费并与产品一一对应，要求金融机构强化产品净值化管理，并由托管机构核算、外部审计机构审计确认，同时明确了具体的核算原则。首先，要求资管产品投资的金融资产坚持公允价值计量原则，鼓励使用市值计量。其次，允许符合以下条件之一的部分资产以摊余成本计量：一是产品封闭式运作，且所投金融资产以收取合同现金流量为目的并持有到期；二是产品封闭式运作，且所投金融资产暂不具备活跃交易市场，或者在活跃市场中没有报价，也不能采用估值技术可靠计量公允价值。

6. 规范资管产品的杠杆水平

为维护债券、股票等金融市场平稳运行，抑制资产价格泡沫，应当控制资管产品的杠杆水平。资管产品的杠杆分为两类，一类是负债杠杆，即产品募集后，金融机构通过拆借、质押回购等负债行为，增加投资杠杆；另一类是分级杠杆，即金融机构对产品进行优先、劣后的份额分级，优先级投资者向劣后级投资者提供融资杠杆。在负债杠杆方面，《指导意见》对开放式公募、封闭式公募、分级私募和其他私募资管产品，分别设定了140%、200%、140%和200%的负债比例（总资产/净资产）上限，并禁止金融机构以受托管理的产品份额进行质押融资。在分级产品方面，《指导意见》禁止公募产品和开放式私募产品进行份额分级。在可以分级的封闭式私募产品中，固定收益类产品的分级比例（优先级份额/劣后级份额）不得超过 3∶1，权益类产品不得超过 1∶1，商品及金融衍生品类产品、混合类产品均不得超过 2∶1。

7. 消除多层嵌套，限制通道业务

资管产品多层嵌套不仅增加了产品的复杂程度，导致底层资产不清，也拉长了资金链条，抬高了社会融资成本。大量分级产品的嵌入还导致杠杆成倍聚集，加剧市场波动。为从根本上抑制多层嵌套的动机，《指导意见》明确资管产品应当在账户开立、产权登记、法律诉讼等方面享有平等地位，要求金融监督管理部门对各类金融机构开展资管业务平等准入。同时，规范嵌套层级，允许资管产品再投资一层资管产品，但所投资的产品不得再投资公募证券投资基金以外的产品，禁止开展规避投资范围、杠杆约束等监管要求的通道业务。考虑到现实情况，投资能力不足的金融机构仍然可以委托其他机构投资，但不得因此而免除自身应当承担的责任，公募资管产品的受托机构必须为金融机构，受托机构不得再进行转委托。

8. 规范智能投顾业务

金融科技的发展正在深刻改变金融业的服务方式，在资管领域就突出体现在智能投资顾问。近年来，智能投资顾问在美国市场快速崛起，在国内也发展迅速，目前已有数十家机构推出该项业务。但运用人工智能技术开展投资顾问、资管等业务，由于服务对象多为长尾客户，风险承受能力较低，如果投资者适当性管理、风险提示不到位，容易引发不稳定事件。而且，算法同质化可能引发顺周期高频交易，加剧市场波动，算法的"黑箱属性"还可能使其成为规避监管的工具，技术局限、网络安全等风险也不容忽视。为此，《指导意见》从前瞻性角度，区分金融机构运用人工智能技术开展投资顾问和资管业务两种情形，分别进行了规范。一方面，取得投资顾问资质的机构在具备相应技术条件的情况下，可以运用人工智能技术开展投资顾问业务，非金融机构不得借助智能投资顾问超范围经营或变相开展资管业务。另一方面，金融机构运用人工智能技术开展资管业务，不得夸大宣传或误导投资者，应当报备模型主要参数及资产配置主要逻辑，明晰交易流程，强化留痕管理，避免算法同质化，因算法模型缺陷或信息系统异常引发羊群效应时，应当强制人工介入。

9. 构建资管业务的监管体制

针对分业监管下标准差异催生套利空间的弊端，加强监管协调，强化宏观审慎管理，按照"实质重于形式"原则实施功能监管，是规范资管业务的必要举措。《指导意见》明确，中国人民银行负责对资管业务实施宏观审慎管理，按照产品类型而非机构类型统一标准规制，同类产品适用同一监管标准，减少监管真空，消除套利空间。金融监督管理部门在资管业务的市场准入和日常监管中，要强化功能监管。中国人民银行牵头建立资管产品统一报告制度和信息系统，对产品的发售、投资、兑付等各个环节进行实时、全面、动态监测，为穿透监管奠定坚实基础。继续加强监管协调，金融监督管理部门在《指导意见》

框架内，研究制定配套细则，配套细则之间要相互衔接，避免产生新的监管套利和不公平竞争。

10.《指导意见》的过渡期与正式实施

根据《指导意见》的要求，按照"新老划断"原则设置过渡期，确保平稳过渡。过渡期为自该《指导意见》发布之日起至 2020 年底，过渡期主要解决《指导意见》发布之前发行的存量产品，过渡期内，金融机构发行新产品应当符合《指导意见》的规定。过渡期结束后，金融机构的资产管理产品按照《指导意见》进行全面规范。

2020 年 7 月 31 日，中国人民银行发布消息称，经国务院同意，中国人民银行会同发展改革委、财政部、国家金融监督管理总局、证监会、外汇局等部门，充分考虑 2020 年以来新冠疫情影响的实际情况，在坚持资管新规政策框架和监管要求的前提下，审慎研究决定，延长《指导意见》过渡期至 2021 年底。《指导意见》于 2022 年 1 月 1 日正式实施。

参考资料：

1. 中国人民银行货币政策司青年课题组：《中国利率市场化改革已取得全面突破》，《中国金融》2020 年第 17 期。

2. 卜振兴：《资管新规：银行业的变革与挑战》，中国商务出版社 2021 年版。

3. 中国人民银行：《中国人民银行六十年（1948—2008)》，中国金融出版社 2018 年版。

第五讲　银行业监管制度

我国有部专门的《银行业监督管理法》，于 2003 年 12 月 27 日第十届全国人民代表大会常务委员会第六次会议通过。本讲讲述该法的主要内容及相关的银行业监督管理方面的制度。

一、监督管理法

（一）监督管理职责

《银行业监督管理法》规定的监督管理机构的法定监督管理权限如下：

1. 规则制定权

银行业监督管理机构具有制定银行业监督管理的规章、规则的权力，即规则制定权。银行业监督管理机构自成立以来，颁布了大量的监督管理规章与规则，成为我国银行业经营管理的重要依据。

2. 机构审批权

银行业监督管理机构依照法律、行政法规规定的条件和程序，审查批准银行业金融机构的设立、变更、终止以及业务范围。未经银行业监督管理机构批准，任何单位或者个人不得设立银行业金融机构或者从事银行业金融机构的业务活动。

3. 股东资格审查权

申请设立银行业金融机构，或者银行业金融机构变更持有资本总额或者股份总额达到规定比例以上的股东的，银行业监督管理机构应当对股东的资金来源、财务状况、资本补充能力和诚信状况进行审查。

4. 业务品种审批权

银行业金融机构业务范围内的业务品种，应当按照规定经国务院银行业监督管理机构审查批准或者备案。需要审查批准或者备案的业务品种，由银行业监督管理机构依照法律、行政法规作出规定并公布。

5. 高管资格审查权

银行业监督管理机构对银行业金融机构的董事和高级管理人员实行任职资格管理。具体办法由国务院银行业监督管理机构制定。2013 年 11 月，中国银监会发布《银行业金融机构董事（理事）和高级管理人员任职资格管理办法》，该管理办法所称的金融机构高级管理人员，是指金融机构总部及分支机构管理层中对该机构经营管理、风险控制有决策权或重要影响力的各类人员。银行业金融机构董事（理事）和高级管理人员须经监管机构核准任职资格，具体人员范围按银监会行政许可规章以及《外资银行管理条例实施细则》相关规定执行。

6. 审慎经营规则制定权

银行业金融机构应当严格遵守审慎经营规则。银行业金融机构的审慎经营规则除出法律、行政法规规定的之外，由银行业监督管理机构依照法律、行政法规制定。审慎经营规则包括风险管理、内部控制、资本充足率、资产质量、损失准备金、风险集中、关联交易、资产流动性等内容。

7. 非现场监管权

银行业监督管理机构应当对银行业金融机构的业务活动及其风险状况进行非现场监管，建立银行业金融机构监督管理信息系统，分析、评价银行业金融机构的风险状况。

8. 现场检查权

银行业监督管理机构应当对银行业金融机构的业务活动及其风险状况进行现场检查。银行业监督管理机构应当制定现场检查程序，规范现场检查行为。

9. 并表监管管理权

银行业监督管理机构应当对银行业金融机构实行并表监督管理。2008 年 2 月，中国银监会发布《银行并表监管指引（试行）》。并表监管是在单一法人监管的基础上，对银行集团的资本、财务以及风险进行全面和持续的监管，识别、计量、监控和评估银行集团的总体风险状况。这里所说的银行集团，是指在我国境内依法设立的商业银行及其附属机构。附属机构是指由银行控制的境内外子银行、非银行金融机构、非金融机构，以及按本指引应当纳入并表范围的其他机构。

10.突发事件的报告与处置权

银行业突发事件是指可能引发系统性银行业风险、严重影响社会稳定的事件。突发事件报告的程序为：监督管理机构应当立即向银行业监督管理机构负责人报告；银行业监督管理机构负责人认为需要向国务院报告的，应当立即向国务院报告，并告知中国人民银行、国务院财政部门等有关部门。

银行业监督管理机构应当会同中国人民银行、国务院财政部门等有关部门建立银行业突发事件处置制度，制定银行业突发事件处置预案，明确处置机构和人员及其职责、处置措施和处置程序，及时、有效地处置银行业突发事件。银行业监督管理机构应当建立银行业突发事件的发现、报告岗位责任制度。中国人民银行于 2005 年 8 月发布《中国人民银行突发事件应急预案管理办法》。

（二）监督管理措施

1.信息披露

银行业监督管理机构根据履行职责的需要，有权要求银行业金融机构按照规定报送资产负债表、利润表和其他财务会计、统计报表、经营管理资料以及注册会计师出具的审计报告。

2.现场检查

银行业监督管理机构根据审慎监管的要求，可以采取下列措施进行现场检查：（1）进入银行业金融机构进行检查；（2）询问银行业金融机构的工作人员，要求其对有关检查事项作出说明；（3）查阅、复制银行业金融机构与检查事项有关的文件、资料，对可能被转移、隐匿或者毁损的文件、资料予以封存；（4）检查银行业金融机构运用电子计算机管理业务数据的系统。

银行业监督管理机构根据履行职责的需要，可以与银行业金融机构董事、高级管理人员进行监督管理谈话，要求银行业金融机构董事、高级管理人员就银行业金融机构的业务活动和风险管理的重大事项作出说明。

银行业监督管理机构应当责令银行业金融机构按照规定，如实向社会公众披露财务会计报告、风险管理状况、董事和高级管理人员变更以及其他重大事项等信息。

3.处罚措施

银行业金融机构违反审慎经营规则的，国务院银行业监督管理机构或者其省一级派出机构应当责令限期改正;逾期未改正的,或者其行为严重危及该银行业金融机构的稳健运行、损害存款人和其他客户合法权益的,经国务院银行业监督管理机构或者其省一级派出机构负责人批准,可以区别情形,采取下列措施:(1)责令暂停部分业务、停止批准开办新业务;(2)限制分配红利和其他收入;(3)限制资产转让;(4)责令控股股东转让股权或者限制有关股东的权利;(5)责令调整董事、高级管理人员或者限制其权利;(6)停止批准增设分支机构。

银行业金融机构整改后,应当向银行业监督管理机构或者其省一级派出机构提交报告。银行业监督管理机构或者其省一级派出机构经验收,符合有关审慎经营规则的,应当自验收完毕之日起三日内解除对其采取的前款规定的有关措施。

经银行业监督管理机构或者其省一级派出机构负责人批准,银行业监督管理机构有权查询涉嫌金融违法的银行业金融机构及其工作人员以及关联行为人的账户;对涉嫌转移或者隐匿违法资金的,经银行业监督管理机构负责人批准,可以申请司法机关予以冻结。

银行业监督管理机构依法对银行业金融机构进行检查时,经设区的市一级以上银行业监督管理机构负责人批准,可以对与涉嫌违法事项有关的单位和个人采取下列措施:(1)询问有关单位或者个人,要求其对有关情况作出说明;(2)查阅、复制有关财务会计、财产权登记等文件、资料;(3)对可能被转移、隐匿、毁损或者伪造的文件、资料,予以先行登记保存。

4.接管、机构重组与撤销清算

(1)接管。《商业银行法》对商业银行的接管作了较为详细的规定。商业银行被接管的原因是商业银行已经或者可能发生信用危机,严重影响存款人的利益时,国务院银行业监督管理机构可以对该银行实行接管。接管的目的是对被接管的商业银行采取必要措施,以保护存款人的利益,恢复商业银行的正常经营能力。被接管的商业银行的债权债务关系不因接管而变化。《银行业监督管理法》规定,银行业金融机构已经或者可能发生信用危机,严重影响存款人和其他客户合法权益的,国务院银行业监督管理机构可以依法对该银行业金融机构实行接管或者促成机构重组,接管和机构重组依照有关法律和国务院的规定执行。接管由国务院银行业监督管理机构决定并予以公告,由银行业监督管理机构组织实施。国务院银行业监督管理机构的接管决定应当载明下列内容：被接管的商业银行名称、接管理由、接管组织、接管期限。接管自接管决定实施之日起开始。自接管开始之日起，由接管组织行使商业银行的经营管理权力。接管期限届满，国务院银行业监督管理机构可以决定延期，但接管期限最长不得超过两年。有下列情形之一的，接管终止：接管决定规定的期限届满或者国务院银行业监督管理机构决定的接管延期届满；接管期限届满前，该商业银行已恢复正常经营能力；接管期限届满前，该商业银行被合并或者被依法宣告破产。

（2）重组。《商业银行法》没有提到商业银行的重组问题，《银行业监督管理法》第38条提到了重组，银行业金融机构被接管、重组或者被撤销的，银行业监督管理机构有权要求该银行业金融机构的董事、高级管理人员和其他工作人员，按照银行业监督管理机构的要求履行职责。

（3）解散。商业银行因分立、合并或者出现公司章程规定的解散事由需要解散的，商业银行因此解散。《商业银行法》第72条规定，"商业银行因解散、被撤销和被宣告破产而终止"。这里提到了三个概念：解散、被撤销、被宣告破产。商业银行解散之前应当向国务院银行业监督管理机构提出申请，并附解散的理由与支付存款的本金和利息等债务清偿计划。经国务院银行业监督管理机构批准后解散。商业银行解散的，应当依法成立清算组进行清算，按照清偿计划及时偿还存款本金和利息等债务。国务院银行业监督管理机构监督清算过程。

（4）撤销。撤销是一种行政处罚。《商业银行法》第70条规定，"商业银行因吊销经营许可证被撤销的，国务院银行业监督管理机构应当依法及时组织成立清算组，进行清算，按照清偿计划及时偿还存款本金和利息等债务"。《银行业监督管理法》规定，银行业金融机构有违法经营、经营管理不善等情形，不予撤销将严重危害金融秩序、损害公众利益的，国务院银行业监督管理机构有权予以撤销。

（5）破产。《商业银行法》第71条规定，"商业银行不能支付到期债务，经国务院银行业监督管理机构同意，由人民法院依法宣告其破产。商业银行被宣告破产的，由人民法院组织国务院银行业监督管理机构等有关部门和有关人员成立清算组，进行清算"。商业银行破产清算时，在支付清算费用、所欠职工工资和劳动保险费用后，应当优先支付个人储蓄存款的本金和利息。

在接管、机构重组或者撤销清算期间，经银行业监督管理机构负责人批准，对直接负责的董事、高级管理人员和其他直接责任人员，可以采取下列措施：直接负责的董事、高级管理人员和其他直接责任人员出境将对国家利益造成重大损失的，通知出境管理机关依法阻止其出境；申请司法机关禁止其转移、转让财产或者对其财产设定其他权利。

二、准 入 规 制

我国商业银行的设立采用行政许可制。《商业银行法》第 11 条规定，设立商业银行，应当经国务院银行业监督管理机构审查批准。未经国务院银行业监督管理机构批准，任何单位和个人不得从事吸收公众存款等商业银行业务，任何单位不得在名称中使用"银行"字样。

设立商业银行有最低注册资本金的要求。设立全国性商业银行的注册资本最低限额为 10 亿元人民币。设立城市商业银行的注册资本最低限额为 1 亿元人民币，设立农村商业银行的注册资本最低限额为 5000 万元人民币。注册资本应当是实缴资本。银行业监督管理机构根据审慎监管的要求可以调整注册资本最低限额，但不得少于前款规定的限额。

在外资银行进入中国时，人们就开始讨论民营资本进入银行业的问题，对此讨论的最直接回应，就是国务院于 2010 年 5 月 7 日发布的《关于鼓励和引导民间投资健康发展的若干意见》（国发〔2010〕13 号）（以下简称《意见》），鼓励和引导民间资本进入金融服务领域，重要的举措是允许民间资本兴办金融机构。《意见》要求，在加强有效监管、促进规范经营、防范金融风险的前提下，放宽对金融机构的股比限制。支持民间资本以入股方式参与商业银行的增资扩股，参与农村信用社、城市信用社的改制工作。鼓励民间资本发起或参与设立村镇银行、贷款公司、农村资金互助社等金融机构，放宽村镇银行或社区银行中法人银行最低出资比例的限制。落实中小企业贷款税前全额拨备损失准备金政策，简化中小金融机构呆账核销审核程序。适当放宽小额贷款公司单一投资者持股比例限制，对小额贷款公司的涉农业务实行与村镇银行同等的财政补贴政策。支持民间资本发起设立信用担保公司，完善信用担保公司的风险补偿机制和风险分担机制。鼓励民间资本发起设立金融中介服务机构，参与证券、保险等金融机构的改组改制。

　　原中国银监会于 2012 年 5 月 26 日发布《关于鼓励和引导民间资本进入银行业的实施意见》(银监发〔2012〕27 号)(以下简称《实施意见》)。《实施意见》对支持民间资本与其他资本按同等条件进入银行业提出了 7 项要求。该通知还要求各级银行监督管理机构要为民间资本进入银行业创造良好环境,认识到鼓励和引导民间资本进入银行业对加快多层次银行业市场体系建设、建立公平竞争的银行业市场环境以及我国银行业金融机构自身可持续发展的重要意义,在促进银行业金融机构股权结构多元化、平等保护各类出资人的合法权益、有利于改进银行业金融机构公司治理和内部控制的基础上,采取切实措施,积极支持民间资本进入银行业。在市场准入实际工作中,不得单独针对民间资本进入银行业设置限制条件或其他附加条件。《实施意见》明确,民间资本进入银行业与其他资本遵守同等条件,支持符合银行业行政许可规章相关规定,公司治理结构完善,社会声誉、诚信记录和纳税记录良好,经营管理能力和资金实力较强,财务状况、资产状况良好,入股资金来源真实合法的民营企业投资银行业金融机构。支持民间资本参与村镇银行发起设立或增资扩股,并将村镇银行主发起行的最低持股比例由 20% 降低到 15%。截至 2023 年 12 月 31 日,我国共设立民营商业银行 19 家,这些民营商业银行大多设立在经济发达与较为发达地区。

　　民营资本可以在农村中小银行机构入资。中国银保监会于 2019 年 12 月 26 日发布《中国银保监会农村中小银行机构行政许可事项实施办法》,规范国家金融监督管理机构及其派出机构农村中小银行机构行政许可行为,明确行政许可事项、条件、程序和期限。农村中小银行机构包括:农村商业银行、农村合作银行、农村信用社、村镇银行、贷款公司、农村资金互助社以及经国家金融监督管理机构批准设立的其他农村中小银行机构。

　　为了加强银行保险机构许可证管理,促进银行保险机构依法经营,中国银保监会于 2021 年 4 月 28 日发布《银行保险机构许可证管理办法》。同时,考虑到中国银保监会已并入国家金融监督管理总局,因此,以后涉及银行业、保险业、信托业的监督管理机构时,统一称国家金融监督管理机构。

　　银行保险机构许可证是指国家金融监督管理机构依法颁发的特许银行保险机构经营金融业务的法律文件。许可证的颁发、换发、收缴等由国家金融监督管理总局及其授权的派出机构依法行使,其他任何单位和个人不得行使上述职权。

银行保险机构包括政策性银行、大型银行、股份制银行、城市商业银行、民营银行、外资银行、农村中小银行机构等银行机构及其分支机构，保险集团（控股）公司、保险公司、保险资产管理公司、金融资产管理公司、信托公司、企业集团财务公司、金融租赁公司、汽车金融公司、货币经纪公司、消费金融公司、银行理财公司、金融资产投资公司以及经国家金融监督管理总局及其派出机构批准设立的其他非银行金融机构及其分支机构，保险代理集团（控股）公司、保险经纪集团（控股）公司、保险专业代理公司、保险经纪公司、保险兼业代理机构等保险中介机构。

上述银行保险机构开展金融业务，应当依法取得许可证和市场监督管理部门颁发的营业执照。

许可证包括下列几种类型：（1）金融许可证；（2）保险许可证；（3）保险中介许可证。

金融许可证适用于政策性银行、大型银行、股份制银行、城市商业银行、民营银行、外资银行、农村中小银行机构等银行机构及其分支机构，以及金融资产管理公司、信托公司、企业集团财务公司、金融租赁公司、汽车金融公司、货币经纪公司、消费金融公司、银行理财公司、金融资产投资公司等非银行金融机构及其分支机构。

保险许可证适用于保险集团（控股）公司、保险公司、保险资产管理公司等保险机构及其分支机构。

保险中介许可证适用于保险代理集团（控股）公司、保险经纪集团（控股）公司、保险专业代理公司、保险经纪公司、保险兼业代理机构等保险中介机构。

国家金融监督管理机构对银行保险机构许可证实行分级管理。

国家金融监督管理机构负责其直接监管的政策性银行、大型银行、股份制银行、外资银行、保险集团（控股）公司、保险公司、保险资产管理公司、保险代理集团（控股）公司、保险经纪集团（控股）公司、金融资产管理公司、银行理财公司、金融资产投资公司、保险兼业代理机构等银行保险机构许可证的颁发与管理。

国家金融监督管理机构派出机构根据上级管理单位授权，负责辖内银行保险机构许可证的颁发与管理。

国家金融监督管理机构及其派出机构根据行政许可决定或备案、报告信息向银行保险机构颁发、换发、收缴许可证。

关于外资银行行政许可事项，中国银保监会于2019年12月26日发布《外资银行行政许可事项实施办法》进行规制。外资银行包括：外商独资银行、中外合资银行、外国银行分行和外国银行代表处。外商独资银行、中外合资银行、外国银行分行统称外资银行营业性机构。外国银行代表处是指受国家金融监督管理机构监管的银行类代表处。

国家金融监督管理机构及其派出机构依照本办法和国家金融监督管理机构有关行政许可实施程序的规定，对外资银行实施行政许可。

外资银行下列事项应当经国家金融监督管理机构及其派出机构行政许可：机构设立、机构变更、机构终止、业务范围、董事和高级管理人员任职资格，以及法律、行政法规规定和国务院决定的其他行政许可事项。

三、股 权 监 管

商业银行的股权监管，笔者分为股权监管、股权托管、大股东行为监管等内容：

第一，商业银行的股东资格监管。根据原中国银监会于2018年1月5日发布《商业银行股权管理暂行办法》，对商业银行的股权管理进行了规范。《银行保险机构大股东行为监管办法》规定投资人及其关联方、一致行动人单独或合计拟首次持有或累计增持商业银行资本总额或股份总额5%以上的，应当事先报国家金融监督管理机构或其派出机构核准。对通过境内外证券市场拟持有商业银行股份总额5%以上的行政许可批复，有效期为六个月。审批的具体要求和程序按照银监会相关规定执行。

投资人及其关联方、一致行动人单独或合计持有商业银行资本总额或股份总额1%以上、5%以下的，应当在取得相应股权后十个工作日内向国家金融监督管理机构或其派出机构报告。股权监管措施主要有：

国家金融监督管理机构及其派出机构应当加强对商业银行股东的穿透监管，加强对主要股东及其控股股东、实际控制人、关联方、一致行动人及最终受益人的审查、识别和认定。国家金融监督管理机构及其派出机构有权采取下列措施，了解商业银行股东及其控股股东、实际控制人、关联方、一致行动人及最终受益人信息：（1）要求股东逐层披露其股东、实际控制人、关联方、一致行动人及最终受益人；（2）要求股东报送资产负债表、利润表和其他财务会计报告和统计报表、公司发展战略和经营管理材料以及注册会计师出具的审计报告；（3）要求股东及相关人员对有关事项作出解释说明；（4）询问股东及相关人员；（5）实地走访或调查股东经营情况；（6）国家金融监督管理机构及其派出机构认为可以采取的其他监管措施。

国家金融监督管理机构及其派出机构有权评估商业银行主要股东及其控股股东、实际控制人、关联方、一致行动人、最终受益人的经营活动，以判断其对商业银行和银行集团安全稳健运行的影响。

国家金融监督管理机构及其派出机构有权根据商业银行与股东关联交易的风险状况，要求商业银行降低对一个或一个以上直至全部股东及其控股股东、实际控制人、关联方、一致行动人、最终受益人授信余额占其资本净额的比例，限制或禁止商业银行与一个或一个以上直至全部股东及其控股股东、实际控制人、关联方、一致行动人、最终受益人开展交易。

国家金融监督管理机构及其派出机构根据审慎监管的需要，有权限制同一股东及其关联方、一致行动人入股商业银行的数量、持有商业银行股权的限额、股权质押比例等。

国家金融监督管理机构及其派出机构应当建立股东动态监测机制，至少每年对商业银行主要股东的资质条件、执行公司章程情况和承诺情况、行使股东权利和义务、落实法律法规和监管规定情况进行评估。国家金融监督管理机构及其派出机构应当将评估工作纳入日常监管，并视情形采取限期整改等监管措施。

商业银行在股权管理过程中存在下列情形之一的，国家金融监督管理机构或其派出机构应当责令限期改正；逾期未改正，或者其行为严重危及该商业银行的稳健运行、损害存款人和其他客户合法权益的，经银监会或其省一级派出机构负责人批准，可以区别情形，按照《银行业监督管理法》第37条规定，采取相应的监管措施：（1）未按要求及时申请审批或报告的；（2）提供虚假的或者隐瞒重要事实的报表、报告等文件、资料的；（3）未按规定制定公司章程，明确股东权利义务的；（4）未按规定进行股权托管的；（5）未按规定进行信息披露的；（6）未按规定开展关联交易的；（7）未按规定进行股权质押管理的；（8）拒绝或阻碍监管部门进行调查核实的；（9）其他违反股权管理相关要求的。

国家金融监督管理机构及其派出机构建立商业银行股权管理和股东行为不良记录数据库，通过全国信用信息共享平台与相关部门或政府机构共享信息。

对于存在违法违规行为且拒不改正的股东，国家金融监督管理机构及其派出机构可以单独或会同相关部门和单位予以联合惩戒，可通报、公开谴责、一定期限直至终身禁止其入股商业银行。

第二，股权托管监管。中国银保监会于 2019 年 7 月 12 日发布《商业银行股权托管办法》。股权托管是指商业银行与托管机构签订服务协议，委托其管理商业银行股东名册、记载股权信息，以及代为处理相关股权管理事务。

国家金融监督管理机构及其派出机构依法对商业银行的股权托管活动进行监督管理。国家金融监督管理机构或其派出机构对商业银行的下列行为应当责令限期改正；逾期未改正的，国家金融监督管理机构或其派出机构可以区别情形，按照《银行业监督管理法》的相关规定采取监管措施：（1）未按照本办法要求进行股权托管的；（2）向托管机构提供虚假信息的；（3）股权变更按照规定应当经国家金融监督管理总局或其派出机构审批，未经批准仍向托管机构报送股权变更信息的；（4）不履行服务协议规定，造成托管机构无法正常履行协议的；（5）国家金融监督管理总局责令更换托管机构，拒不执行的；（6）其他违反股权托管相关监管要求的。

第三，大股东行为监管。中国银保监会于 2021 年 10 月发布《银行保险机构大股东行为监管办法（试行）》（以下简称《办法》）。该《办法》是我国金融监管机构实施行为监管的具体表现。鉴于该办法将银行保险机构的大股东行为一并规范，所以在讲授保险业管理制度时不再重复阐述。该《办法》出台的背景为，近年来少数银行保险机构大股东存在一些股东股权乱象，如滥用股东权利，不当干预公司经营，违规谋取控制权，利用关联交易进行利益输送和资产转移，严重损害中小股东及金融消费者的合法权益等。大股东的概念，现行《公司法》没有规定，该《办法》界定了大股东概念，银行保险机构大股东是指符合下列条件之一的银行保险机构股东：（1）持有国有控股大型商业银行、全国性股份制商业银行、外资法人银行、民营银行、保险机构、金融资产管理公司、金融租赁公司、消费金融公司和汽车金融公司等机构 15% 以上股权的；

（2）持有城市商业银行、农村商业银行等机构 10% 以上股权的；（3）实际持有银行保险机构股权最多，且持股比例不低于 5% 的（含持股数量相同的股东）；（4）提名董事两名以上的；（5）银行保险机构董事会认为对银行保险机构经营管理有控制性影响的；（6）中国银行保险监督管理委员会（以下简称银保监会）或其派出机构认定的其他情形。股东及其关联方、一致行动人的持股比例合并计算。持股比例合计符合上述要求的，对相关股东均视为大股东管理。

该《办法》分别从持股行为、治理行为、交易行为、责任义务四个方面，进一步规范大股东行为，强化责任义务。其中，持股行为方面，强调大股东应当以自有资金入股，股权关系真实、透明，进一步规范交叉持股、股权质押等行为。治理行为方面，明确大股东参与公司治理的行为规范，要求支持独立运作，严禁不当干预，支持党的领导与公司治理有机融合，规范行使表决权、提名权等股东权利。交易行为方面，从大股东角度明确交易的行为规范以及不当关联交易表现形式，要求履行交易管理和配合提供材料等相关义务。责任义务方面，进一步明确大股东在落实监管规定、配合风险处置、信息报送、舆情管控、资本补充、股东权利协商等方面的责任义务。

《办法》进一步压实银行保险机构股权管理的主体责任，明确董事会承担股权管理的最终责任，董事长是处理股权事务的第一责任人。《办法》强调银行保险机构应当坚持独立自主经营，建立有效的风险隔离机制，切实防范利益冲突和风险传染。《办法》要求银行保险机构加强股权管理和关联交易管理，重点关注大股东行为，并建立大股东权利义务清单、信息跟踪核实、定期评估通报等机制，对滥用股东权利给银行保险机构造成损失的大股东，要依法追偿，积极维护自身权益。

四、经营监管

（一）关联交易监管

1. 概述

中国银保监会于 2022 年 1 月 10 日发布《银行保险机构关联交易管理办法》（以下简称《办法》），国家金融监督管理机构及其派出机构依法对银行保险机构的关联交易实施监督管理。银行保险机构不得通过关联交易进行利益输送或监管套利，应当采取有效措施，防止关联方利用其特殊地位，通过关联交易侵害银行保险机构利益。

所谓关联方，是指与银行保险机构存在一方控制另一方，或对另一方施加重大影响，以及与银行保险机构同受一方控制或重大影响的自然人、法人或非法人组织。关联方分为关联自然人与关联法人或非法人组织两类。关联自然人包括：银行保险机构的自然人控股股东、实际控制人，及其一致行动人、最终受益人；持有或控制银行保险机构5%以上股权的，或持股不足5%但对银行保险机构经营管理有重大影响的自然人；银行保险机构的董事、监事、总行（总公司）和重要分行（分公司）的高级管理人员，以及具有大额授信、资产转移、保险资金运用等核心业务审批或决策权的人员；上述关联方的配偶、父母、成年子女及兄弟姐妹；关联法人或者非法人组织的董事、监事、高级管理人员。

关联法人或非法人组织包括：银行保险机构的法人控股股东、实际控制人，及其一致行动人、最终受益人；持有或控制银行保险机构5%以上股权的，或者持股不足5%但对银行保险机构经营管理有重大影响的法人或非法人组织，及其控股股东、实际控制人、一致行动人、最终受益人；上述所列关联方控制或施加重大影响的法人或非法人组织；银行保险机构控制或施加重大影响的法人或非法人组织；关联自然人控制或施加重大影响的法人或非法人组织。

国家金融监督管理机构或其派出机构可以根据实质重于形式和穿透的原则，认定可能导致银行保险机构利益转移的自然人、法人或非法人组织为关联方；也可以根据过去12个月内或者根据相关协议安排在未来12个月内存在符合关联自然人与关联法人或非法人组织认定条件的予以认定。

2. 银行机构的关联交易的类型

（1）授信类关联交易。这类关联交易指银行机构向关联方提供资金支持或者对关联方在有关经济活动中可能产生的赔偿、支付责任作出保证，包括贷款（含贸易融资）、票据承兑和贴现、透支、债券投资、特定目的载体投资、开立信用证、保理、担保、保函、贷款承诺、证券回购、拆借以及其他实质上由银行机构承担信用风险的表内外业务等。

（2）资产转移类关联交易。这类关联交易包括银行机构与关联方之间发生的自用动产与不动产买卖，信贷资产及其收（受）益权买卖，抵债资产的接收和处置等。

（3）服务类关联交易。这类关联交易包括信用评估、资产评估、法律服务、咨询服务、信息服务、审计服务、技术和基础设施服务、财产租赁以及委托或受托销售等。

存款和其他类型关联交易，以及根据实质重于形式原则认定的可能引致银行机构利益转移的事项。

重大关联交易与一般关联交易的区别：银行机构重大关联交易是指银行机构与单个关联方之间单笔交易金额达到银行机构上季末资本净额 1% 以上，或累计达到银行机构上季末资本净额 5% 以上的交易。银行机构与单个关联方的交易金额累计达到前款标准后，其后发生的关联交易，每累计达到上季末资本净额 1% 以上，则应当重新认定为重大关联交易。一般关联交易是指除重大关联交易以外的其他关联交易。

银行机构对单个关联方的授信余额不得超过银行机构上季末资本净额的 10%。银行机构对单个关联法人或非法人组织所在集团客户的合计授信余额不得超过银行机构上季末资本净额的 15%。银行机构对全部关联方的授信余额不得超过银行机构上季末资本净额的 50%。计算授信余额时，可以扣除授信时关联方提供的保证金存款以及质押的银行存单和国债金额。

3. 银行机构禁止关联交易的情形

银行保险机构不得通过掩盖关联关系、拆分交易等各种隐蔽方式规避重大关联交易审批或监管要求。银行保险机构不得利用各种嵌套交易拉长融资链条、模糊业务实质、规避监管规定，不得为股东及其关联方违规融资、腾挪资产、空转套利、隐匿风险等。

银行机构不得直接通过或借道同业、理财、表外等业务，突破比例限制或违反规定向关联方提供资金。银行机构不得接受本行的股权作为质押提供授信。银行机构不得为关联方的融资行为提供担保（含等同于担保的或有事项），但关联方以银行存单、国债提供足额反担保的除外。银行机构向关联方提供授信发生损失的，自发现损失之日起两年内不得再向该关联方提供授信，但为减少该授信的损失，经银行机构董事会批准的除外。

4. 关联交易的报告与信息披露

银行保险机构应当在签订重大关联交易，统一交易协议的签订、续签或实质性变更，国家金融监督管理总局要求报告的其他交易协议后 15 个工作日内逐笔向国家金融监督管理总局或其派出机构报告。

银行保险机构应当根据《办法》的有关规定统计季度全部关联交易金额及比例，并于每季度结束后 30 日内通过关联交易监管相关信息系统向国家金融监督管理总局或其派出机构报送关联交易有关情况。

银行保险机构董事会应当每年向股东会就关联交易整体情况做出专项报告，并向国家金融监督管理总局或其派出机构报送。银行保险机构应当在公司网站中披露关联交易信息，在公司年报中披露当年关联交易的总体情况。按照本《办法》的相关规定需逐笔报告的关联交易应当在签订交易协议后 15 个工作日内逐笔披露，一般关联交易应在每季度结束后 30 日内按交易类型合并披露。

关于关联交易的监督管理，银行保险监督管理机构针对银行保险机构违反《办法》规定从事关联交易的，可以采取责令限期改正、限制股东权利、责令转让股权，责令机构调整董事、高级管理人员或者限制其权利、行政处罚等措施，涉嫌犯罪的，依法移送司法机关追究刑事责任。

在后述包商银行案例中，自 2005 年以来，明天集团通过控股包商银行，与包商银行进行了大量的不正当关联交易，利用资金担保及资金占用等手段进行利益输送，包商银行逐渐被掏空。

根据国家金融监督管理机构对商业银行违反关联交易规定作出处罚的案例来看，这些案例大多发生在地方中小商业银行，而且案件频繁发生。为此，中国银保监会办公厅于 2022 年发布《关于印发 2022 年银行保险机构股权和关联交易专项整治工作要点的通知》，列出问题要点共 24 条，包括 15 条股权重点问题和 9 条关联交易重点问题。例如提到：存在大股东未逐层说明股权结构直至实际控制人、最终受益人，或存在股权架构仅穿透一层（即仅有直接持股股东）的情形；存在通过信贷、债券、贴现等方式实施违规关联交易，甚至套取资金向大股东及其关联方输送利益的情形。

（二）商业银行市场风险管理

原中国银监会于 2004 年 12 月 29 日发布《商业银行市场风险管理指引》。市场风险是指因市场价格（利率、汇率、股票价格和商品价格）的不利变动而使银行表内和表外业务发生损失的风险。市场风险存在于银行的交易和非交易业务中。市场风险可以分为利率风险、汇率风险（包括黄金）、股票价格风险和商品价格风险，分别是指由于利率、汇率、股票价格和商品价格的不利变动所带来的风险。

市场风险管理是识别、计量、监测和控制市场风险的全过程。市场风险管理的目标是通过将市场风险控制在商业银行可以承受的合理范围内，实现经风险调整的收益率的最大化。

市场风险监管的具体措施，包括以下内容：

1.要求商业银行报送市场风险信息

商业银行应当及时向国家金融监督管理机构报告下列事项：（1）出现超过本行内部设定的市场风险限额的严重亏损；（2）国内、国际金融市场发生的引起市场较大波动的重大事件将对本行市场风险水平及其管理状况产生的影响；（3）交易业务中的违法行为；（4）其他重大意外情况。商业银行应当制定市场风险重大事项报告制度，并报国家金融监督管理机构备案。

2.现场检查商业银行市场风险管理状况

国家金融监督管理机构应当定期对商业银行的市场风险管理状况进行现场检查，检查的主要内容有：（1）董事会和高级管理层在市场风险管理中的履职情况；（2）市场风险管理政策和程序的完善性及其实施情况；（3）市场风险识别、计量、监测和控制的有效性；（4）市场风险管理系统所用假设前提和参数的合理性、稳定性；（5）市场风险管理信息系统的有效性；（6）市场风险限额管理的有效性；（7）市场风险内部控制的有效性；（8）银行内部市场风险报告的独立性、准确性、可靠性，以及向国家金融监督管理机构报送的与市场风险有关的报表、报告的真实性和准确性；（9）市场风险资本的充足性；（10）负责市场风险管理工作人员的专业知识、技能和履职情况；（11）市场风险管理的其他情况。

3.要求商业银行就市场风险管理存在的问题提交整改方案并采取整改措施

监管机构可以对商业银行的市场风险管理体系提出整改建议，包括调整市场风险计量方法、模型、假设前提和参数等方面的建议。对于在规定的时限内未能有效采取整改措施或者市场风险管理体系存在严重缺陷的商业银行，监管机构有权采取下列措施：（1）要求商业银行增加提交市场风险报告的次数；（2）要求商业银行提供额外相关资料；（3）要求商业银行通过调整资产组合等方式适当降低市场风险水平；（4）《银行业监督管理法》以及其他法律、行政法规和部门规章规定的有关措施。

4. 要求商业银行披露其市场风险状况的定量和定性信息

披露的信息应当至少包括以下内容：（1）所承担市场风险的类别、总体市场风险水平及不同类别市场风险的风险头寸和风险水平；（2）有关市场价格的敏感性分析，如利率、汇率变动对银行的收益、经济价值或财务状况的影响；（3）市场风险管理的政策和程序，包括风险管理的总体理念、政策、程序和方法，风险管理的组织结构、市场风险计量方法及其所使用的参数和假设前提、事后检验和压力测试情况、市场风险的控制方法等；（4）市场风险资本状况；（5）采用内部模型的商业银行应当披露所计算的市场风险类别及其范围，计算的总体市场风险水平及不同类别的市场风险水平，报告期内最高、最低、平均和期末的风险价值，以及所使用的模型技术、所使用的参数和假设前提、事后检验和压力测试情况及检验模型准确性的内部程序等信息。

（三）商业银行核心指标风险监管

原中国银监会于 2006 年 1 月 1 日发布《商业银行风险监管核心指标（试行）》。商业银行风险监管核心指标是对商业银行实施风险监管的基准，是评价、监测和预警商业银行风险的参照体系。商业银行风险监管核心指标分为三个层次，即风险水平、风险迁徙和风险抵补。

风险水平类指标包括流动性风险指标、信用风险指标、市场风险指标和操作风险指标，以时点数据为基础，属于静态指标。

流动性风险指标衡量商业银行流动性状况及其波动性，包括流动性比例、核心负债比例和流动性缺口率，按照本币和外币分别计算。（1）流动性比例为流动性资产余额与流动性负债余额之比，衡量商业银行流动性的总体水平，不应低于 25%。（2）核心负债比例为核心负债与负债总额之比，不应低于 60%。（3）流动性缺口率为 90 天内表内外流动性缺口与 90 天内到期表内外流动性资产之比，不应低于－10%。

信用风险指标包括不良资产率、单一集团客户授信集中度、全部关联度三类指标。不良资产率为不良资产与资产总额之比，不应高于 4%。该项指标为一级指标，包括不良贷款率一个二级指标；不良贷款率为不良贷款与贷款总额之比，不应高于 5%。单一集团客户授信集中度为最大一家集团客户授信总额与资本净额之比，不应高于15%。该项指标为一级指标，包括单一客户贷款集中度一个二级指标；单一客户贷款集中度为最大一家客户贷款总额与资本净额之比，不应高于10%。全部关联度为全部关联授信与资本净额之比，不应高于50%。

市场风险指标衡量商业银行因汇率和利率变化而面临的风险，包括累计外汇敞口头寸比例和利率风险敏感度。（1）累计外汇敞口头寸比例为累计外汇敞口头寸与资本净额之比，不应高于20%。具备条件的商业银行可同时采用其他方法（比如在险价值法和基本点现值法）计量外汇风险。（2）利率风险敏感度为利率上升200个基点对银行净值的影响与资本净额之比，指标值将在相关政策出台后根据风险监管实际需要另行制定。

操作风险指标衡量由于内部程序不完善、操作人员差错或舞弊以及外部事件造成的风险，表示为操作风险损失率，即操作造成的损失与前三期净利息收入加上非利息收入平均值之比。

风险迁徙类指标衡量商业银行风险变化的程度，表示为资产质量从前期到本期变化的比率，属于动态指标。风险迁徙类指标包括正常贷款迁徙率和不良贷款迁徙率。正常贷款迁徙率为正常贷款中变为不良贷款的金额与正常贷款之比，正常贷款包括正常类和关注类贷款。该项指标为一级指标，包括正常类贷款迁徙率和关注类贷款迁徙率两个二级指标。正常类贷款迁徙率为正常类贷款中变为后四类贷款的金额与正常类贷款之比，关注类贷款迁徙率为关注类贷款中变为不良贷款的金额与关注类贷款之比。不良贷款迁徙率包括次级类贷款迁徙率和可疑类贷款迁徙率。次级类贷款迁徙率为次级类贷款中变为可疑类贷款和损失类贷款的金额与次级类贷款之比，可疑类贷款迁徙率为可疑类贷款中变为损失类贷款的金额与可疑类贷款之比。

风险抵补类指标衡量商业银行抵补风险损失的能力，包括盈利能力、准备金充足程度和资本充足程度三个方面。盈利能力指标包括成本收入比、资产利润率和资本利润率。成本收入比为营业费用加折旧与营业收入之比，不应高于45%；资产利润率为税后净利润与平均资产总额之比，不应低于0.6%；资本利润率为税后净利润与平均净资产之比，不应低于11%。准备金充足程度指标包括资产损失准备充足率和贷款损失准备充足率。资产损失准备充足率为一级指标，为信用风险资产实际计提准备与应提准备之比，不应低于100%；贷款损失准备充足率为贷款实际计提准备与应提准备之比，不应低于100%，属二级指标。资本充足程度指标包括核心资本充足率和资本充足率，核心资本充足率为核心资本与风险加权资产之比，不应低于4%；资本充足率为核心资本加附属资本与风险加权资产之比，不应低于8%。

监管机构将通过非现场监管系统定期采集有关数据，分析商业银行各项监管指标，及时评价和预警，银监会将组织现场检查核实数据的真实性，根据核心指标实际值有针对性地检查商业银行主要风险点，并进行诚勉谈话和风险提示。

（四）银行保险机构声誉风险管理

中国银保监会于2021年2月8日发布《银行保险机构声誉风险管理办法（试行）》。

银行保险机构声誉风险是指由银行保险机构行为、从业人员行为或外部事件等，导致利益相关方、社会公众、媒体等对银行保险机构形成负面评价，从而损害其品牌价值，不利其正常经营，甚至影响到市场稳定和社会稳定的风险。声誉事件是指引发银行保险机构声誉明显受损的相关行为或活动。

监管机构的监管措施：国家金融监督管理机构及其派出机构应将银行保险机构声誉风险管理纳入法人监管体系，加强银行业保险业声誉风险监管。国家金融监督管理机构监管部门和各级派出机构承担银行保险机构声誉风险的监管责任，办公厅承担归口和协调责任。

国家金融监督管理机构及其派出机构通过非现场监管和现场检查实施对银行保险机构声誉风险的持续监管，具体方式包括但不限于风险提示、监督管理谈话、现场检查等，并将其声誉风险管理状况作为监管评级及市场准入的考虑因素。

国家金融监督管理机构及其派出机构发现银行保险机构存在以下声誉风险问题，依法采取相应措施：（1）声誉风险管理制度缺失或极度不完善，忽视声誉风险管理；（2）未落实各项工作制度及工作流程，声誉风险管理机制运行不畅；（3）声誉事件造成机构和行业重大损失、市场大幅波动；（4）声誉事件引发系统性风险、影响社会经济秩序稳定或造成其他重大后果。对于上述情形，可采取监督管理谈话、责令限期改正、责令机构纪律处分等监管措施，并可依据《银行业监督管理法》《商业银行法》《保险法》等法律法规实施行政处罚。

（五）商业银行流动性风险管理

中国银保监会于 2018 年 5 月 23 日发布《商业银行流动性风险管理办法》。流动性风险是指商业银行无法以合理成本及时获得充足资金，用于偿付到期债务、履行其他支付义务和满足正常业务开展的其他资金需求的风险。

商业银行应当建立规范的流动性风险报告制度，明确各项流动性风险报告的内容、形式、频率和报送范围，确保董事会、高级管理层和其他管理人员及时了解流动性风险水平及其管理状况。

流动性风险监管指标包括流动性覆盖率、净稳定资金比例、流动性比例、流动性匹配率和优质流动性资产充足率。资产规模不小于 2000 亿元人民币的商业银行应当持续达到流动性覆盖率、净稳定资金比例、流动性比例和流动性匹配率的最低监管标准。资产规模小于 2000 亿元人民币的商业银行应当持续达到优质流动性资产充足率、流动性比例和流动性匹配率的最低监管标准。

流动性覆盖率监管指标旨在确保商业银行具有充足的合格优质流动性资产，能够在规定的流动性压力情景下，通过变现这些资产满足未来至少 30 天的流动性需求。流动性覆盖率的计算公式为：流动性覆盖率＝合格优质流动性资产÷未来 30 天现金净流出量。流动性覆盖率的最低监管标准为不低于 100%。流动性覆盖率一般情况下应当不低于最低监管标准。

净稳定资金比例监管指标旨在确保商业银行具有充足的稳定资金来源，以满足各类资产和表外风险敞口对稳定资金的需求。净稳定资金比例的计算公式为：净稳定资金比例＝可用的稳定资金÷所需的稳定资金。净稳定资金比例的最低监管标准为不低于 100%。

流动性比例的计算公式为：流动性比例＝流动性资产余额÷流动性负债余额。流动性比例的最低监管标准为不低于 25%。

流动性匹配率监管指标衡量商业银行主要资产与负债的期限配置结构，旨在引导商业银行合理配置长期稳定负债、高流动性或短期资产，避免过度依赖短期资金支持长期业务发展，提高流动性风险抵御能力。流动性匹配率的计算公式为：流动性匹配率＝加权资金来源÷加权资金运用。流动性匹配率的最低监管标准为不低于 100%。

优质流动性资产充足率监管指标旨在确保商业银行保持充足的、无变现障碍的优质流动性资产，在压力情况下，银行可通过变现这些资产来满足未来 30

天内的流动性需求。优质流动性资产充足率的计算公式为：优质流动性资产充足率＝优质流动性资产÷短期现金净流出。优质流动性资产充足率的最低监管标准为不低于100%。优质流动性资产充足率一般情况下应当不低于最低监管标准。

（六）商业银行大额风险暴露管理

中国银保监会于2018年4月24日发布《商业银行大额风险暴露管理办法》。风险暴露是指商业银行对单一客户或一组关联客户的信用风险暴露，包括银行账簿和交易账簿内各类信用风险暴露。

大额风险暴露是指商业银行对单一客户或一组关联客户超过其一级资本净额2.5%的风险暴露。商业银行并表和未并表的大额风险暴露均应符合大额风险暴露规定的监管要求。

1. 大额风险暴露监管要求

（1）对非同业单一客户。商业银行对非同业单一客户的贷款余额不得超过资本净额的10%，对非同业单一客户的风险暴露不得超过一级资本净额的15%。非同业单一客户包括主权实体、中央银行、公共部门实体、企事业法人、自然人、匿名客户等。匿名客户是指在无法识别资产管理产品或资产证券化产品基础资产的情况下设置的虚拟交易对手。商业银行对一组非同业关联客户的风险暴露不得超过一级资本净额的20%。非同业关联客户包括非同业集团客户、经济依存客户。

（2）对同业单一客户。商业银行对同业单一客户或集团客户的风险暴露不得超过一级资本净额的25%。全球系统重要性银行对另一家全球系统重要性银行的风险暴露不得超过一级资本净额的15%。商业银行被认定为全球系统重要性银行后，对其他全球系统重要性银行的风险暴露应在12个月内达到上述监管要求。商业银行对单一合格中央交易对手清算风险暴露不受《商业银行大额风险暴露管理办法》规定的大额风险暴露监管要求约束，非清算风险暴露不得超过一级资本净额的25%。商业银行对单一不合格中央交易对手清算风险暴露、非清算风险暴露均不得超过一级资本净额的25%。

2. 监管措施

银行业监督管理机构定期评估商业银行大额风险暴露管理状况及效果，包括制度执行、系统建设、限额遵守、风险管控等，将评估意见反馈商业银行董事会和高级管理层,并将评估结果作为监管评级的重要参考。商业银行应于年初 30 个工作日内向银行业监督管理机构报告上一年度大额风险暴露管理情况。

商业银行违反大额风险暴露监管要求的,银行业监督管理机构可采取以下监管措施:(1)要求商业银行分析大额风险暴露上升的原因,并预测其变动趋势;(2)与商业银行董事会、高级管理层进行审慎性会谈;(3)印发监管意见书,内容包括商业银行大额风险暴露管理存在的问题、拟采取的纠正措施和限期达标意见等;(4)要求商业银行制定切实可行的大额风险暴露限期达标计划,并报银行业监督管理机构备案;(5)根据违规情况提高其监管资本要求;(6)责令商业银行采取有效措施降低大额风险暴露。

五、典 型 案 例

(一)包商银行案

1998 年包头市商业银行成立,2007 年更名为包商银行,包商银行在 2008 年至 2011 年获准在北京、深圳、成都、宁波设立 4 家区外分行,业务快速向区外扩张。包商银行的发展与破产与包商银行的行长、董事长李镇西有很大的关联关系。李镇西自 2002 年担任包商银行行长,2008 年起担任党委书记、董事长,到 2019 年包商银行被接管时,担任"一把手"长达 11 年。李镇西在包商银行的长期任职,形成了事实上的内部控制状态,内部监管机制形同虚设。明天集团通过各种方式控股了包商银行。包商银行机构股东有 79 户,持股比例为 97.05%,其中,明确归属明天集团的机构股东有 35 户,持股比例达 89.27%,远超 50% 的绝对控股比例。2005 年以来,明天集团通过大量的不正当关联交易、资金担保及资金占用等手段进行利益输送,包商银行被逐渐"掏空",造成严重的财务与经营风险,直接侵害其他股东及存款人的利益。清产核资结果显示,2005 年至 2019 年的 15 年里,"明天系"通过注册 209 家空壳公司,以 347 笔借款的方式套取信贷资金,形成的占款高达 1560 亿元,且全部成了不良贷款。

2019 年 5 月 24 日,中国人民银行与中国银保监会发布公告,鉴于包商银行股份有限公司出现严重信用风险,为保护存款人和其他客户合法权益,依照《中国人民银行法》《银行业监督管理法》和《商业银行法》有关规定,中国银行保险监督管理委员会决定自 2019 年 5 月 24 日起对包商银行实行接管,接管期限1年。后来，因接管工作的需要，根据《商业银行法》第67条，经中国银行保险监督管理委员会批准，包商银行接管期限延长六个月，自2020年5月24日起至2020年11月23日止。接管组由中国人民银行、中国银行保险监督管理委员会会同有关方面组建。接管内容为：自接管开始之日起，接管组全面行使包商银行的经营管理权，并委托中国建设银行股份有限公司托管包商银行业务。建设银行组建托管工作组，在接管组指导下，按照托管协议开展工作。接管后，包商银行正常经营，客户业务照常办理，依法保障银行存款人和其他客户合法权益。

包商银行被接管之后，2020年8月，因严重资不抵债，包商银行提出了破产申请。2020年11月，中国银保监会原则上同意包商银行进入破产程序。中国银保监会对《关于包商银行股份有限公司破产申请事项的请示》批复如下："一、原则同意包商银行进入破产程序。二、你行应严格按照有关法律法规要求开展后续工作，如遇重大情况，及时向银保监会报告。"

包商银行破产清算后，相关资产与业务转让至蒙商银行。2020年4月30日，蒙商银行正式成立并开业。同日，包商银行接管组发布公告，包商银行将相关业务、资产及负债，分别转让至蒙商银行和徽商银行（系4家区外分行）。存款保险基金根据《存款保险条例》第18条授权，向蒙商银行、徽商银行提供资金支持，并分担包商银行的资产减值损失，促成蒙商银行、徽商银行收购承接，保持金融业务连续运行。

（二）锦州银行案

锦州银行债务重组是我国近几年来商业银行的著名重组案例。锦州银行股份有限公司于1997年成立，总部位于辽宁省锦州市。2019年，锦州银行两次延迟披露财报并陷入了不良资产逐渐暴露的危机中。此后，锦州银行通过引入战略投资者、增资扩股等一系列动作，进行资产重组，化解了信用风险。2019年7月28日，中国工商银行、中国信达资产管理股份有限公司、中国长城资产管理股份有限公司宣布以财务性投资入股锦州银行。2020年8月7日，辽宁银保监局关于锦州银行增资扩股方案及相关股东资格的批复显示，同意锦州银行发行不超过62亿股股份的增资扩股方案；同意成方汇达认购锦州银行52.7亿股股份，合计持有锦州银行52.7亿股股份，占锦州银行本次增发后总股本的比例为

37.69%；同意辽宁金控认购锦州银行9.3亿股股份，合计持有锦州银行9.3亿股股份，占锦州银行本次增发后总股本的比例为6.65%。成方汇达为中国人民银行所管理的企业，其全部经济利益及其投票权均由中国人民银行持有及控制。辽宁金控则由辽宁省财政厅全资拥有。成方汇达、辽宁金控认购完成后，分别位列锦州银行第一大股东和第二大股东。此前入股的工银金融资产投资有限公司、信达投资有限公司所持有的股份分别被稀释为总股本的6.02%、3.61%。锦州银行重组的原因是发生了暂时的流动性风险，其原因是在中小金融机构流动性分层的背景下发生的信用危机，通过重组可以以较低的代价化解此类风险。锦州银行重组之后，被市场普遍看好。国际评级机构穆迪认为，锦州银行此次引入的上述三家金融机构均拥有庞大的财务资源、丰富的经验和强大的政府支持，这将提振市场信心，并有助于其进一步采取措施加强银行资产负债表和运营。在穆迪看来，锦州银行此次股份出让，对其他遭遇财务困境的区域性银行同样具有正面影响。

（三）恒丰银行案

与锦州银行的重组相比，恒丰银行的重组更具有标杆性意义。恒丰银行股份有限公司（以下简称"恒丰银行"）是12家全国性股份制商业银行之一，前身为1987年成立的烟台住房储蓄银行。2003年，经中国人民银行批准，烟台住房储蓄银行改制为恒丰银行股份有限公司。恒丰银行内部人员控制严重，内部管理混乱，内控机制几乎失灵。2014年，该行原董事长姜喜运涉嫌严重违纪违法接受组织调查。2017年，姜喜运的继任者蔡国华也因涉嫌严重违纪违法被查，被法院判处死刑缓期执行。2017年11月底山东省成立了5个工作组，分别由5位省领导牵头，协调处理恒丰银行风险问题。2018年山东省改组了恒丰银行管理层，任命了新的管理团队。

恒丰银行2017年、2018年没有披露年报。根据2019年度同业存单发行计划，截至2018年9月末，恒丰银行资产总额为1.047万亿元，较2017年末缩水21%；不良率为2.98%，远高于同期股份制银行1.7%的平均水平；拨备覆盖率较上年末下滑53.4个百分点至188.2%，资本充足率为12.98%。

在恒丰银行资产重组之前，需要剥离银行的不良资产，恒丰银行与山东省资产管理公司达成协议，按照中介机构审计评估结果，以799.58亿元一次性转让 1438.89 亿元不良资产，实现不良资产真实转让、洁净出表。

2019 年 12 月 18 日，恒丰银行在济南召开第一次临时股东大会，审议通过了《恒丰银行股份有限公司非公开发行股份方案》等议案。根据方案，恒丰银行将非公开发行 1000 亿股普通股股份。

中国银保监会于 2020 年 1 月 3 日发布了恒丰银行的资产重组批复，同意恒丰银行非公开发行 1000 亿股普通股股份的方案。根据该方案，中央汇金投资有限责任公司认购恒丰银行 600 亿股股份，占发行后总股本的 53.95%；山东金融资产管理股份有限公司认购 360 亿股股份，占发行后总股本的 32.37%；新加坡大华银行认购 18.614 亿股股份，合计持有该行不超过 33.364 亿股股份，占总股本的 3%。恒丰银行此次定增每股定价为 1 元，共募集资金 1000 亿元。中国人民银行发布的《中国金融稳定报告（2020）》称，"截至 2019 年底，恒丰银行完成不良资产剥离，引入 1000 亿元战略投资者资金，顺利完成股改建账，资本充足率等核心监管指标均达到监管要求"。自此，中央汇金成为恒丰银行的第一大股东，恒丰银行成为中央金融机构控股的股份制银行。

（四）银行破产案

我国发生的真正的银行破产案较少，但影响较大。除上述包商银行破产案之外，我国历史上还发生过两起银行机构的破产案件。第一家破产的银行是海南发展银行。海南发展银行于 1995 年 8 月成立，是海南省的一家独立股份制商业银行。海南发展银行成立后，兼并了 28 家海南省的信用社，托管了 5 家信用社的债权债务，通过这些兼并，海南发展银行账面上实力得到增强，股本金增长为 106 亿元，存款余额为 40 亿元，债务为 50 亿元，但这些兼并来的信用社大多是不良资产，海南发展银行从此背上了沉重的债务包袱，兼并后的海南发展银行员工人数剧增为 3000 多人，是原来员工人数的数倍，人力成本极大地增加。这些被兼并的信用社基本上都是通过高息揽储方式吸收存款，存款利息高达 20% 以上。海南发展银行兼并这些信用社之后，宣布原来的存款用户只能获取 7% 的利息，一些存款用户开始从海南发展银行取款，海南发展银行的信用受到影响。储户挤兑海南发展银行后，其现金流出现了问题，海南发展银行只得限制取款次数与数量，个人储户普遍不满，企业储户基本上取不出现金。同时，随着海南房地产泡沫的破灭，海南发展银行的贷款也收不回来。在这样的形势下，虽然海南发展银行后来为了吸收存款提高了存款利息，但银行信用基本用尽，已无力回天。1998 年 6 月 21 日，中国人民银行发出公告称：由于海南发展银行不能及时清偿到期债务，根据《中国人民银行法》《公司法》和中国人民银行《金融机构管理条例》，中国人民银行决定关闭海南发展银行，停止其一切业务活动，由中国人民银行依法组织成立清算组，对海南发展银行进行关闭清算；指定中国工商银行托管海南发展银行的债权债务，对其境外债务和境内居民储蓄存款本金及合法利息保证支付，其余债务待组织清算后偿付。我国 2015 年才制定存款保险制度，海南发展银行破产后存款人如果是个人，基本上全额偿付，法人债权则要等清算后才能偿付。海南发展银行破产采取的是自然人与法人债权区别对待的处置方法。1998 年 6 月 30 日，在原海南发展银行各网点开始了原海南发展银行存款的兑付业务。由于公众对中国工商银行的信任，兑付业务开始后并没有造成大量挤兑，大部分储户只是把存款转存中国工商银行，现金提取量不多。由于海南发展银行的清算迄今没有完成，所以法人债权仍未清偿。海南发展银行是我国历史上存续时间最短的商业银行。

第二家破产的银行业金融机构是河北省肃宁县尚村农信社（以下简称"尚村农信社"）。这家信用社的成立时间较早，成立于 1956 年，因长期经营不善等原因造成资不抵债，从 2001 年 2 月起停止办理相关业务，2004 年营业执照被工商管理部门吊销，2006 年依法申请破产，2009 年 11 月，银行监管部门批复同意尚村农信社实施破产，2011 年 8 月尚村农信社按程序向沧州市中级人民法院提出了破产申请，2012 年 3 月 23 日，沧州市中级人民法院予以受理。该农信社破产时，基本上没有自然人储户了，债权人是其他几家金融机构，因此，这家农信社破产案没有造成社会影响。

参考资料：

1. 周学东：《中小银行金融风险主要源于公司治理失灵——从接管包商银行看中小银行公司治理的关键》，《中国金融》2019 年第 8 期。

2. 胡滨主编：《金融监管蓝皮书：中国金融监管报告》（系列年度报告），社会科学文献出版社。

3. ［美］H.大卫·科茨：《金融监管与合规》，邹亚生等译，中国金融出版社2018 年版。

4. 郭田勇主编：《金融监管学（第四版）》，中国金融出版社 2020 年版。

第六讲　保险业监管制度

本讲内容主要关注保险业的监管制度。

一、监 管 法 律

根据《保险法》的规定，国家金融监管机构依照《保险法》中国务院规定的职责，遵循依法、公开、公正的原则，对保险业实施监督管理，维护保险市场秩序，保护投保人、被保险人和受益人的合法权益。

（一）国家金融监管机构的权力

1. 规章制定权

国务院国家金融监管机构依照法律、行政法规制定并发布有关保险业监督管理的规章。保险监管机构自成立以来，颁布了大量的监督管理保险业的行政规章，并随着保险业的发展变化与监管理念的变化，保险业监督管理机构又不断地对这些规章进行修订与完善，目前已经形成了较为完备的行政监管规章体系，为我国保险业的健康发展提供了制度保障。

2. 审批权

（1）机构审批权。根据《保险法》第67条的规定，设立保险公司应当经国务院国家金融监管机构批准。这一条规定表明，我国保险公司的设立采取行政审批制，国家金融监管机构批准设立保险公司时要考虑保险业的发展与公平竞争的需要。

截至2023年12月末，经批准成立的保险机构共有352家，其中保险集团（控股）公司13家、出口信用保险公司1家、财险公司87家、人身保险公司96

家、再保险公司 14 家、资产管理公司 18 家、保险中介机构 70 家。

(2)保险条款与保险费率审批权。关系社会公众利益的保险险种、依法实行强制保险的险种和新开发的人寿保险险种等的保险条款和保险费率,应当报国家金融监管机构批准。国家金融监管机构审批时,应当遵循保护社会公众利益和防止不正当竞争的原则。其他保险险种的保险条款和保险费率,应当报国家金融监管机构备案。

国家金融监管机构于 2005 年颁布了《财产保险公司保险条款和保险费率管理办法》(以下简称《财产保险管理办法》),并经 2010 年修订,中国银保监会于 2021 年 6 月 4 日发布修订征求意见稿,向全社会征求修改意见。保险监管机构对财产保险公司保险条款和保险费率实施分类监管、属地监管。《财产保险管理办法》规定了财产保险公司报送审批或者备案保险条款和保险费率的材料清单,并制定了相关的监督管理规则。保险公司使用的保险条款和保险费率违反法律、行政法规或者国家金融监管机构的有关规定的,由国家金融监管机构责令停止使用,限期修改;情节严重的,可以在一定期限内禁止申报新的保险条款和保险费率。

国家金融监管机构于 2011 年 12 月 30 日颁布《人身保险公司保险条款和保险费率管理办法》(以下简称《人身险管理办法》),并于 2015 年 10 月 19 日进行了修订。《人身险管理办法》将人身保险分为人寿保险、年金保险、健康保险、意外伤害保险。保险公司总公司负责将保险条款和保险费率报送中国保监会审批或者备案。《人身险管理办法》规定了审批或者备案的材料清单。

3. 保险公司偿付能力监管

保险监管机构应当建立健全保险公司偿付能力监管体系,对保险公司的偿付能力实施监控。对偿付能力不足的保险公司,保险监管机构应当将其列为重点监管对象,并可以根据具体情况采取下列措施:(1)责令增加资本金、办理再保险;(2)限制业务范围;(3)限制向股东分红;(4)限制固定资产购置或者经营费用规模;(5)限制资金运用的形式、比例;(6)限制增设分支机构;(7)责令拍卖不良资产、转让保险业务;(8)限制董事、监事、高级管理人员的薪酬水平;(9)限制商业性广告;(10)责令停止接受新业务。

4. 保险公司的整顿

国家金融监管机构依照《保险法》的相关规定,对保险公司的违法行为作出限期改正的决定后，保险公司逾期未改正的，国家金融监管机构可以决定选派保险专业人员和指定该保险公司的有关人员组成整顿组，对公司进行整顿。整顿组有权监督被整顿保险公司的日常业务。被整顿公司的负责人及有关管理人员应当在整顿组的监督下行使职权。整顿过程中，国家金融监管机构可以责令被整顿公司停止部分原有业务、停止接受新业务，调整资金运用。被整顿保险公司经整顿已纠正其违反本法规定的行为，恢复正常经营状况的，由整顿组提出报告，经国家金融监管机构批准，结束整顿，并由国家金融监管机构予以公告。

5. 保险公司的接管

保险公司有下列情形之一的，国家金融监管机构可以对其实行接管：（1）公司的偿付能力严重不足的；（2）违反本法规定，损害社会公共利益，可能严重危及或者已经严重危及公司的偿付能力的。被接管的保险公司的债权债务关系不因接管而变化。《保险法》规定，接管组的组成和接管的实施办法，由国家金融监管机构决定，并予以公告。

接管期限届满，国家金融监管机构可以决定延长接管期限，但接管期限最长不得超过两年。接管期限届满，被接管的保险公司已恢复正常经营能力的，由国家金融监管机构决定终止接管，并予以公告。

原中国保监会决定于 2018 年 2 月 23 日起，对安邦集团实施接管，接管期限 1 年。原中国保监会同时发布了《安邦保险集团股份有限公司接管实施办法》和《安邦保险集团股份有限公司接管工作组名单》。2019 年 2 月 22 日，中国银保监会发布公告，决定对安邦集团的接管期限延长 1 年，自 2019 年 2 月 23 日至 2020 年 2 月 23 日。中国银保监会于 2020 年 7 月 17 日对天安财险、华夏人寿、天安人寿、易安财险四家保险公司进行了接管，接管期限为 1 年。

6. 保险公司的重组或者破产清算

被整顿、被接管的保险公司有《企业破产法》第 2 条规定情形的，国家金融监管机构可以依法向人民法院申请对该保险公司进行重整或者破产清算。

保险公司因违法经营被依法吊销经营保险业务许可证的，或者偿付能力低于国家金融监管机构规定标准，不予撤销将严重危害保险市场秩序、损害公共利益的，由国家金融监管机构予以撤销并公告，依法及时组织清算组进行清算。保险公司在整顿、接管、撤销清算期间，或者出现重大风险时，国家金融监管机构可以对该公司直接负责的董事、监事、高级管理人员和其他直接责任人员采取以下措施：（1）通知出境管理机关依法阻止其出境；（2）申请司法机关禁止其转移、转让或者以其他方式处分财产，或者在财产上设定其他权利。

（二）国家金融监管机构可采取的监管措施

1. 国家金融监管机构有权要求保险公司股东、实际控制人在指定的期限内提供有关信息和资料。

2. 保险公司的股东利用关联交易严重损害公司利益，危及公司偿付能力的，由国家金融监管机构责令改正。在按照要求改正前，国家金融监管机构可以限制其股东权利；拒不改正的，可以责令其转让所持的保险公司股权。

3. 国家金融监管机构根据履行监督管理职责的需要，可以与保险公司董事、监事和高级管理人员进行监督管理谈话，要求其就公司的业务活动和风险管理的重大事项作出说明。

4. 对保险公司、保险代理人、保险经纪人、保险资产管理公司、外国保险机构的代表机构进行现场检查。

5. 进入涉嫌违法行为发生场所调查取证。

6. 询问当事人及与被调查事件有关的单位和个人，要求其对与被调查事件有关的事项作出说明。

7. 查阅、复制与被调查事件有关的财产权登记等资料。

8. 查阅、复制保险公司、保险代理人、保险经纪人、保险资产管理公司、外国保险机构的代表机构以及与被调查事件有关的单位和个人的财务会计资料及其他相关文件和资料；对可能被转移、隐匿或者毁损的文件和资料予以封存。

9. 查询涉嫌违法经营的保险公司、保险代理人、保险经纪人、保险资产管理公司、外国保险机构的代表机构以及与涉嫌违法事项有关的单位和个人的银行账户。

二、准 入 规 制

原中国保监会于 2013 年 5 月 2 日发布《保险公司业务范围分级管理办法》，根据保险业务属性和风险特征，保险公司业务范围分为基础类业务和扩展类业务两级。财产保险公司基础类业务包括以下五项：（1）机动车保险，包括机动车交通事故责任强制保险和机动车商业保险；（2）企业/家庭财产保险及工程保险（特殊风险保险除外）；（3）责任保险；（4）船舶/货运保险；（5）短期健康/意外伤害保险。财产保险公司扩展类业务包括以下四项：（1）农业保险；（2）特殊风险保险，包括航空航天保险、海洋开发保险、石油天然气保险、核保险；（3）信用保证保险；（4）投资型保险。

人身保险公司基础类业务包括以下五项：（1）普通型保险，包括人寿保险和年金保险；（2）健康保险；（3）意外伤害保险；（4）分红型保险；（5）万能型保险。人身保险公司扩展类业务包括以下两项：（1）投资连结型保险；（2）变额年金。

关于准入条件，新设保险公司只能申请基础类业务。新设财产保险公司申请基础类业务时，应当符合以下条件：（1）以人民币两亿元的最低注册资本设立的，只能申请一项基础类业务；（2）每增加一项基础类业务，应当增加不少于人民币两亿元的注册资本；（3）法律、行政法规及中国保监会规定的其他条件。

新设人身保险公司申请基础类业务时，应当符合以下条件：（1）以人民币两亿元的最低注册资本设立的，只能申请第一项至第三项中的一项；（2）每增加前三项中的一项，应当增加不少于人民币两亿元的注册资本；（3）申请前三项以及第四项、第五项之一的，注册资本不低于人民币 10 亿元；（4）申请全部基础类业务的，注册资本不低于人民币 15 亿元；（5）申请第四项、第五项的，必须同时申请前三项；（6）申请第二项、第四项、第五项的，应当具有专项内控制度、专业人员、服务能力、信息系统和再保险方案；（7）法律、行政法规及中国保监会规定的其他条件。

中国银保监会于 2021 年 9 月 2 日发布《保险公司分支机构市场准入管理办法》，制定了保险公司分支机构的市场准入规则。保险公司分支机构是指保险公司依法设立的分公司、中心支公司、支公司、营业部、营销服务部。银保监会及其派出机构在审批保险公司分支机构设立申请时，应审慎评估相关保险公司分支机构设立申请是否与其自身经营战略、资本实力、管控能力、人员储备情况及当地经济社会发展状况、市场环境、市场容量、商业需求、竞争程度相适应。

三、股 权 监 管

原中国保监会于 2010 年 5 月 4 日发布《保险公司股权管理办法》，后经 2014 年和 2018 年两次修订，目的是加强保险公司股权监管，规范保险公司股东行为，保护投保人、被保险人、受益人的合法权益，维护保险市场秩序。保险公司股权监管原则为：（1）资质优良，关系清晰；（2）结构合理，行为规范；（3）公开透明，流转有序。依法对保险公司股权实施穿透式监管和分类监管。股权监管贯穿于以下环节：（1）投资设立保险公司；（2）变更保险公司注册资本；（3）变更保险公司股权；（4）保险公司上市；（5）保险公司合并、分立；（6）保险公司治理；（7）保险公司风险处置或者破产清算。

根据持股比例、资质条件和对保险公司经营管理的影响，保险公司股东分为以下四类：（1）财务Ⅰ类股东。是指持有保险公司股权不足 5% 的股东。（2）财务Ⅱ类股东。是指持有保险公司股权 5% 以上，但不足 15% 的股东。（3）战略类股东。是指持有保险公司股权 15% 以上，但不足三分之一的股东，或者其出资额、持有的股份所享有的表决权已足以对保险公司股东（大）会的决议产生重大影响的股东。（4）控制类股东。是指持有保险公司股权三分之一以上，或者其出资额、持有的股份所享有的表决权已足以对保险公司股东（大）会的决议产生控制性影响的股东。

国家金融监管机构对股东资质、股权取得、入股资金、股东行为、股权事务、材料申报等方面进行监管。

具体的监督管理措施包括：依法对保险公司股东的穿透监管和审查，可以对保险公司股东及其实际控制人、关联方、一致行动人进行实质认定。对保险公司股权实施监管：（1）依法对股权取得或者变更实施审查；（2）根据有关规定或者监管需要，要求保险公司报告股权有关事项；（3）要求保险公司在指定媒体披露相关股权信息；（4）委托专业中介机构对保险公司提供的财务报告等资料信息进行审查；（5）与保险公司董事、监事、高级管理人员以及其他相关当事人进行监管谈话，要求其就相关情况作出说明；（6）对股东涉及保险公司股权的行为进行调查或者公开质询；（7）要求股东报送审计报告、经营管理信息、股权信息等材料；（8）查询、复制股东及相关单位和人员的财务会计报表等文件、资料；（9）对保险公司进行检查，并依法对保险公司和有关责任人员实施行政处罚；（10）国家金融监管机构依法可以采取的其他监管措施。

国家金融监管机构对保险公司股权取得或者变更实施行政许可，重点审查以下内容：（1）申报材料的完备性；（2）保险公司决策程序的合规性；（3）股东资质及其投资行为的合规性；（4）资金来源的合规性；（5）股东之间的关联关系；（6）需要审查的其他内容。审查方式为：（1）对申报材料进行审核；（2）根据审慎监管的需要，要求保险公司或者股东提交证明材料；（3）对保险公司或者相关股东进行监管谈话、公开问询；（4）要求相关股东逐级披露其股东或者实际控制人；（5）根据审慎监管的需要，要求相关股东逐级向上声明关联关系和资金来源；（6）向相关机构查阅有关账户或者了解相关信息；（7）实地走访股东或者调查股东经营情况等；（8）需要采取的其他审查方式。

国家金融监管机构建立保险公司股权管理不良记录，并纳入保险业企业信用信息系统，通过全国信用信息共享平台与政府机构共享信息。保险公司及其董事和高级管理人员在股权管理中弄虚作假、失职渎职，严重损害保险公司利益的，国家金融监管机构依法对其实施行政处罚，或者要求保险公司撤换有关当事人。

保险公司股东或者相关当事人违反本办法规定的，国家金融监管机构可以采取以下监管措施：（1）通报批评并责令改正；（2）公开谴责并向社会披露；（3）限制其在保险公司的有关权利；（4）依法责令其转让或者拍卖其所持股权。股权转让完成前，限制其股东权利。限期未完成转让的，由符合中国保监会相关要求的投资人按照评估价格受让股权；（5）限制其在保险业的投资活动，并向其他金融监管机构通报；（6）依法限制保险公司分红、发债、上市等行为；（7）中国保监会可以依法采取的其他措施。

四、经 营 监 管

（一）保险机构的关联交易管理

1.保险机构的关联交易类型

（1）资金运用类关联交易。这类关联交易包括在关联方办理银行存款；直接或间接买卖债券、股票等有价证券，投资关联方的股权、不动产及其他资产；

直接或间接投资关联方发行的金融产品，或投资基础资产包含关联方资产的金融产品等。

（2）服务类关联交易。这类关联交易包括审计服务、精算服务、法律服务、咨询顾问服务、资产评估、技术和基础设施服务、委托或受托管理资产、租赁资产等。

（3）利益转移类关联交易。这类关联交易包括赠与、给予或接受财务资助，权利转让，担保，债权债务转移，放弃优先受让权、同比例增资权或其他权利等。

保险业务和其他类型关联交易，以及根据实质重于形式原则认定的可能引致保险机构利益转移的事项。

2. 重大关联交易与一般关联交易

保险机构关联交易分为重大关联交易和一般关联交易。

保险机构重大关联交易是指保险机构与单个关联方之间单笔或年度累计交易金额达到 3000 万元以上，且占保险机构上一年度末经审计的净资产的 1% 以上的交易。

一个年度内保险机构与单个关联方的累计交易金额达到前款标准后，其后发生的关联交易再次累计达到前款标准，应当重新认定为重大关联交易。

保险机构一般关联交易是指除重大关联交易以外的其他关联交易。

3. 关联交易的资金运用规制

保险机构资金运用关联交易应符合以下比例要求：（1）保险机构投资全部关联方的账面余额，合计不得超过保险机构上一年度末总资产的 25% 与上一年度末净资产二者中的金额较低者；（2）保险机构投资权益类资产、不动产类资产、其他金融资产和境外投资的账面余额中，对关联方的投资金额不得超过上述各类资产投资限额的 30%；（3）保险机构投资单一关联方的账面余额，合计不得超过保险机构上一年度末净资产的 30%；（4）保险机构投资金融产品，若底层基础资产涉及控股股东、实际控制人或控股股东、实际控制人的关联方，保险机构购买该金融产品的份额不得超过该产品发行总额的 50%。

保险机构与其控股的非金融子公司投资关联方的账面余额及购买份额应当合并计算并符合前述比例要求。

保险机构与其控股子公司之间，以及控股子公司之间发生的关联交易，不适用上述规定。

（二）保险资金委托投资管理

原中国保监会于 2012 年 7 月 16 日发布《保险资金委托投资管理暂行办法》，2022 年 5 月 9 日修订为《保险资金委托投资管理办法》。中国境内依法设立的保险公司将保险资金委托给符合条件的保险资产管理机构，由保险资产管理机构作为受托人并以委托人的名义在境内开展主动投资管理业务，均适用该办法。该办法规定了委托投资的资质条件、投资规范、风险管理。监管管理的主要措施有：一是受托人应当按照监管规定定期向银保监会报告受托投资管理情况。银保监会组织相关机构对报告进行收集、整理和分析。二是发生与委托投资有关的重大诉讼、重大风险事件及其他影响委托投资资产安全的重大事件的，委托人应当立即采取有效措施，防范相关风险，并及时向银保监会报告。三是保险公司和保险资产管理机构开展委托受托投资违反该办法规定的，银保监会将依法采取相应监管措施或实施行政处罚。

（三）保险机构投资者股票投资管理

原中国保监会于 2004 年 10 月 25 日发布《保险机构投资者股票投资管理办法》，该办法规制保险机构投资者股票投资业务的管理，规范投资行为，防范投资风险。

保险机构投资者是指符合原中国保监会规定的条件，从事股票投资的保险公司和保险资产管理公司。股票投资是指保险机构投资者从事或者委托符合规定的机构从事股票、可转换公司债券等股票市场产品交易的行为。股票资产托管是指保险公司根据中国保监会的有关规定，与商业银行或者其他专业金融机构签订托管协议，委托其保管股票和投资股票的资金，负责清算交割、资产估值、投资监督等事务的行为。

保险机构投资者投资股票，应当建立独立的托管机制，遵循审慎、安全、增值的原则，自主经营、自担风险、自负盈亏。

监督管理机构的监管办法有以下几种：（1）监督管理机构依据各自职责对保险机构投资者的股票投资业务实施检查；（2）监督管理机构可以聘请第三方审计机构，如会计师事务所等中介机构，对保险机构投资者的股票投资情况进行检查；（3）保险机构投资者应当按规定向监督管理机构报送下列报表、报告或者其他文件：股票投资业绩衡量基准；风险指标的计算方法和使用情况说明；股票投资的相关报表；（4）保险机构投资者违反法律、行政法规及监督管理机构相关规定的，监督管理机构可以对其相关高级管理人员和主要业务人员进行监管谈话或者质询；情节严重的，可以依法给予警告、罚款或者责令予以撤换；（5）行政处罚。

（四）保险代理人监管

中国银保监会于 2020 年 11 月 12 日发布《保险代理人监管规定》。保险代理人是指根据保险公司的委托，向保险公司收取佣金，在保险公司授权的范围内代为办理保险业务的机构或者个人。保险代理人分为三类：保险专业代理机构、保险兼业代理机构及个人保险代理人。保险专业代理机构是指依法设立的专门从事保险代理业务的保险代理公司及其分支机构。保险兼业代理机构是指利用自身主业与保险的相关便利性，依法兼营保险代理业务的企业，包括保险兼业代理法人机构及其分支机构。个人保险代理人是指与保险公司签订委托代理合同，从事保险代理业务的人员。

市场准入监管方面，保险专业代理公司、保险兼业代理法人机构在中华人民共和国境内经营保险代理业务，应当符合国家金融监管机构规定的条件，取得相关经营保险代理业务的许可证。保险专业代理公司应当采取有限责任公司或者股份有限公司组织形式；股东必须以自有资金出资；股东要符合相关资格条件；保险代理人向国家金融监管机构申请经营许可证，国家金融监管机构对符合条件的应当向申请人颁发许可证。申请人取得许可证后，方可开展保险代理业务，并应当及时在国家金融监管机构规定的监管信息系统中登记相关信息。保险从业人员应当品行良好。国家金融监管机构可以依法注销保险代理人的许可证，并予以公告。国家金融监管机构依法对保险代理人进行监督检查。国家金融监管机构派出机构按照属地原则负责辖区内保险代理人的监管。国家金融监管机构派出机构应当注重对辖区内保险代理人的行为监管，依法进行现场检查和非现场监管，并实施行政处罚和采取其他监管措施。国家金融监管机构派出机构在依法对辖区内的保险代理人实施行政处罚和采取其他监管措施时，应当同时依法对该行为涉及的保险公司实施行政处罚和采取其他监管措施。

国家金融监管机构根据监管需要，可以对保险专业代理机构的高级管理人员、省级分公司以外分支机构主要负责人或者保险兼业代理机构的保险代理业务责任人进行监管谈话，要求其就经营活动中的重大事项作出说明。

保险专业代理公司、保险兼业代理法人机构的分支机构保险代理业务经营管理混乱，从事重大违法违规活动的，保险专业代理公司、保险兼业代理法人机构应当根据国家金融监管机构的监管要求，对分支机构采取限期整改、停业、撤销或者解除保险代理业务授权等措施。

（五）保险经纪人监管

中国银保监会于 2018 年 2 月 1 日发布《保险经纪人监管规定》。保险经纪人是指基于投保人的利益，为投保人与保险公司订立保险合同提供中介服务，并依法收取佣金的机构，包括保险经纪公司及其分支机构。保险经纪从业人员是指在保险经纪人中，为投保人或者被保险人拟订投保方案、办理投保手续、协助索赔的人员，或者为委托人提供防灾防损、风险评估、风险管理咨询服务、从事再保险经纪等业务的人员。

市场准入规制。保险经纪公司在中华人民共和国境内经营保险经纪业务，应当符合国家金融监管机构规定的条件，取得经营保险经纪业务许可证（以下简称"许可证"）。保险经纪人应当采取有限责任公司和股份有限公司的组织形式。保险经纪公司的股东应当符合监督管理机构规定的资格条件。保险经纪公司的高级管理人员应当符合监督管理机构规定的任职资格。从业人员应当品行良好。

市场退出。保险经纪公司经营保险经纪业务许可证的有效期为 3 年。保险经纪公司应当在许可证有效期届满 30 日前，按照规定向国家金融监管机构派出机构申请延续许可。保险经纪公司有下列情形之一的，国家金融监管机构派出机构依法注销许可证，并予以公告：（1）许可证有效期届满未延续的；（2）许可证依法被撤回、撤销或者吊销的；（3）因解散或者被依法宣告破产等原因依法终止的；（4）法律、行政法规规定的其他情形。

监督检查。国家金融监管机构派出机构按照属地原则负责辖区内保险经纪人的监管。国家金融监管机构派出机构应当注重对辖区内保险经纪人的行为监管，依法进行现场检查和非现场监管，并实施行政处罚和其他监管措施。

（六）保险公估机构监管

中国保监会于 2009 年 9 月 25 日发布《保险公估机构监管规定》，并于 2013 年和 2015 年修订。保险公估机构是指接受委托，专门从事保险标的或者保险事故评估、勘验、鉴定、估损理算等业务，并按约定收取报酬的机构。

市场准入规制。在中华人民共和国境内设立保险公估机构，应当符合国家金融监管机构规定的资格条件，取得经营保险公估业务许可证。国家金融监管机构依法批准设立保险公估机构、保险公估分支机构的，应当向申请人颁发许可证。保险公估机构许可证的有效期为 3 年，保险公估机构应当在有效期届满 30 日前，向国家金融监管机构申请延续。保险公估机构申请延续许可证有效期的，国家金融监管机构在许可证有效期届满前对保险公估机构前 3 年的经营情况进行全面审查和综合评价，并作出是否批准延续许可证有效期的决定。决定不予延续的，应当书面说明理由。保险公估机构应当自收到决定之日起 10 日内向国家金融监管机构缴回原证；准予延续有效期的，应当领取新许可证。国家金融监管机构可以根据有关规定对保险公估机构不予延续许可证的有效期，或者依法撤回、撤销、吊销许可证。

保险公估机构应当采取有限责任公司、股份有限公司和合伙企业组织形式。保险公估机构的高级管理人员应当符合监督管理机构规定的任职条件。

国家金融监管机构还要对保险公估机构的经营规则、禁止行为、市场退出等进行监督管理。

国家金融监管机构对公估机构的监督检查，主要体现在以下方面：（1）保险公估机构及其分支机构应当依照保险监督机构的有关规定及时、准确、完整地报送报表、报告、文件和资料，并根据国家金融监管机构要求提交相关的电子文本。（2）保险公估机构及其分支机构应当妥善保管业务档案、会计账簿、业务台账以及佣金收入的原始凭证等有关资料，保管期限自保险合同终止之日起计算，保险期间在 1 年以下的不得少于 5 年，保险期间超过 1 年的不得少于 10 年。（3）保险公估机构应当按规定向国家金融监管机构缴付监管费用。（4）国家金融监管机构根据监管需要，可以对保险公估机构的董事长、执行董事或者高级管理人员进行监管谈话，要求其就经营活动中的重大事项作出说明。

国家金融监管机构依法对保险公估机构及其分支机构进行现场检查。保险公估机构或者保险公估分支机构因下列原因接受国家金融监管机构调查的，在被调查期间国家金融监管机构有权责令其停止部分或者全部业务：（1）涉嫌严重违反保险法律、行政法规；（2）经营活动存在重大风险；（3）不能正常开展业务活动。

保险公估机构及其分支机构有权对国家金融监管机构的行政处理措施提起行政复议或者行政诉讼。

（七）保险公估人监管

中国银保监会于 2018 年 2 月 1 日发布《保险公估人监管规定》，以规范保险公估人的行为，保护保险公估活动当事人的合法权益和公共利益，维护市场秩序。保险公估是指评估机构及其评估专业人员接受委托，对保险标的或者保险事故进行评估、勘验、鉴定、估损理算以及相关的风险评估。保险公估人是专门从事上述业务的评估机构，包括保险公估机构及其分支机构。保险公估机构包括保险公估公司和保险公估合伙企业。保险公估从业人员是指在保险公估人中，为委托人办理保险标的承保前和承保后的检验、估价及风险评估，保险标的出险后的查勘、检验、估损理算及出险保险标的的残值处理，风险管理咨询等业务的人员。保险公估从业人员包括公估师和其他具有公估专业知识及实践经验的评估从业人员。公估师是指通过公估师资格考试的保险公估从业人员。具有高等院校专科以上学历的公民，可以参加公估师资格全国统一考试。

保险公估人在中华人民共和国境内经营保险公估业务，应当符合《资产评估法》要求及国家金融监管机构规定的条件，并向国家金融监管机构及其派出机构进行业务备案。国家金融监管机构根据《保险法》《资产评估法》和国务院授权，对保险公估人履行监管职责，其派出机构在国家金融监管机构授权范围内履行监管职责。

国家金融监管机构对保险公估人的经营条件（包括业务备案、从业人员、高管人员）、经营规则、市场退出、行业自律进行监管。

国家金融监管机构的监督检查，内容包括：（1）国家金融监管机构的派出机构按照属地原则负责辖区内保险公估人及其保险公估业务活动的监管，派出机构应当注重对辖区内保险公估人的行为监管，依法进行现场检查和非现场监管，并实施行政处罚和其他监管措施；（2）国家金融监管机构及其派出机构根据监管需要，可以对保险公估人董事长、执行董事和高级管理人员进行监管谈话，要求其就经营活动中的重大事项作出说明；（3）国家金融监管机构及其派出机构根据监管需要，可以委派监管人员列席保险公估人的股东（大）会、合伙人会议、董事会；（4）国家金融监管机构及其派出机构依法对保险公估人进行现场检查，主要包括下列内容：是否按规定进行备案或者履行报告义务；职业风险基金或者职业责任保险是否符合规定；业务经营是否合法；财务状况是否良好；向中国保监会及其派出机构提交的报告、报表、文件和资料是否及时、完整和真实；内控制度是否符合中国保监会有关规定；设立及管控分支机构是否符合规定；聘用董事长、执行董事和高级管理人员是否符合规定；是否有效履行从业人员管理职责；业务、财务信息管理系统是否符合中国保监会有关规定；持续符合《资产评估法》第 15 条规定条件的情况；中国保监会规定的其他事项。

（八）保险资产负债管理监管

中国银保监会于 2019 年 7 月 24 日发布《保险资产负债管理监管暂行办法》。保险资产负债管理是指保险公司在风险偏好和其他约束条件下，持续对资产和负债相关策略进行制订、执行、监控和完善的过程。

国家金融监管机构履行以下资产负债管理监管职责：（1）参与保险公司资产负债管理能力的监管评估；（2）参与对保险公司资产负债管理数据真实性、合规性和完整性等情况的非现场核查和现场检查；（3）国家金融监管机构授予的其他资产负债管理监管职责。

国家金融监管机构的监管评估，采取现场评估与非现场评估相结合的方式。国家金融监管机构自行或授权派出机构定期对保险公司资产负债管理能力进行监管评估，必要时可以委托独立第三方机构进行评估。监管评估方法可以采用材料调阅、现场查验、问卷调查、质询谈话、穿行测试等方式，对保险公司资产负债管理能力进行评估。保险公司部分资产负债管理职能由保险集团履行，或将资产配置、账户管理等相关职能委托给保险资产管理公司等第三方的，可延伸评估。

国家金融监管机构依据资产负债管理能力评估和量化评估评分，对保险公司实施差别化监管。对于资产负债管理能力高和匹配状况好的保险公司，根据市场需求和公司实际经营情况，适当给予资金运用范围、模式、比例以及保险产品等方面的政策支持，鼓励经营审慎稳健的保险公司先行先试。对于资产负债管理能力较低或匹配状况较差的保险公司，综合考虑公司发展阶段、负债特征、资产结构和存在的风险，可采取以下一项或多项针对性的监管措施，包括但不限于：（1）风险提示；（2）监管谈话；（3）下发监管函；（4）监管通报；（5）进行专项现场检查或现场调查；（6）要求进行专项压力测试；（7）要求限期整改存在的问题，提交和实施预防资产负债匹配状况恶化或完善资产负债管理的计划。

对于资产负债管理能力低或匹配状况差的保险公司，除本办法规定的监管措施外，可依据法律法规采取进一步的监管措施。

（九）保险公司信息披露管理

中国银保监会于 2018 年 4 月 28 日发布《保险公司信息披露管理办法》。保险公司的信息披露是指保险公司向社会公众公开其经营管理相关信息的行为。保险公司信息披露应当遵循真实、准确、完整、及时、有效的原则，不得有虚假记载、误导性陈述和重大遗漏。保险公司应当按照法律、行政法规和中国银保监会的规定进行信息披露。

保险公司应当披露下列信息：（1）基本信息；（2）财务会计信息；（3）保险责任准备金信息；（4）风险管理状况信息；（5）保险产品经营信息；（6）偿付能力信息；（7）重大关联交易信息；（8）重大事项信息；（9）中国银保监会规定的其他信息。

信息披露的管理。保险公司应当建立信息披露管理制度并报国家金融监管机构。信息披露管理制度应当包括下列内容：（1）信息披露的内容和基本格式；（2）信息的审核和发布流程；（3）信息披露的豁免及其审核流程；（4）信息披露事务的职责分工、承办部门和评价制度；（5）责任追究制度。

（十）保险资金运用管理

原中国保监会于 2018 年 1 月 24 日发布《保险资金运用管理办法》。保险资金是指保险集团（控股）公司、保险公司以本外币计价的资本金、公积金、未分配利润、各项准备金以及其他资金。保险资金运用必须以服务保险业为主要目标，坚持稳健审慎和安全性原则，符合偿付能力监管要求，根据保险资金性质实行资产负债管理和全面风险管理，实现集约化、专业化、规范化和市场化。保险资金运用应当坚持独立运作。保险集团（控股）公司、保险公司的股东不得违法违规干预保险资金运用工作。保险资金运用包括投资不动产与投资股权。

国家金融监管机构依法对保险资金运用活动进行监督管理。监督管理的内容主要有：资金运用形式，包括资金运用范围、资金运用模式；决策运行机构，包括组织结构与职责、资金运用流程；风险管控等。

国家金融监管机构可以授权其派出机构行使保险资金运用监管职权。国家金融监管机构对保险资金运用的监督管理采取现场监管与非现场监管相结合的方式。国家金融监管机构应当根据公司治理结构、偿付能力、投资管理能力和风险管理能力，按照内控与合规计分等有关监管规则，对保险集团（控股）公司、保险公司保险资金运用实行分类监管、持续监管、风险监测和动态评估。

保险集团（控股）公司、保险公司的重大股权投资，应当报国家金融监管机构核准。

（十一）保险公司非现场监管

中国银保监会于 2022 年 1 月 16 日发布《保险公司非现场监管暂行办法》。保险公司非现场监管是指监管机构通过收集保险公司和保险行业的公司治理、偿付能力、经营管理以及业务、财务数据等各类信息，持续监测分析保险公司业务运营、提供风险保障和服务实体经济情况，对保险公司和保险行业的整体风险状况进行评估，并采取针对性监管措施的持续性监管过程。非现场监管是保险监管的重要手段，监管机构要充分发挥其在提升监管效能方面的核心作用。

监管机构对保险公司开展非现场监管，应遵循以下原则：（1）全面风险监管原则。开展非现场监管应以风险为核心，全面识别、监测和评估保险公司的风险状况，及时进行风险预警，并采取相应的监管措施，推动保险公司持续健康发展；（2）协调监管原则。机构监管部门和其他相关监管部门应当建立非现场监管联动工作机制，加强信息共享和工作协调，充分整合监管力量；（3）分类监管原则。开展非现场监管应根据保险公司的业务类型、经营模式、风险状况、系统重要性程度等因素，合理配置监管资源，分类施策，及时审慎采取监管措施；（4）监管标准统一原则。开展非现场监管应设定统一的非现场监管目标，建立统一的工作流程和工作标准，指导监管人员有序高效地履行非现场监管职责。

非现场监管的工作流程分为信息收集和整理、日常监测和监管评估、评估结果运用、信息归档四个阶段。

（十二）保险公司偿付能力监管

中国银保监会于 2021 年 1 月 15 日发布《保险公司偿付能力管理规定》。偿付能力是保险公司对保单持有人履行赔付义务的能力。偿付能力监管指标包括：（1）核心偿付能力充足率，即核心资本与最低资本的比值，衡量保险公司高质量资本的充足状况；（2）综合偿付能力充足率，即实际资本与最低资本的比值，衡量保险公司资本的总体充足状况；（3）风险综合评级，即对保险公司偿付能力综合风险的评价，衡量保险公司总体偿付能力风险的大小。

核心资本是指保险公司在持续经营和破产清算状态下均可以吸收损失的资本。实际资本是指保险公司在持续经营或破产清算状态下可以吸收损失的财务资源。最低资本是指基于审慎监管目的，为使保险公司具有适当的财务资源应对各类可量化为资本要求的风险对偿付能力的不利影响，所要求保险公司应当具有的资本数额。核心资本、实际资本、最低资本的计量标准等监管具体规则由中国银保监会另行规定。保险公司逆周期附加资本、系统重要性保险机构附加资本的计提另行规定。

保险公司同时符合以下三项监管要求的，为偿付能力达标公司：（1）核心偿付能力充足率不低于 50%；（2）综合偿付能力充足率不低于 100%；（3）风险综合评级在 B 类及以上。不符合上述任意一项要求的，为偿付能力不达标公司。

监管措施。中国银保监会及其派出机构将根据保险公司的风险成因和风险程度，依法采取针对性的监管措施，以督促保险公司恢复偿付能力或在难以持续经营的状态下维护保单持有人的利益。

对于核心偿付能力充足率低于 50% 或综合偿付能力充足率低于 100% 的保险公司，中国银保监会应当采取以下第（1）项至第（4）项的全部措施：（1）监管谈话；（2）要求保险公司提交预防偿付能力充足率恶化或完善风险管理的计划；（3）限制董事、监事、高级管理人员的薪酬水平；（4）限制向股东分红。

中国银保监会还可以根据其偿付能力充足率下降的具体原因，采取以下第

（5）项至第（12）项的措施：（5）责令增加资本金；（6）责令停止部分或全部新业务；（7）责令调整业务结构，限制增设分支机构，限制商业性广告；（8）限制业务范围、责令转让保险业务或责令办理分出业务；（9）责令调整资产结构，限制投资形式或比例；（10）对风险和损失负有责任的董事和高级管理人员，责令保险公司根据聘用协议、书面承诺等追回其薪酬；（11）依法责令调整公司负责人及有关管理人员；（12）中国银保监会依法根据保险公司的风险成因和风险程度认为必要的其他监管措施。

对于采取上述措施后偿付能力未明显改善或进一步恶化的，由中国银保监会依法采取接管、申请破产等监管措施。

中国银保监会可以视具体情况，依法授权其派出机构实施必要的监管措施。

对于核心偿付能力充足率和综合偿付能力充足率达标，但操作风险、战略风险、声誉风险、流动性风险中某一类或某几类风险较大或严重的C类和D类保险公司，中国银保监会及其派出机构应根据风险成因和风险程度，采取针对性的监管措施。

保险公司未按规定报送偿付能力报告或公开披露偿付能力信息的，以及报送和披露虚假偿付能力信息的，中国银保监会及其派出机构依据《保险法》等法律法规进行处罚。

保险公司聘请的会计师事务所的审计质量存在问题的，中国银保监会及其派出机构视具体情况采取责令保险公司更换会计师事务所、行业通报、向社会公众公布、不接受审计报告等措施，并移交注册会计师行业行政主管部门处理。

精算咨询机构、信用评级机构、资产评估机构、律师事务所等中介机构在保险业开展业务时，存在重大疏漏或出具的意见、报告存在严重质量问题的，中国银保监会及其派出机构视具体情况采取责令保险公司更换中介机构、不接受报告、移交相关部门处理等措施。

原中国保监会于2015年2月13日发布了《保险公司偿付能力监管规则（1—17号）》，被称为偿付能力监管一期工程建设成果，偿付能力监管二期工程建设于2017年9月启动，二期工程建设根据保险监管的新形势与新要求，对一期工程全面升级修订，以提升偿付能力监管制度的科学性、有效性与全面性。中国银保监会于2021年12月30日发布《保险公司偿付能力监管规则（Ⅱ）》，包括以下内容：

表4

序 号	内 容
第1号	实际资本
第2号	最低资本
第3号	寿险合同负债评估
第4号	保险风险最低资本（非寿险业务）
第5号	保险风险最低资本（寿险业务）
第6号	再保险公司保险风险最低资本
第7号	市场风险和信用风险的穿透计量
第8号	市场风险最低资本
第9号	信用风险最低资本
第10号	压力测试
第11号	风险综合评级（分类监管）
第12号	偿付能力风险管理要求与评估
第13号	流动性风险
第14号	资本规划
第15号	偿付能力信息公开披露
第16号	偿付能力信息交流
第17号	保险公司信用评级
第18号	偿付能力报告
第19号	保险集团
第20号	劳合社保险（中国）有限公司

五、典型案例

（一）新华人寿股权代持案

本案是国内一起著名的保险公司股权代持引发的法律纠纷。本案由北京市高级人民法院一审，最高人民法院二审，后由最高人民法院作出审判监督程序的裁定。新华人寿保险公司是经原保监会批准设立，获国家工商行政管理局注册登记的全国性、股份制保险公司。2000 年，原保监会批准新华人寿关于增资扩股和修改章程的请示，同意苏黎世保险公司认购该公司新股 8000 万股，占总股本的 10%；国际金融公司认购 4800 万股，占总股本的 6%；明治生命保险公司认购 3600 万股，占总股本的 4.5%；荷兰金融发展公司认购 3520 万股，占总股本的 4.4%；外资股份总额占总股本的 24.9%。2006 年，经原保监会批准，新华人寿的外资股东明治安田生命保险公司（原明治生命保险公司）将其持有的新华人寿 4.5% 的股份转让给博智公司，内资股东新产业公司将其持有的新华人寿 9% 的股权转让给亚创公司。2011 年，经原保监会批准，鸿元公司将其持有的新华人寿的股权转让给德仁公司。同年，经原保监会批准，新华人寿注册资本变更为 26 亿元人民币。增资后，外资股东持有新华人寿股份的比例仍为 24.9%。

以下为此案案情的简要情况。一审原告博智资本基金公司（以下简称"博智公司"）系 2005 年 2 月 15 日在英属开曼群岛注册成立的公司，截至 2010 年 11 月，作为外资股东持有新华人寿 4.5% 股份。一审被告为鸿元控股集团有限公司，该公司原名为上海亚创控股有限公司（以下简称"亚创公司"）。2005 年 12 月 1 日，博智公司与亚创公司签订《委托投资及托管协议》，约定：（1）根据博智公司的要求，亚创公司代表博智公司收购新产业公司所拥有新华人寿之全部 9% 股份；（2）博智公司负责提供上述股份转让所需要的全部资金，亚创公司通过上述股份转让而取得的新华人寿股份，以及与该等股份相关的一切权益和权利，均归属博智公司所有，亚创公司对该等股份不享有任何实际权益和权利；（3）博智公司累计向新产业公司支付股权转让款 56698582.54 美元并办理了股权变更手续，亚创公司代博智公司成为名义持有新华人寿 9% 股份的股东。2010 年 10 月 14 日，新华人寿召开股东大会，审议通过《关于新华人寿保险股份有限公司股份发行暨增资方案的议案》。亚创公司认购股数为 12600 万股，增资额为人民币 12.6 亿元；2010 年 11 月 26 日，博智公司与德仁公司、鸿元公司签订《股份及权益转让协议》，现各方同意德仁公司购买 9% 股份及股份的一切附属权益。德仁公司与博智公司签订《权益转让协议》，德仁公司同意向博智公司支付金额共计人民币 21.6 亿元。同日，德仁公司与鸿元公司签订《交易价款支付协议》，德仁公司同意向鸿元公司支付金额共计人民币 7.02 亿元。2011 年 5 月 13 日，鸿元公司向德仁公司出具《收款通知书》，确认已收到德仁公司支付的交易价款人民币 7.02 亿元。鸿元公司于收款后分别向昊盛公司汇款人民币 45360 万元、向欣鸿公司汇款人民币 2 亿元，向潮州市建筑安装总公司第六工程公司汇款人民币 3000 万元。原告请求法院判令：变更《股份及权益转让协议》第 3.4 条约定，德仁公司将支付给鸿元公司的股权转让款项应支付给博智公司；撤销鸿元公司与德仁公司之间依据《股份及权益转让协议》第 3.4.1 条签署的相关协议，鸿元公司将其从德仁公司取得的人民币 7.02 亿元款项返还给博智公司；欣鸿公司在其从鸿元公司处取得的款项人民币 2 亿元范围内承担连带偿还责任，将其取得的款项人民币 2 亿元返还给博智公司；宏邦公司在其从鸿元公司处取得的款项人民币 40050 万元范围内承担连带偿还责任，将其取得的款项人民币 40050 万元返还给博智公司；昊盛公司在其从鸿元公司处取得的款项人民币 5310 万元范围内承担连带偿还责任，将其取得的款项人民币 5310 万元返还给博智公司；由鸿元公司、欣鸿公司、宏邦公司、昊盛公司承担本案的全部诉讼费用。

北京市高级人民法院一审判决认为：博智公司与鸿元公司通过签订《委托投资及托管协议》《协议书》等代持股协议，就鸿元公司代博智公司持有本案讼争的新华人寿 9% 股份及相关费用进行了约定，确定博智公司是该股份的实际出资人和控制人，鸿元公司作为博智公司的托管人并代表博智公司持有该股份；博智公司向原股东新产业公司支付了该股份转让价款，并依约向鸿元公司支付了代持股费用；鸿元公司在 2010 年 5 月 25 日《关于处理新华人寿股权问题的董事会决议》中亦明确在其名下的新华人寿 9% 股权系与博智公司签署《委托投资及托管协议》而实际代博智公司持有；德仁公司亦在庭审中确认其订立《股份及权益转让协议》时已知晓博智公司与鸿元公司之间系代持股关系。因此，涉案股权转让的各方当事人对于博智公司与鸿元公司之间就涉案股份存在代持股关系均予认可，法院予以认定。

博智公司与鸿元公司签署的《委托投资及托管协议》及《协议书》是双方当事人真实意思表示，且中华人民共和国法律未禁止境外企业持有境内保险公司股权，只是根据外资股东在境内保险公司持股比例区分企业形态进行分类管理，故双方依约确立的代持股关系不违反合同订立时中华人民共和国法律、法规的强制性规定，不存在原《合同法》第 52 条规定的合同无效情形。博智公司与鸿元公司就涉案 9% 股份存在合法有效的代持股关系，博智公司是该股份的实

161

际出资人，享有所有者投资权益；鸿元公司作为名义股东依约代博智公司行使股权。

博智公司作为本案讼争股权的实际出资人，依法享有所有者权益。鸿元公司作为受托人应当忠实履行合同义务。鸿元公司利用优势地位，违背诚信原则，迫使博智公司在意思表示不真实的情形下同意签署《股份及权益转让协议》中针对鸿元公司的付款条款，并使鸿元公司从依据该条款订立的《交易价款支付协议》中获取了本属于博智公司的股权转让收益，损害了博智公司的财产权益，不符合诚实守信、公平有序的市场交易秩序。鸿元公司于本判决生效之日起10日内向博智公司返还人民币7.02亿元。

最高人民法院二审认为：博智公司与鸿元公司签订的《委托投资及托管协议》《协议书》，不仅包括双方当事人关于委托投资的约定，还包括当事人之间关于股权归属以及股权托管的约定。根据双方当事人关于股权归属以及股权托管的约定，鸿元公司的前身亚创公司系代博智公司持有股权而非自己享有股权。虽然上述协议均系双方当事人真实意思表示，但由于股权归属关系应根据合法的投资行为依法律确定，不能由当事人自由约定，因此，尽管当事人约定双方之间的关系是股权代持关系，也不能据此认定双方之间的关系属股权代持关系，而应认定双方之间系委托投资合同关系。一审判决未能区分股权归属关系与委托投资关系，仅以双方签订的《委托投资及托管协议》及《协议书》系双方真实意思表示为由认定上述协议均有效，并据此认定博智公司作为案涉股权的实际出资人，享有所有者投资权益，而鸿元公司作为名义股东，系依约代博智公司行使股权，属法律适用错误，也与鸿元公司一直以股东身份行使股权及相关权益的事实不符，应予纠正。

博智公司并无充分证据证明其在签订上述协议过程中存在胁迫，因此一审判决以博智公司受到胁迫为由变更博智公司、鸿元公司与德仁公司所订《股份及权益转让协议》并撤销鸿元公司与德仁公司之间的《交易价款支付协议》，进而判决鸿元公司应向博智公司返还其所收到的人民币7.02亿元款项，系适用法律错误，应予纠正。

一审原告不服二审判决，向最高人民法院提请再审，最高人民法院于2015年6月24日作出民事裁定，驳回了博智公司的再审申请。

（二）前海人寿行政处罚案

2017 年 2 月 24 日，原保监会根据现场检查中发现的违法违规问题，依法对前海人寿及相关责任人进行了行政处罚。经查，前海人寿主要存在编制、提供虚假材料、违规运用保险资金等问题。在深入开展调查取证的基础上，原保监会严格按照有关法定程序，依据《保险法》等法律法规对前海人寿及相关责任人员分别作出了警告、罚款、撤销任职资格及行业禁入等处罚措施。其中，对时任前海人寿董事长姚某华给予撤销任职资格并禁入保险业 10 年的处罚。

（三）安邦保险公司重组案

安邦集团是安邦保险集团股份有限公司的简称，是中国保险行业大型集团公司之一，总资产规模超过 19000 亿元。安邦集团成员公司业务范围涵盖财产险、人寿险、健康险、资产管理、保险销售、保险经纪等多项业务。安邦集团先后收购纽约华尔道夫酒店、比利时 Fidea 保险公司及 Lloyd 银行、韩国东洋人寿、荷兰 VIVAT 保险公司、美国信保人寿。2017 年 6 月以来，原保监会根据监管工作安排，派出工作组进驻安邦集团，深入开展现场检查，强化公司现场监管，督促公司改善经营管理。原保监会经监管检查发现，安邦集团存在违反相关法律法规问题，原保监会依法责令安邦集团调整吴某晖董事长、总经理职务。2018 年 2 月 23 日，原保监会通报，安邦保险集团股份有限公司原董事长、总经理吴某晖因涉嫌经济犯罪，被依法提起公诉。鉴于安邦集团存在违反《保险法》规定的经营行为，可能严重危及公司偿付能力，为保持安邦集团照常经营，保护保险消费者合法权益，依照《保险法》第 144 条规定，原保监会决定对安邦集团实施接管。根据原保监会公布的《安邦保险集团股份有限公司接管实施办法》，原保监会接管工作组负责人行使安邦集团法定代表人职权，接管工作组行使安邦集团的经营管理权，安邦集团股东大会、董事会、监事会停止履行职责，集团及各级机构经理、副经理按照接管工作组授权履行职责。2018 年 2 月 23 日起，原保监会决定对安邦集团实施接管，接管期限 1 年。2019 年 2 月 22 日，中国银保监会对安邦集团接管期限延长 1 年。2019 年 6 月 12 日，安邦集团工商信息中的注册资本变更，由 619 亿元变为 415.4 亿元，减少 203.6 亿元。2019 年 7 月 11 日，大家保险集团正式宣告成立，将依法受让安邦人寿、安邦养老和安邦资管股权，并设立大家财险，依法受让安邦财险的部分保险业务、资产和负债。

关于安邦集团董事长吴某晖案，法院认为：被告人吴某晖隐瞒股权实控关系，以其个人实际控制的多家公司掌管安邦财产保险股份有限公司、安邦集团股份有限公司，并先后担任安邦财险副董事长和安邦集团董事长、总经理等职。2011年1月起，吴某晖以安邦财险等公司为融资平台，指令他人使用虚假材料骗取原保监会批准和延续销售投资型保险产品。2011年7月至2017年1月，吴某晖指令他人采用制作虚假财务报表、披露虚假信息、虚假增资、虚构偿付能力、瞒报并隐匿保费收入等手段，欺骗监管机构和社会公众，以承诺还本付息且高于银行同期存款利率为诱饵，超过原保监会批准的规模向社会公众销售投资型保险产品非法吸收巨额资金。其间，吴某晖以虚假名义将部分超募保费转移至其个人实际控制的百余家公司，用于其个人归还公司债务、投资经营、向安邦集团增资等，至案发实际骗取652亿余元。此外，法院还查明，吴某晖利用职务便利非法侵占安邦财险保费资金100亿元。案发后，公安机关查封、冻结吴某晖及其个人实际控制的相关公司名下银行账户、房产、股权等资产。2018年5月10日，上海市第一中级人民法院对被告人吴某晖集资诈骗、职务侵占案进行一审公开宣判，对吴某晖以集资诈骗罪判处有期徒刑15年，剥夺政治权利4年，并处没收财产人民币95亿元；以职务侵占罪判处有期徒刑10年，并处没收财产人民币10亿元，决定执行有期徒刑18年，剥夺政治权利4年，并处没收财产人民币105亿元，违法所得及其孳息予以追缴。

（四）保险公司解散案

国信人寿于2005年2月成立，公司总部在上海市，注册资金为5亿元人民币，成立后不久，总经理严某与股东产生分歧出走，原保监会调查发现国信人寿有资本金出逃等违规问题。2005年6月，未出一份保单的国信人寿被原保监会责令解散，成为中国最"短寿"的保险公司。

（五）保险公司破产案

易安财产保险股份有限公司（以下简称"易安财险"）是我国第一家破产的保险公司。易安财险是原中国保监会于2015年6月批准筹建的互联网保险公司，并于2016年2月6日正式获得原保监会开业批复，总部设在深圳，注册资本人民币 10 亿元，公司的营业范围包括与互联网交易直接相关的企业/家庭财产保险、货运保险、责任保险、信用保证保险。

2020 年 7 月 17 日，银保监会发布《中国银保监会依法对天安财产保险股份有限公司等六家机构实施接管的公告》，易安财险因偿付能力问题也在被接管之列。经过 1 年接管期的延长，最终接管期于 2022 年 7 月 16 日到期。2022 年 7 月 15 日，银保监会官网披露《中国银保监会关于易安财产保险股份有限公司破产重整的批复》。批复显示，银保监会原则同意易安财产保险股份有限公司进入破产重整程序，公司应严格按照有关法律法规要求开展后续工作，如遇重大情况，及时向银保监会报告。北京金融法院于 2022 年 7 月 15 日裁定受理易安财险重整申请，并于同日指定易安财险清算组担任管理人。在这份编号为"（2022）京 74 破申 1 号"的破产重整民事裁定书中，易安财险截至 2022 年 3 月 31 日的净资产评估价值为－1.2376 亿元，陷入资不抵债的状况，明显缺乏清偿能力。北京金融法院在裁定书中表示："本案中，易安财险主张其作为四家互联网保险公司之一，具有管理结构扁平、轻资产运营等优势；同时易安财险自身资产负债体量不大，有望通过有限投资改善偿付能力。综上，易安财险具有一定的重整价值和挽救可能，其提出的重整申请，符合法律规定，应当予以受理。"

参考资料：

1. 中国银行保险监督管理委员会偿付能力监管部：《保险公司偿付能力监管规则及讲解》，中国金融出版社 2022 年版。

2. 胡滨主编：《金融监管蓝皮书：中国金融监管报告》（系列年度报告），社会科学文献出版社。

3. ［美］H.大卫·科茨：《金融监管与合规》，邹亚生等译，中国金融出版社 2018 年版。

4. 郭田勇主编：《金融监管学（第四版）》，中国金融出版社 2020 年版。

第七讲　证券业监管制度

证券业的监管内容比较多，本讲只选择其中一部分内容进行讲解。

一、监　管　法　律

我国没有独立的证券监管法，证券监管制度体现在《证券法》中，如《证券法》第十二章规定了"证券监督管理机构"。我们先了解一下《证券法》对证券监督管理机构规定的法定职责与可以采取的行政措施。

（一）证券监督管理机构的法定职责

根据《证券法》第169条的规定，证券监督管理机构享有下列职权：

1. 规章、规则制定权

证券监督管理机构依法制定有关证券市场监督管理的规章、规则。

2. 审批、核准、注册，办理备案

证券监督管理机构对下列事项依法审查，并进行审批：证券交易所章程的制定与修改；证券在证券交易所上市交易采用公开的集中交易方式以外的其他方式；设立证券公司、以证券公司名义开展证券业务活动；设立证券登记结算机构；证券登记结算机构履行其他业务；证券登记结算机构依法制定章程和业务规则；证券登记结算机构申请解散。依法实行核准的事项：证券公司经营业务核准；证券公司变更业务范围，变更主要股东或者公司的实际控制人，合并、分立、停业、解散、破产，应当经核准；从事证券投资咨询业务，应当经核准。依法进行注册的事项：证券公开发行注册。依法进行备案的事项：公开发行股票，代销、包销期限届满，发行人应当在规定的期限内将股票发行情况报国务院证券监督管理机构备案；证券交易所决定终止证券上市交易的，应当及时公告，并报国务院证券监督管理机构备案；证券公司任免董事、监事、高级管理人员，应当报国务院证券监督管理机构备案；从事证券投资咨询服务以外的其他证券服务业务，应当报国务院证券监督管理机构和国务院有关主管部门备案；证券业协会章程应当报国务院证券监督管理机构备案。

3. 其他职责

这些职责包括：依法对证券的发行、上市、交易、登记、存管、结算等行为进行监督管理；依法对证券发行人、证券公司、证券服务机构、证券交易场所、证券登记结算机构的证券业务活动进行监督管理；依法制定从事证券业务人员的行为准则，并监督实施。2018 年 6 月，中国证监会发布《证券期货经营机构及其工作人员廉洁从业规定》，对证券期货经营机构及其工作人员的从业规范进行规定；依法监督检查证券发行、上市、交易的信息披露；依法对证券业协会的自律管理活动进行指导和监督；依法监测并防范、处置证券市场风险；依法开展投资者教育；依法对证券违法行为进行查处；法律、行政法规规定的其他职责。

（二）证券监督管理机构有权采取的行政措施

1. 现场检查

证券监督管理机构可以对证券发行人、证券公司、证券服务机构、证券交易场所、证券登记结算机构进行现场检查，或进入涉嫌违法行为发生场所调查取证。

2. 收集相关文件与资料

证券监督管理机构可以询问当事人和与被调查事件有关的单位和个人，要求其对与被调查事件有关的事项作出说明；或者要求其按照指定的方式报送与被调查事件有关的文件和资料；查阅、复制与被调查事件有关的财产权登记、通讯记录等文件和资料；查阅、复制当事人和与被调查事件有关的单位和个人的证券交易记录、登记过户记录、财务会计资料及其他相关文件和资料；对可能被转移、隐匿或者毁损的文件和资料，可以予以封存、扣押。

3. 冻结与查封

证券监督管理机构可以查询当事人和与被调查事件有关的单位和个人的资

金账户、证券账户、银行账户以及其他具有支付、托管、结算等功能的账户信息，可以对有关文件和资料进行复制；对有证据证明已经或者可能转移或者隐匿违法资金、证券等涉案财产或者隐匿、伪造、毁损重要证据的，经国务院证券监督管理机构主要负责人或者其授权的其他负责人批准，可以冻结或者查封，期限为6个月；因特殊原因需要延长的，每次延长期限不得超过3个月，冻结、查封期限最长不得超过两年。

4. 其他行政措施

在调查操纵证券市场、内幕交易等重大证券违法行为时，经国务院证券监督管理机构主要负责人或者其授权的其他负责人批准，可以限制被调查的当事人的证券买卖，但限制的期限不得超过3个月；案情复杂的，可以延长3个月；通知出入境管理机关依法阻止涉嫌违法人员、涉嫌违法单位的主管人员和其他直接责任人员出境。为防范证券市场风险，维护市场秩序，国务院证券监督管理机构可以采取责令改正、监管谈话、出具警示函等措施。

（三）违法行为调查权

国务院证券监督管理机构对涉嫌证券违法的单位或者个人应当进行调查。在调查期间，被调查的当事人书面申请，承诺在国务院证券监督管理机构认可的期限内纠正涉嫌违法行为，赔偿有关投资者损失，消除损害或者不良影响的，国务院证券监督管理机构可以决定中止调查。中止调查需要满足的条件：一是被调查的当事人在调查期间提出书面申请，如果调查结束，则不存在中止调查的问题；二是被调查的当事人自愿主动提出，而非由国务院证券监督管理机构提出；三是被调查的当事人在国务院证券监督管理机构认可的期限内纠正涉嫌违法行为，赔偿有关投资者损失，消除损害或者不良影响的，即被调查的当事人要履行承诺的相关义务，并且实施了具体行动；四是国务院证券监督管理机构具有是否接受被调查当事人承诺的自由裁量权。

终止调查的情形：如果被调查的当事人履行承诺的，国务院证券监督管理机构可以决定终止调查，调查自此结束。恢复调查：如果被调查的当事人未履行承诺或者有国务院规定的其他情形的，国务院证券监督管理机构应当恢复调查。

以上国务院证券监督管理机构决定中止或者终止调查的，应当按照规定公开相关信息。

二、发行监管

（一）注册制

我国的证券发行制度经历了审批制与核准制之后，证券发行注册制这一市场型的发行制度成为替代方案。2015 年 12 月 27 日第十二届全国人民代表大会常务委员会第十八次会议授权国务院对拟在上海证券交易所、深圳证券交易所上市交易的股票的公开发行，调整适用《证券法》关于股票公开发行核准制度的有关规定，实行注册制度，具体实施方案由国务院作出规定，报全国人民代表大会常务委员会备案。该决定的实施期限为两年。但基于我国证券市场的现实，注册制并未在全国人民代表大会常务委员会的授权期限内具体实施，为此，施行期限届满后，2018 年 2 月 24 日，第十二届全国人民代表大会常务委员会第三十三次会议决定将实施期限延长两年到 2020 年 2 月 29 日。

2018 年 11 月 5 日，习近平主席出席首届中国国际进口博览会开幕式并发表主旨演讲，宣布在上海证券交易所设立科创板并试点注册制。注册制施行由此进入倒计时。2019 年 1 月 30 日，证监会发布《关于在上海证券交易所设立科创板并试点注册制实施意见》。2019 年 3 月 1 日，证监会发布《科创板首次公开发行股票注册制管理办法（试行）》，科创板 IPO 开始试点施行注册制。2019 年 11 月 8 日，证监会就《科创板上市公司证券发行注册管理办法（试行）》征求社会意见（2020 年 7 月 3 日正式发布）。2019 年《证券法》第 9 条规定："公开发行证券，必须符合法律、行政法规规定的条件，并依法报经国务院证券监督管理机构或者国务院授权的部门注册。未经依法注册，任何单位和个人不得公开发行证券。证券发行注册制的具体范围、实施步骤，由国务院规定。"证券发行注册制正式写进了《证券法》。2020 年 4 月 27 日，中央全面深化改革委员会第十三次会议审议通过了《创业板改革并试点注册制总体实施方案》，在创业板试点注册制。2020 年 10 月 9 日国务院印发《关于进一步提高上市公司质量的意见》提出将"全面推行、分步实施证券发行注册制，支持优质企业上市"。李克强总理 2022 年 3 月 5 日在第十三届全国人民代表大会第五次会议上的政府工作报告中提到，全面实行股票发行注册制，促进资本市场平稳健康发展。

2023 年 2 月 17 日，中国证监会及交易所等发布《全面实行股票发行注册制制度规则》，自发布之日起施行。这标志着注册制的制度安排基本定型，注册制推广到全市场和各类公开发行股票行为，全面实行股票发行注册制正式实施。

此次发布的制度规则共 165 部，其中证监会发布的制度规则 57 部，证券交易所、全国股转公司、中国结算等发布的配套制度规则 108 部。主要内容包括精简优化发行上市条件、完善审核注册程序、优化发行承销制度、完善上市公司重大资产重组制度、强化监管执法和投资者保护等。注册制的全面实施，充分证明我国证券市场的法治化程度达到了一个新的高度。

注册制改革之后，股票发行上市发生了哪些变革呢？主要体现以下几个方面：一是发行上市条件的精简优化。注册制以信息披露为核心，核准制下的发行条件都尽可能地转化为了注册制下的信息披露要求。二是审核与注册程序既独立又关联。证券交易所担负审核职能，证监会负责注册，二者各有侧重，但又相互衔接，明确了二者的职责分工。证券交易所在审核过程中发现重大敏感事项、重大无先例情况、重大舆情、重大违法线索的，及时向证监会请示报告。证监会同步关注发行人是否符合国家产业政策和板块定位。三是优化了发行承销制度。对新股发行价格、规模等不设任何行政性限制，完善以机构投资者为参与主体的询价、定价、配售等机制。四是完善了上市公司重大资产重组制度。所有上市公司发行股份购买资产涉及的证券发行统一实行注册制，完善重组认定标准和定价机制，强化对重组活动的事中事后监管。五是强化监管执法和投资者保护。依法从严打击证券发行、保荐承销等过程中的违法行为，细化责令回购制度安排。

（二）注册制下的发行监管

1. 公开发行与公开发行的证券种类

有下列情形之一的，为公开发行：（1）向不特定对象发行证券；（2）向特定对象发行证券累计超过 200 人，但依法实施员工持股计划的员工人数不计算在内；（3）法律、行政法规规定的其他发行行为。

在注册制下，公开发行证券是一种市场行为，无须政府主管部门审批或者核准。公开发行证券必须符合法律、行政法规规定的条件，并依法报经国务院证券监督管理机构或者国务院授权的部门注册。未经依法注册，任何单位和个人不得公开发行证券。

根据中国证监会 2023 年 2 月 17 日发布的《上市公司证券发行注册管理办法》，发行注册的证券包括：股票、可转换公司债、存托凭证、国务院认定的其他品种。上市公司发行证券可以向不特定对象发行，也可以向特定对象发行。向不特定对象发行证券包括上市公司向原股东配售股份（配股）、向不特定对象募集股份（增发）和向不特定对象发行可转债。向特定对象发行证券包括上市公司向特定对象发行股票、向特定对象发行可转债。

2. 选定上市发行的证券板块

我国上市交易的证券板块分为主板、科创板和创业板。发行人申请首次公开发行股票并上市，应当符合相关板块定位。

主板突出"大盘蓝筹"特色，重点支持业务模式成熟、经营业绩稳定、规模较大、具有行业代表性的优质企业。科创板面向世界科技前沿、面向经济主战场、面向国家重大需求。优先支持符合国家战略、拥有关键核心技术、科技创新能力突出、主要依靠核心技术开展生产经营、具有稳定的商业模式、市场认可度高、社会形象良好、具有较强成长性的企业。创业板深入贯彻创新驱动发展战略，适应发展更多依靠创新、创造、创意的大趋势，主要服务成长型创新创业企业，支持传统产业与新技术、新产业、新业态、新模式深度融合。

3. 发行条件

上市公司向不特定对象发行股票，应当符合下列规定：（1）具备健全且运行良好的组织机构；（2）现任董事、监事和高级管理人员符合法律、行政法规规定的任职要求；（3）具有完整的业务体系和直接面向市场独立经营的能力，不存在对持续经营有重大不利影响的情形；（4）会计基础工作规范，内部控制制度健全且有效执行，财务报表的编制和披露符合企业会计准则和相关信息披露规则的规定，在所有重大方面公允反映了上市公司的财务状况、经营成果和现金流量，最近三年财务会计报告被出具无保留意见审计报告；（5）除金融类企业外，最近一期末不存在金额较大的财务性投资；（6）交易所主板上市公司配股、增发的，应当最近三个会计年度盈利；增发还应当满足最近三个会计年度加权平均净资产收益率平均不低于 6%；净利润以扣除非经常性损益前后孰低者为计算依据。

上市公司存在下列情形之一的，不得向不特定对象发行股票：（1）擅自改变前次募集资金用途未作纠正，或者未经股东大会认可；（2）上市公司或者其现任董事、监事和高级管理人员最近三年受到中国证监会行政处罚，或者最近一年受到证券交易所公开谴责，或者因涉嫌犯罪正在被司法机关立案侦查或者涉嫌违法违规正在被中国证监会立案调查；（3）上市公司或者其控股股东、实际控制人最近一年存在未履行向投资者作出的公开承诺的情形；（4）上市公司或者其控股股东、实际控制人最近三年存在贪污、贿赂、侵占财产、挪用财产或者破坏社会主义市场经济秩序的刑事犯罪，或者存在严重损害上市公司利益、投资者合法权益、社会公共利益的重大违法行为。

上市公司存在下列情形之一的，不得向特定对象发行股票：（1）擅自改变前次募集资金用途未作纠正，或者未经股东大会认可；（2）最近一年财务报表的编制和披露在重大方面不符合企业会计准则或者相关信息披露规则的规定；最近一年财务会计报告被出具否定意见或者无法表示意见的审计报告；最近一年财务会计报告被出具保留意见的审计报告，且保留意见所涉及事项对上市公司的重大不利影响尚未消除。本次发行涉及重大资产重组的除外；（3）现任董事、监事和高级管理人员最近三年受到中国证监会行政处罚，或者最近一年受到证券交易所公开谴责；（4）上市公司或者其现任董事、监事和高级管理人员因涉嫌犯罪正在被司法机关立案侦查或者涉嫌违法违规正在被中国证监会立案调查；（5）控股股东、实际控制人最近三年存在严重损害上市公司利益或者投资者合法权益的重大违法行为；（6）最近三年存在严重损害投资者合法权益或者社会公共利益的重大违法行为。

上市公司发行股票，募集资金使用应当符合下列规定：（1）符合国家产业政策和有关环境保护、土地管理等法律、行政法规规定；（2）除金融类企业外，本次募集资金使用不得为持有财务性投资，不得直接或者间接投资于以买卖有价证券为主要业务的公司；（3）募集资金项目实施后，不会与控股股东、实际控制人及其控制的其他企业新增构成重大不利影响的同业竞争、显失公平的关联交易，或者严重影响公司生产经营的独立性；（4）科创板上市公司发行股票募集的资金应当投资于科技创新领域的业务。

4. 发行程序

（1）董事会决议。上市公司董事会就以下事项作出决议：本次证券发行的方案；本次发行方案的论证分析报告；本次募集资金使用的可行性报告；其他必须明确的事项。上市公司董事会拟引入战略投资者的，应当将引入战略投资者的事项作为单独议案，就每名战略投资者单独审议，并提交股东大会批准。董事会依照前两款作出决议，董事会决议日与首次公开发行股票上市日的时间间隔不得少于六个月。独立董事要对董事会编制本次发行方案的论证分析报告发表专项意见。

（2）股东大会决议。股东大会就发行证券作出的决定，应当包括下列事项：本次发行证券的种类和数量；发行方式、发行对象及向原股东配售的安排；定价方式或者价格区间；募集资金用途；决议的有效期；对董事会办理本次发行具体事宜的授权；其他必须明确的事项。

股东大会就发行证券事项作出决议，必须经出席会议的股东所持表决权的三分之二以上通过，中小投资者表决情况应当单独计票。向本公司特定的股东及其关联人发行证券的，股东大会就发行方案进行表决时，关联股东应当回避。股东大会对引入战略投资者议案作出决议的，应当就每名战略投资者单独表决。上市公司就发行证券事项召开股东大会，应当提供网络投票方式，公司还可以通过其他方式为股东参加股东大会提供便利。

股东大会可以授权董事会发行证券。上市公司年度股东大会可以根据公司章程的规定，授权董事会决定向特定对象发行融资总额不超过人民币 3 亿元且不超过最近一年末净资产 20% 的股票，该项授权在下一年度股东大会召开日失效。

5. 保荐人保荐

根据《证券法》第 10 条规定，"发行人申请公开发行股票、可转换为股票的公司债券，依法采取承销方式的，或者公开发行法律、行政法规规定实行保荐制度的其他证券的，应当聘请证券公司担任保荐人。保荐人应当遵守业务规则和行业规范，诚实守信，勤勉尽责，对发行人的申请文件和信息披露资料进行审慎核查，督导发行人规范运作。保荐人的管理办法由国务院证券监督管理机构规定"。

中国证监会于 2023 年 2 月 17 日发布新修订的《证券发行上市保荐业务管理办法》，根据该管理办法的规定，发行人申请从事下列发行事项，依法采取承销方式的，应当聘请具有保荐业务资格的证券公司履行保荐职责：（1）首次公开发行股票；（2）向不特定合格投资者公开发行股票并在北京证券交易所上市；（3）上市公司发行新股、可转换公司债券；（4）公开发行存托凭证；（5）中国证券监督管理委员会认定的其他情形。

证券公司从事证券发行上市保荐业务，应当依照该办法规定向中国证监会申请保荐业务资格。

保荐机构及其保荐代表人、其他从事保荐业务的人员应当遵守法律、行政法规和中国证监会、证券交易所、中国证券业协会的相关规定，恪守业务规则和行业规范，诚实守信，勤勉尽责，廉洁从业，尽职推荐发行人证券发行上市，持续督导发行人履行规范运作、信守承诺、信息披露等义务。保荐机构及其保荐代表人、其他从事保荐业务的人员不得通过从事保荐业务谋取任何不正当利益。

6. 向交易所申报

交易所收到注册申请文件后，五个工作日内作出是否受理的决定。

自注册申请文件申报之日起，上市公司及其控股股东、实际控制人、董事、监事、高级管理人员，以及与证券发行相关的保荐人、证券服务机构及相关责任人员，即承担相应法律责任，并承诺不得影响或干扰发行上市审核注册工作。

7. 交易所审核

交易所审核部门负责审核上市公司证券发行上市申请，交易所上市委员会负责对上市公司向不特定对象发行证券的申请文件和审核部门出具的审核报告提出审议意见。交易所主要通过向上市公司提出审核问询、上市公司回答问题的方式开展审核工作，判断上市公司发行申请是否符合发行条件和信息披露要求。

上市公司应当向交易所报送审核问询回复的相关文件，并以临时公告的形式披露交易所审核问询回复意见。交易所按照规定的条件和程序，形成上市公司是否符合发行条件和信息披露要求的审核意见，认为上市公司符合发行条件和信息披露要求的，将审核意见、上市公司注册申请文件及相关审核资料报中国证监会注册；认为上市公司不符合发行条件或者信息披露要求的，作出终止发行上市审核决定。交易所应当建立重大发行上市事项请示报告制度。交易所审核过程中，发现重大敏感事项、重大无先例情况、重大舆情、重大违法线索的，应当及时向中国证监会请示报告。交易所应当自受理注册申请文件之日起两个月内形成审核意见，但该办法另有规定的除外。上市公司根据要求补充、修改申请文件，或者交易所按照规定对上市公司实施现场检查，要求保荐人、证券服务机构对有关事项进行专项核查，并要求上市公司补充、修改申请文件的时间不计算在内。

8.中国证监会发行注册

中国证监会收到交易所审核意见及相关资料后，基于交易所审核意见，依法履行发行注册程序。在十五个工作日内对上市公司的注册申请作出予以注册或者不予注册的决定。

在上述规定的注册期限内，中国证监会发现存在影响发行条件的新增事项的，可以要求交易所进一步问询并就新增事项形成审核意见。上市公司根据要求补充、修改注册申请文件，或者保荐人、证券服务机构等对有关事项进行核查，对上市公司现场检查，并要求上市公司补充、修改申请文件的时间不计算在内。

中国证监会认为交易所对新增事项的审核意见依据明显不充分，可以退回交易所补充审核。交易所补充审核后，认为上市公司符合发行条件和信息披露要求的，重新向中国证监会报送审核意见及相关资料，前款规定的注册期限重新计算。中国证监会收到交易所依照本办法规定报送的审核意见、上市公司注册申请文件及相关审核资料后，三个工作日内作出予以注册或者不予注册的决定。

中国证监会的予以注册决定，自作出之日起一年内有效，上市公司应当在注册决定有效期内发行证券，发行时点由上市公司自主选择。

三、信息披露监管

（一）我国信息披露制度的演变

2019年《证券法》对信息披露制度进行较大幅度的修订，将信息披露设定为专章，即第五章，设有10个条款。在原来法律规定的基础上，新增了多项信息披露义务、加大了违规行为的行政处罚力度，具体规定了违反信息披露义务的民事赔偿责任等。对于信息披露的监管，《证券法》在注册制改革的背景下，监管机构的工作重心也由事前审批转为事中与事后监管。《证券法》修订后，中国证监会对《上市公司信息披露管理办法》也进行了修订。根据《证券法》与《上市公司信息披露管理办法》的修改，新增的信息披露方面的具体内容如下。

（二）信息披露义务范围

1.投资者要披露用于收购股权的资金来源信息

《证券法》第64条第3项规定，投资者增持上市公司股份时需要披露投资者"增持股份的资金来源",目的是防止违规资金进入股市。增加了第 4 项:"在上市公司中拥有有表决权的股份变动的时间及方式。"通过这一要求,显示投资者是否依法履行了报告、通知、公告、暂停买卖等义务。

2. 发行人董事、监事、高级管理人员对证券发行要签署书面意见

《证券法》第 82 条要求"发行人董事、高级管理人员要对证券发行文件和定期报告签署书面意见;发行人的监事会应当对董事会编制的证券发行文件和定期报告进行审核并提出书面审核意见。监事应当签署书面确认意见。""发行人不予披露的,董事、监事和高级管理人员可以直接申请披露"。董事、监事、高级管理人员签署了书面意见,意味着公司如果所披露的信息有虚假记载、误导性陈述或者重大遗漏,签署书面意见者要承担相应的法律责任。

3. 信息披露义务人可自愿披露并公开承诺的相关信息

自愿披露信息是指发行人及信息披露义务人除按法律强制性规定披露相关信息外,主动披露信息。《证券法》第 84 条规定:"除依法需要披露的信息之外,信息披露义务人可以自愿披露与投资者作出价值判断和投资决策有关的信息,但不得与依法披露的信息相冲突,不得误导投资者。发行人、控股股东、实际控制人、董事、监事、高级管理人员等作出公开承诺的,应当披露。不履行承诺给投资者造成损失的,应当依法承担赔偿责任。"上市公司通过自愿披露的信息,向投资者提供更多的投资决策依据,这种友好型的信息披露行为,也可以增强上市公司的核心竞争力,改善上市公司与投资者之间的关系。

公开承诺,公司股票发行上市、再融资、并购重组时,为了获得较高的市场发行价格,获得更多的融资数额,卖出一个较理想的并购重组价格等公司利益时,公司的发行人及其控股股东、实际控制人、董事、监事、高级管理人员等对投资者就公司的业绩、资产注入、解决同业竞争、关联交易、稳定股份等问题作出承诺,以获得投资者与证券监管机构的信任。正常情况下,承诺要建立在现实可信的基础上,公开承诺的事项不仅需要披露,在可预期的时间里还要履行与兑现。否则,承诺者要承担相应的民事赔偿责任。

4. 应披露的重大事件

《证券法》将影响上市公司股票交易价格与债券交易价格的临时报告中的"重大事件"种类进行了调整与增加。《证券法》第 80 条增加的应披露的重大事项包括:公司重大投资行为中购置资产的具体比例;提供重大担保或者从事关

联交易的行为；董事长或者经理无法履行职责的情况；公司的实际控制人及其控制的其他企业从事与公司相同或者相似业务的情况发生较大变化；公司分配股利、增资的计划、公司股权结构的重要变化；依法进入破产程序、被责令关闭；公司涉及仲裁；公司的控股股东、实际控制人被立案调查或者被依法采取强制措施；等等。《上市公司信息披露管理办法》第 7 条对信息披露文件进行了界定，"信息披露文件包括定期报告、临时报告、招股说明书、募集说明书、上市公告书、收购报告书等"。

（三）信息披露义务

1. 发行人董事、监事、高级管理人员成为证券发行文件的信息披露义务人

2019 年《证券法》删除原《证券法》第 68 条中对上市公司董事、监事、高级管理人员对上市公司所披露的信息真实、准确、完整的保证义务的相关规定，修改为应当保证"发行人及时、公平地揭露信息"。上市公司董事、监事、高级管理人员由之前的信息披露"保证人"升级为"信息披露义务人"。信息披露义务人由《证券法》第 78 条规定："发行人及法律、行政法规和国务院证券监督管理机构规定的其他信息披露义务人，应当及时依法履行信息披露义务。"信息披露义务人的范围，根据《上市公司信息披露管理办法》（证监会令第 182 号，2021 年）第 62 条中规定："信息披露义务人，是指上市公司及其董事、监事、高级管理人员、股东、实际控制人，收购人，重大资产重组、再融资、重大交易有关各方等自然人、单位及其相关人员，破产管理人及其成员，以及法律、行政法规和中国证监会规定的其他承担信息披露义务的主体。"《证券法》第 82 条规定了信息披露义务人的义务与权利。

需要注意的是，根据上述法律与规章的规定，证券发行与交易过程中中介服务机构如会计师事务所、律师事务所、资产评估机构等专业服务机构不是信息披露义务人。根据最高人民法院《关于审理证券市场因虚假陈述引发的民事赔偿案件的若干规定》（法释〔2003〕2 号）第 7 条的规定，"虚假陈述证券民事赔偿案件的被告，应当是虚假陈述行为人，包括：会计师事务所、律师事务所、资产评估机构等专业中介服务机构"。第 24 条规定："专业中介服务机构及其直接责任人违反证券法第 161 条和第 202 条的规定虚假陈述，给投资人造成损失的，就其负有责任的部分承担赔偿责任。但有证据证明无过错的，应予免责。"

在政府的部门规章中，也对此作了区分，证监会在《〈上市公司信息披露管理办法〉修订说明》中提出：强化中介机构"看门人"责任，明确为信息披露义务人履行信息披露义务出具专项文件的证券公司、证券服务机构及其人员应当按照法律、行政法规、中国证监会规定、行业规范、业务规则等发表专业意见。该修订说明中介机构并非信息披露义务人。《上市公司信息披露管理办法》要求中介机构，即第45条规定："为信息披露义务人履行信息披露义务出具专项文件的证券公司、证券服务机构及其人员，应当勤勉尽责、诚实守信，按照法律、行政法规、中国证监会规定、行业规范、业务规则等发表专业意见，保证所出具文件的真实性、准确性和完整性。"

2.信息披露义务人要对所有投资者公平披露信息

在证券市场，信息就是财富，先得信息时可以抢先进行交易，获取信息财富。信息披露的公平性要求所有投资者要在同一时间获得上市公司的相关信息。《证券法》第83条规定："信息披露义务人披露的信息应当同时向所有投资者披露，不得提前向任何单位和个人泄露。但是，法律、行政法规另有规定的除外。任何单位和个人不得非法要求信息披露义务人提供依法需要披露但尚未披露的信息。任何单位和个人提前获知的前述信息，在依法披露前应当保密。"信息披露的公平性实际上是要求信息披露的同时性，即所有投资者或者监管机构应该是同时收到这些披露的信息，应该披露的信息披露前披露义务人需要保密，不得提前披露给某些人。投资者中有大量的中小投资者，他们只有公平地获得相关信息，才有可能不被拥有专业投资人员的机构投资者"割韭菜"。

（四）违反信息披露义务的法律责任

2019年《证券法》修改的一大亮点就是加大了违反信息披露规定应承担的法律责任。

1.大幅提高了违反信息披露义务的行政处罚额度

《证券法》第197条对信息披露义务人未按照本法规定报送有关报告或者履行信息披露义务的，将之前规定的处以30万元以上60万元以下的行政罚款提高到50万元以上500万元以下；对负直接责任的主管人员和其他直接责任人员的处罚3万元以上20万元以下提高到20万元以上200万元以下。

对于信息披露义务人报送报告或披露信息有虚假记载、误导性陈述或者重大遗漏的违法行为的，从之前的处罚额度是 30 万元以上 60 万元以下提高到 60 万元以上 1000 万元以下的罚款；对直接负责的主管人员和其他直接责任人员从 3 万元以上 30 万元以下提高到 50 万元以上 500 万元以下。对于发行人的控股股东、实际控制人组织、指使从事虚假陈述行为，或者隐瞒相关事项导致虚假陈述的，处以 100 万元以上 1000 万元以下的罚款。《证券法》在行政处罚数额上作出了大幅度的提高，加重了信息披露违法成本，加大打击我国证券市场上屡禁不止的信息造假行为。

2. 控股股东、实际控制人承担连带赔偿责任

《证券法》第 85 条规定，对于未按规定披露信息、有虚假记载、误导性陈述或重大遗漏给投资者在证券交易中造成损失的，信息披露义务人应承担赔偿责任；发行人控股股东、实际控制人、董事、监事、高管和其他直接责任人及保荐人、承销的证券公司及其直接责任人，应与发行人承担连带赔偿责任，但能证明自己无过错的除外。

控股股东、实际控制人由过错责任升级为过错推定责任，这种变化更着眼于加强上市公司控股股东、实际控制人控制、管理、经营上市公司的责任心，加大对上市公司控股股东、实际控制人利用内幕消息进行不法交易的震慑力度，加重控股股东、实际控制人在民事诉讼中的举证责任并增大了败诉可能，这将更加有利于对投资者的保护。

3. 违反公开承诺的信息披露义务的赔偿责任

依据《证券法》第 84 条之规定，发行人及其控股股东、实际控制人、董事、监事、高级管理人员等作出信息披露公开承诺的，必须披露公开承诺的信息，使得信息披露公开承诺后成为一种法定义务。对于不履行公开承诺的上述信息披露义务人，如给投资者造成实际损失的，其应依法承担相应的赔偿责任。

四、交易行为监管

1998 年《证券法》禁止的交易行为共有 11 个条款，2019 年《证券法》禁止的交易行为共有 12 个条款，条款数量变化不大，但规定的内容发生了较大的变化，如扩大了内幕信息知情人员的范围，扩大了内幕信息的范围，增加了禁止违反规定利用未公开信息进行交易的行为，明确了操纵证券市场的表现形式，

补强了禁止编造、传播虚假信息或者误导性信息扰乱证券市场的行为，增加了禁止资金违规流入股市等。

（一）禁止内幕交易

证券法律要求证券交易坚持公平、公正、公开原则，保证证券交易的公开透明，才能维系证券市场的秩序与可持续发展。内幕交易则与此背道而驰。《证券法》第50条规定："禁止证券交易内幕信息的知情人和非法获取内幕信息的人利用内幕信息从事证券交易活动。"禁止内幕交易的主体主要有两类人：一是内幕信息的知情人，二是非法获取内幕信息的人。内幕信息的知情人因工作原因合法获得公司内幕信息，但他们不能从事该证券的交易。非法获取内幕信息的人，他们本不该获取内幕信息，但他们通过非法的途径获取了内幕信息，获取途径如"窃取、骗取、套取、窃听、利诱、刺探或者私下交易"，他们非法获取内幕信息之后也不得进行内幕交易。具体而言，内幕信息就是还没有公开的信息。从事证券内幕交易活动，主要有三种形式：一是知情者在内幕信息公开前从事证券交易；二是知情者将所知内幕信息泄露给他人，导致他人从事了证券交易；三是知情者建议他人进行证券交易。

《证券法》第51条规定了内幕信息知情人的范围，而内幕信息的范围包括《证券法》第80条第2款、第81条第2款所列重大事件。

关于内幕交易的豁免规定，《证券法》第53条第2款规定："持有或者通过协议、其他安排与他人共同持有公司百分之五以上股份的自然人、法人、非法人组织收购上市公司的股份，本法另有规定的，适用其规定。"这款规定主要涉及上市公司的收购问题。上市公司的收购分为要约收购与协议收购。收购人在进行收购前，信息是保密的，只有达到了法律规定的股份收购比例时才进行信息披露。收购人是内幕信息知情者。根据《证券法》的规定，只有投资者持有或者通过协议、其他安排与他人共同持有一个上市公司已发行的有表决权股份达到5%时，应当在该事实发生之日起三日内向证券监管机构与交易所作出书面报告，通知上市公司并予以公告。采取协议收购方式的，收购人收购或者通过协议、其他安排与他人共同收购一个上市公司已发行的有表决权股份达到30%时，继续进行收购的，应当依法向该上市公司所有股东发出收购上市公司全部或者部分股份的要约。上市公司收购是证券市场常用的资本工具，通过收购可以通过证券市场配置资源，提高效率，更好地促进上市公司与证券市场的发展。

此外，参考《公司法》的有关规定，有些内幕交易也是法律允许的。《公司法》第162条规定了公司回购股份的内容，有下列情形之一，公司可以收购本公司的股份：（1）减少公司注册资本；（2）与持有本公司股份的其他公司合并；（3）将股份用于员工持股计划或者股权激励；（4）股东因对股东大会作出的公司合并、分立决议持异议，要求公司收购其股份；（5）将股份用于转换上市公司发行的可转换为股票的公司债券；（6）上市公司为维护公司价值及股东权益所必需。《公司法》第203条规定："发行可转换为股票的公司债券的，公司应当按照其转换办法向债券持有人换发股票，但债券持有人对转换股票或者不转换股票有选择权。"《公司法》这两个方面的规定，实际上涉及公司的内幕交易问题，从现行法律的规定来看，此类交易是合法的。

内幕交易的法律责任，可以从三个方面来看：一是民事赔偿责任，内幕交易行为给投资者造成损失的，应当依法承担赔偿责任。二是行政责任。根据《证券法》第191条第1款规定，应当依法处理非法持有的证券，没收违法所得，并处以违法所得一倍以上十倍以下的罚款；没有违法所得或者违法所得不足五十万元的，处以五十万元以上五百万元以下的罚款。单位从事内幕交易的，还应当对直接负责的主管人员和其他直接责任人员给予警告，并处以二十万元以上二百万元以下的罚款。国务院证券监督管理机构工作人员从事内幕交易的，从重处罚。三是刑事责任。《刑法》第180条规定了内幕交易、泄露内幕信息罪：利用未公开信息，从事前述交易行为，情节严重的，处五年以下有期徒刑或者拘役，并处或者单处违法所得一倍以上五倍以下罚金；情节特别严重的，处五年以上十年以下有期徒刑，并处违法所得一倍以上五倍以下罚金。

（二）禁止利用非公开信息进行证券交易

非公开信息是指内幕信息之外其他非公开的信息，从事此类交易的行为主体，不是投资者，而是与证券交易有关的金融机构，如证券交易场所、证券公司、证券登记结算机构、证券服务机构和其他金融机构的从业人员，还有有关监管部门或者行业协会的工作人员，他们因职务行为而获得了非公开信息后，从事与该信息相关的证券交易活动，或者明示、暗示他人从事相关交易活动。

利用非公开信息从事证券交易除了承担民事责任外，还要根据《证券法》第191条承担行政责任，根据《刑法》第180条承担刑事责任。

（三）禁止操纵证券市场

操纵证券市场是指行为人以不正当手段影响或者意图影响证券交易价格或者证券交易数量。根据《证券法》第55条的规定，操纵证券市场有以下类型：

1. 单独或者通过合谋，集中资金优势、持股优势或者利用信息优势联合或者连续买卖

这种行为称为"联合/连续交易操纵"。操纵者具有三个方面的优势，一是资金优势，这种资金优势有可能是自身具备数额较大的资金用于投资证券市场，或者具备调动他人的资金能力用于投资证券市场；二是持股优势，相对于其他股东，具有持股数量上的优势，通过持股数量的增加或者减少能够影响股票价格波动；三是信息优势，行为人掌握了证券市场的重大信息，利用这些信息可以操纵证券市场价格。当然，这些优势都是相对的，相对于少数股东而言具备这样的优势。如果拥有这些优势的行为人联合起来，或者连续交易，那么证券市场价格就会随着这种交易而产生较大的波动，在证券市场价格波动的过程中，行为人可以轻而易举地获利。

2. 与他人串通，以事先约定的时间、价格和方式相互进行证券交易

这种行为又称"约定交易操纵""对倒"，是操纵证券市场价格最古老的方式之一，通过这样的操作，可以抬高证券价格，形成市场的虚假繁荣。

3. 在自己实际控制的账户之间进行证券交易

这种行为又称"洗售操纵"。自己控制的账户，不一定是自己开设的账户，别人的账户交给控制人进行控制后，行为人通过这些账户进行证券的买卖，实际上是左手与右手之间的交易，是典型的自我交易。通过这样交易造成证券交易的虚假繁荣。

4. 不以成交为目的，频繁或者大量申报并撤销申报

这种行为又称"虚假申报操纵"。"频繁"是指交易的频次，"大量"是指交易的数量。这种操作手法在现代信息技术条件下显得得心应手，十分简单。但是这样操作的结果是使其他投资者产生误解，以为证券市场交易非常活跃，这种市场交易的活跃实际上是一种假象。

5.利用虚假或者不确定的重大信息，诱导投资者进行证券交易

这种行为又称"蛊惑交易操纵"。证券市场交易信息满天飞，投资者也在不断地打听各种信息，希望能够从中探听到对自己的投资有利的信息。行为人利用虚假或者不确定的重大信息诱导投资者进行证券交易，目的是想让自己所持的股票价格能够上涨从而谋利。

6.对证券、发行人公开作出评价、预测或者投资建议，并进行反向证券交易

这种行为又称"抢帽子交易操纵"。此类操纵者是指证券市场的一些所谓"专业人员"，如证券公司、证券咨询机构、专业中介机构及其工作人员，各类媒体上的"金融专家""股评家"、投资圈子里的"带头大哥"、自媒体信息发布者等，他们在各种场合、通过各种渠道对证券、发行人公开作出评价、预测或者投资建议，但行为人自己却进行反向操作，鼓动你买进的他却卖出，鼓动你卖出的他却买进，从中获利。

7.利用在其他相关市场的活动操纵证券市场

这种行为又称"跨市场操纵"。金融市场相互关联，证券市场与其他市场相互联动，如证券市场与证券衍生品市场联系紧密，行为人可以通过证券衍生品市场采取拉抬、打压或者锁定价格等手段，都可能对证券市场的交易价格或者交易量产生较大的影响。

8.操纵证券市场的法律责任

操纵市场者所应承担的法律责任，民事赔偿责任方面，要赔偿受损害者的损失。行政责任方面，责令依法处理行为人非法持有的证券，没收违法所得，并处以违法所得一倍以上十倍以下的罚款；没有违法所得或者违法所得不足一百万元的，处以一百万元以上一千万元以下的罚款。刑事责任方面，根据《刑法》第182条规定的操纵证券、期货市场罪，情节严重的，处五年以下有期徒刑或者拘役，并处或者单处罚金；情节特别严重的，处五年以上十年以下有期徒刑，并处罚金。

（四）禁止编造、传播虚假信息或者误导性信息

《证券法》第56条规定："禁止任何单位和个人编造、传播虚假信息或者误导性信息，扰乱证券市场。"

这里所说"编造、传播虚假信息或者误导性信息"的主体可能是与证券市场有关的人员，也可能是与证券市场无关的人员，但他们编造、传播的此类信息会影响证券市场的价格，从而扰乱证券市场。证券交易场所、证券公司、证券登记结算机构、证券服务机构及其从业人员，证券业协会、证券监督管理机构及其工作人员，在证券交易活动中有可能作出虚假陈述或者信息误导。传播媒介及其从事证券市场信息报道的工作人员不得从事与其工作职责发生利益冲突的证券买卖。

违反此类禁止性规定造成损害的，应当承担相应的民事赔偿责任，行政责任为没收违法所得，并处以违法所得一倍以上十倍以下的罚款；没有违法所得或者违法所得不足二十万元的，处以二十万元以上二百万元以下的罚款。刑事责任方面，根据《刑法》第181条规定的编造并传播证券、期货交易虚假信息罪；诱骗投资者买卖证券、期货合约罪进行处罚。

（五）禁止证券公司及其从事人员从事损害客户利益的行为

《证券法》第57条规定了禁止证券公司及其从业人员从事下列损害客户利益的行为种类：（1）违背客户的委托为其买卖证券；（2）不在规定时间内向客户提供交易的确认文件；（3）未经客户的委托，擅自为客户买卖证券，或者假借客户的名义买卖证券；（4）为牟取佣金收入，诱使客户进行不必要的证券买卖；（5）其他违背客户真实意思表示，损害客户利益的行为。

违反前款规定给客户造成损失的，应当依法承担赔偿责任。行政责任方面，有损害客户利益的行为的，给予警告，没收违法所得，并处以违法所得一倍以上十倍以下的罚款；没有违法所得或者违法所得不足十万元的，处以十万元以上一百万元以下的罚款；情节严重的，暂停或者撤销相关业务许可。刑事责任方面，根据《刑法》第181条规定进行处罚。

（六）禁止出借、借用证券账户从事证券交易

《证券法》第58条规定："任何单位和个人不得违反规定，出借自己的证券账户或者借用他人的证券账户从事证券交易。"

投资者要进行证券投资，需要在证券公司实名开立账户。投资者出借账户、

他人借用证券账户，是让那些受到投资限制或者投资禁止的行为人从事证券交易，如行为人要从事内幕交易，必须借用他人账户，因为他自己不能开立账户。在场外配资中，往往由配资公司向客户出借证券账户和资金，同时要保留对该账户的控制权，在客户资金触及平仓线时强行平仓，一旦发生大规模平仓时会造成证券市场的剧烈波动。

（七）禁止违规资金流入股市

《证券法》第 59 条规定："依法拓宽资金入市渠道，禁止资金违规流入股市。"这里主要禁止投资者违规利用财政资金、银行信贷资金买卖证券。

五、证券投资者权益保护

我国证券市场建立之初，投资者的注意力都放在了投资收益上，对自身利益受损后如何救济关注度不够。随着证券市场违法事件的不断发生，尤其是深圳"8·10事件"之后，监管当局与投资者都意识到了投资者合法权益保护的重要性。1993 年《股票发行与交易管理暂行条例》第 1 条就规定制定该条例的目的之一是"保护投资者的合法权益"。第 3 条规定"股票的发行与交易，应当遵循公开、公平和诚实信用的原则"。

2005 年 6 月，国务院批准中国证监会、财政部、中国人民银行发布《证券投资者保护基金管理办法》，同意设立国有独资的中国证券投资者保护基金有限责任公司，并批准了公司章程。2005 年 8 月 30 日，投保基金公司在国家工商总局注册成立，由国务院出资，财政部一次性拨付注册资金 63 亿元。投保基金公司归中国证监会管理。

2012 年 1 月 10 日，中国证监会成立投资者保护局，主要职责为：拟定证券期货投资者保护政策法规；负责对证券期货监管政策制定和执行中对投资者保护的充分性和有效性进行评估；协调推动建立完善投资者服务、教育和保护机制；研究投资者投诉受理制度，推动建立完善投资者受侵害权益依法救济的制度；按规定监督投资者保护基金的管理和运用；组织和参与监管机构间投资者保护的国内国际交流与合作。

（一）确立民事赔偿优先原则

《证券法》第 220 条规定："违反本法规定，应当承担民事赔偿责任和缴纳罚款、罚金、违法所得，违法行为人的财产不足以支付的，优先用于承担民事赔偿责任。"在行政执法和司法审判的实践中，行政机构作出的行政处罚决定往往先于人民法院作出的民事判决，行政处罚作出之后，罚没款归入国库。现实中，一些行政处罚案件特别是大额行政罚没款案件中，违法行为人缴纳罚没款后，剩余财产往往难以支付民事赔偿款，导致民事赔偿责任优先原则无法落实。根据《国家金库实施细则》第 20 条的规定，缴入国库的罚没款作为预算收入，在财政部明文规定的前提下可以进行退库。这一条规定为行政罚没款的退库提供了合法性。为此，2022 年 7 月 27 日，证监会、财政部联合发布《关于证券违法行为人财产优先用于承担民事赔偿责任有关事项的规定》，该规定认为，如果证券违法行为人应当同时承担民事赔偿责任和缴纳罚没款的行政责任，缴纳罚没款后，剩余财产不足以承担民事赔偿责任的，合法权益受到侵害的投资者（以下简称"受害投资者"）可以再向人民法院提起诉讼，获得胜诉判决或者调解书，并经人民法院强制执行或者破产清算程序分配仍未获得足额赔偿后提出书面申请，请求将违法行为人因同一违法行为已缴纳的罚没款用于承担民事赔偿责任。可以代表受害投资者有权提出申请的主体包括证券纠纷普通代表人诉讼中的诉讼代表人、特别代表人诉讼中担任诉讼代表人的投资者保护机构。受理机构为证监会。受害投资者可以按照规定在人民法院出具终结执行裁定书后一年内提出，超过一年提出申请的，证监会不予受理。用于承担民事赔偿责任的罚没款金额不得超过违法行为人实际缴纳的罚没款金额。证监会受理申请材料后，应当对材料进行审核，审核的主要内容是需要关注的事项。证监会在材料审核过程中，应当向出具终结执行裁定书或者终结破产程序裁定书的人民法院了解、核实案件前期执行、破产财产分配情况。证监会应当于收到人民法院情况反馈后一个月内完成审核工作。经审核认为申请符合相关规定的，应当书面通知受害投资者，并抄送财政部。财政部完成审核工作后，将违法行为人有关罚没款退还至证监会账户。证监会收到退库资金后，应当及时将违法行为人罚没款退付给受害投资者，不得截留、挤占或者挪用。证监会办理完退付手续后，应当将退付情况及时通报出具终结执行裁定书或者终结破产程序裁定书的人民法院，并公示退付相关情况。

（二）建立中小投资者保护机构

2013 年 12 月 27 日，《国务院办公厅关于进一步加强资本市场中小投资者合法权益保护工作的意见》（以下简称《意见》）（国办发〔2013〕110 号）提出："加快形成法律保护、监管保护、自律保护、市场保护、自我保护的综合保护体系，实现中小投资者保护工作常态化、规范化和制度化。"《意见》在保护投资者方面，提出了以下方面的制度建设要求：健全投资者适当性制度、优化投资回报机制、保障中小投资者知情权、健全中小投资者投票机制、建立多元化纠纷解决机制、健全中小投资者赔偿机制、加大监管和打击力度、强化中小投资者教育、完善投资者保护组织体系等。

2014 年 12 月 5 日，中国证监会批准在上海注册成立中证中小投资者服务中心有限责任公司（以下简称"投服中心"），这是一家证券金融类公益机构，其宗旨为："以投资者需求为导向，扩充投资者知权渠道，丰富投资者行权方式，完善投资者赔偿救济维权手段，切实维护投资者的合法权益。"其职责包括：（1）面向投资者开展公益性宣传和教育；（2）公益性持有证券等品种，依法以投资者身份自行或联合其他投资者共同行权，根据《证券法》第 90 条规定公开征集股东权利；（3）提供调解、损失计算等纠纷解决服务；（4）开展支持诉讼、股东直接诉讼及派生诉讼，参加代表人诉讼等诉讼维权工作；（5）调查、监测投资者意愿和诉求，开展战略研究与规划；（6）代表投资者，向政府机构、监管部门反映诉求。

根据中证中小投资者服务中心《持股行权工作规则（试行）》，投服中心持有在上海证券交易所、深圳证券交易所上市的 A 股上市公司每家 100 股及之后因送股、转股增持的 A 股股票。投服中心可以按照中国证监会有关要求购入科创板、B 股、港股通股票以及存托凭证等证券。投服中心持有股票不以营利为目的，除参与现金分红、送股、转股等不涉及现金支出的操作外，原则上持有股票后不再进行交易。通过以下方式依法行权：（1）发送股东函件；（2）参加或召集上市公司股东大会；（3）参加上市公司重大资产重组媒体说明会、投资者说明会、业绩说明会、上市公司投资者接待日等活动；（4）公开发声；（5）现场、网上问询；（6）查阅上市公司章程、股东名册、公司债券存根、股东大会会议记录和决议、董事会会议决议、监事会会议决议、财务会计报告等资料；（7）联合其他股东共同行权；（8）提出提案；（9）向法院提起诉讼；（10）经投服中心批准的其他方式。

（三）建立调解制度

2003 年 1 月 19 日，最高人民法院发布《关于审理证券市场因虚假陈述引发的民事赔偿案例的若干规定》（法释〔2003〕2 号）规定"人民法院审理虚假陈述证券民事赔偿案件，应当着重调解，鼓励当事人和解"。随着我国多层次资本市场体系的建立与完善，证券交易日益活跃，证券投资者尤其是中小投资者因各种原因与证券经营机构、基金管理机构、证券服务机构、上市公司等证券市场主体之间，因证券交易、证券投资或证券服务而发生民事纠纷日益增多，加强证券市场监管，保护投资者的社会呼声日益高涨。2016 年 5 月 25 日，最高人民法院、中国证券监督管理委员会发布《关于在全国部分地区开展证券期货纠纷多元化解机制试点工作的通知》，决定在全国部分地区联合开展建立健全证券期货纠纷多元化解机制的试点工作。调解工作的三项工作原则为：依法公正原则、灵活便民原则、注重预防原则。主要内容包括：设立最高人民法院与证监会共同认可的调解组织、建立证券期货纠纷特邀调解组织和特邀调解员名册、调解组织受理中小投资者的纠纷调解申请，不收取任何费用、建立专家或专家调解员制度、调解组织的非诉调解与先行赔付均可与司法诉讼对接、司法确认调解协议等。通知确定了北京市等 31 家试点地区名单、中国证券业协会等 8 家调解组织。如《中国证券业协会证券纠纷调解工作管理办法》，在协会内部成立证券调解专业委员会，调解中心的受理范围包括：（1）会员与投资者之间发生的证券业务纠纷；（2）会员与会员之间发生的证券业务纠纷；（3）会员与其他利益相关者之间发生的证券业务纠纷。证券业协会建立了自己的调解员队伍。为了使调解工作顺利开展，协会还制定了《中国证券业协会证券纠纷调解规则》。中国证券投资者保护基金有限责任公司也制定了《证券纠纷调解工作管理办法（试行）》《证券纠纷调解规则》，使调解活动有规则可遵循。

证券纠纷调解制度也得到了立法的认可，《证券法》第 94 条规定："投资者与发行人、证券公司等发生纠纷的，双方可以向投资者保护机构申请调解。普通投资者与证券公司发生证券业务纠纷，普通投资者提出调解请求的，证券公司不得拒绝。投资者保护机构对损害投资者利益的行为，可以依法支持投资者向人民法院提起诉讼。"

（四）设立先行赔付制度

先行赔付制度在商业领域应用广泛，在证券领域适用先行赔付制度自2013年万福生科案首次实施。2013年12月，国务院发布《关于进一步加强资本市场中小投资者合法权益保护工作的意见》，第6条要求健全中小投资者赔偿机制，"督促违规或者涉案当事人主动赔偿投资者。对上市公司违法行为负有责任的控股股东及实际控制人，应当主动、依法将其持有的公司股权及其他资产用于赔偿中小投资者"。2015年12月，证监会发布《公开发行证券的公司信息披露内容与格式准则第1号——招股说明书》第18条规定，"招股说明书扉页应载有如下声明及承诺：……保荐人承诺因其为发行人首次公开发行股票制作、出具的文件有虚假记载、误导性陈述或者重大遗漏，给投资者造成损失的，将先行赔偿投资者损失……"先行赔付制度首先得到了行政规章的认可。2019年《证券法》首次在立法上确立了先行赔付制度，《证券法》第93条规定："发行人因欺诈发行、虚假陈述或者其他重大违法行为给投资者造成损失的，发行人的控股股东、实际控制人、相关的证券公司可以委托投资者保护机构，就赔偿事宜与受到损失的投资者达成协议，予以先行赔付。先行赔付后，可以依法向发行人以及其他连带责任人追偿。"设立先行赔付制度的意义在于：一是可以降低投资者维权的成本，提高维权效率，有利于维护投资者的合法权益；二是先行赔付制度通过民事主体之间签订和解协议解决投资纠纷问题，可以节约司法资源；三是有利于增强发行人的控股股东、实际控制人及相关的证券公司的法律义务与责任，提高上市公司的信息披露质量。

（五）建立证券纠纷代表诉讼人制度

我国《民事诉讼法》规定了代表人诉讼制度，结合《民事诉讼法》第53条与第54条之规定，如果一方诉讼当事人人数众多进行共同诉讼时，可以由当事人推选代表进行诉讼，代表人的诉讼行为对其所代表的当事人发生效力。代表人诉讼分为人数确定的代表人诉讼与人数不确定的代表人诉讼。《证券法》第95条第1款对人数确定的代表人诉讼进行了规定，"投资者提起虚假陈述等证券民事赔偿诉讼时，诉讼标的是同一种类，且当事人一方人数众多的，可以依法推选代表人进行诉讼"。根据人民法院的诉讼实践，一般认为10人以上即构成人数众多。第95条第2款规定了人数不确定的代表人诉讼，"对按照前款规定提起的诉讼，可能存在有相同诉讼请求的其他众多投资者的，人民法院可以发出公告，说明该诉讼请求的案件情况，通知投资者在一定期间向人民法院登记。人民法院作出的判决、裁定，对参加登记的投资者发生效力。投资者保护机构受五十名以上投资者委托，可以作为代表人参加诉讼，并为经证券登记结算机构确认的权利人依照前款规定向人民法院登记，但投资者明确表示不愿意参加该诉讼的除外"。这一款也规定了投资者可以"默示加入，明示退出"规则，即投资者收到投资者保护机构发出的代为向人民法院办理登记的信息通知后，投资者没有相反意见表示的，视其为同意加入该诉讼；投资者不愿意参加诉讼的，应当作出明确意见表示，投资者保护机构应当为投资者退出该诉讼提供便利条件。

2020 年 7 月 23 日，最高人民法院发布《关于证券纠纷代表人诉讼若干问题的规定》（法释〔2020〕5 号）规定，证券纠纷诉讼分为普通诉讼与特别代表人诉讼，普通代表人诉讼是依据《民事诉讼法》第 53 条、第 54 条，《证券法》第 95 条第 1 款、第 2 款规定提起的诉讼；特别代表人诉讼是依据《证券法》第 95 条第 3 款规定提起的诉讼。2020 年 7 月 31 日，中国证监会发布《关于做好投资者保护机构参加证券纠纷特别代表人诉讼相关工作的通知》（证监发〔2020〕67 号），"本通知所称投资者保护机构是指中证中小投资者服务中心有限责任公司、中国证券投资者保护基金有限责任公司"，"对于典型重大、社会影响恶劣的证券民事案件，投资者保护机构依法及时启动特别代表人诉讼"。

关于特别代表人诉讼的规则，根据中证中小投资者服务中心《特别代表人诉讼业务规则（试行）》规定，投服中心受五十名以上投资者委托，可以作为代表人参加证券民事诉讼。《特别代表人诉讼业务规则（试行）》核心内容为：一是明晰了投服中心参加特别代表人诉讼的程序。投服中心参加特别代表人诉讼，实施过程包括内部决策和具体实施两个阶段。二是明确了投服中心参加特别代表人诉讼的公益属性原则。特别代表人诉讼中，关于法院依法向原告收取的诉讼费用，投服中心将依据《关于证券纠纷代表人诉讼若干问题的规定》，作为诉讼代表人向法院依法申请减交或免交等，并向法院主张败诉的被告赔偿诉讼过程中发生的公告费、通知费、律师费等合理费用。借鉴域外投保机构有关费用的相关规定，除为开展特别代表人诉讼的必要支出外，明确投服中心不收取其他费用。三是规定了投服中心参与特别代表人诉讼案件的范围和标准。四是明确了投服中心作为诉讼代表人的权限。投资者默示参加权利登记即视为赋予代表人特别授权，不同意的可向人民法院声明退出。五是明确了诉讼代表人如何履行通知义务。六是规定了投资者可退出特别代表人诉讼的阶段。在一审判决前，赋予投资者"两次退出"的选择权，实现了诉讼效率与保护投资者合法权益的平衡。七是强化决策科学性及监督管理。

（六）设立征集股东投票权的规定

关于征集股东权利制度的规定，2013 年 12 月 27 日，国务院办公厅《关于进一步加强资本市场中小投资者合法权益保护工作的意见》（国办发〔2013〕110 号）提出"上市公司不得对征集投票权提出最低持股比例限制"。随后中国证监会发布的《上市公司章程指引》《上市公司治理准则》等规范性文件对上市公司征集股东投票权作了较为详细的规定。

《证券法》第 90 条规定："上市公司董事会、独立董事、持有百分之一以上有表决权股份的股东或者依照法律、行政法规或者国务院证券监督管理机构的规定设立的投资者保护机构（以下简称投资者保护机构），可以作为征集人，自行或者委托证券公司、证券服务机构，公开请求上市公司股东委托其代为出席股东大会，并代为行使提案权、表决权等股东权利。依照前款规定征集股东权利的，征集人应当披露征集文件，上市公司应当予以配合。禁止以有偿或者变相有偿的方式公开征集股东权利。公开征集股东权利违反法律、行政法规或者国务院证券监督管理机构有关规定，导致上市公司或者其股东遭受损失的，应当依法承担赔偿责任。"需要重点注意的是，法律明确规定禁止以有偿或者变相有偿的方式公开征集股东权利。

（七）建立证券虚假陈述诉讼与赔偿制度

2001 年 9 月 21 日，最高人民法院发出通知，对证券市场上发生的内幕交易、操纵市场、虚假陈述等侵权行为引发的民事赔偿诉讼"暂不受理"。2002 年 1 月 15 日，《最高人民法院关于受理证券市场因虚假陈述引发的民事侵权纠纷案件有关问题的通知》发布，该通知认为，虚假陈述民事赔偿案件是指证券市场上证券信息披露义务人违反《证券法》规定的信息披露义务，在提交或公布的信息披露文件中作出违背事实真相的陈述或记载，侵犯了投资者合法权益而发生的民事侵权索赔案件。虚假陈述证券民事赔偿案件的原告为投资人，被告应当是虚假陈述行为人。

2019 年《证券法》修订后，2021 年 7 月 6 日，中共中央办公厅、国务院办公厅印发《关于依法从严打击证券违法活动的意见》，要求修改因虚假陈述引发民事赔偿有关司法解释。2022 年 1 月 21 日，最高人民法院发布了《关于审理证券市场虚假陈述侵权民事赔偿案件的若干规定》（以下简称《若干规定》）。《若干规定》对 2003 年《关于审理证券市场因虚假陈述引发的民事赔偿案件的若干规定》进行了修改与完善。《若干规定》在以下方面对原司法解释进行了修订与完善：

一是扩大了司法解释的适用范围。除了证券交易所、国务院批准的其他全国性证券交易场所之外，在依法设立的区域性股权市场中发生的虚假陈述行为，也可参照适用本规定，实现打击证券发行、交易中虚假陈述行为的市场全覆盖。

二是废除了诉讼前置程序。《若干规定》第 2 条从正反两个方面予以明确：首先，原告提起证券虚假陈述侵权民事赔偿诉讼，只要符合《民事诉讼法》第 122 条规定并提交相应证据，人民法院就应当予以受理；其次，人民法院在案件受理后，不得仅以虚假陈述未经监管部门行政处罚或者人民法院生效刑事判决认定为由裁定不予受理。前置程序取消后，为原告起诉带来了不便，主要是增加了原告诉讼成本，为了方便原告寻找证据，《通知》要求，为了查明事实，人民法院可以依法向中国证监会有关部门或者派出机构调查收集有关证据，中国证监会有关部门或者派出机构依法依规予以协助配合。

三是调整了案件管辖规定。证券虚假陈述侵权民事赔偿案件，由发行人住所地的省、自治区、直辖市人民政府所在的市、计划单列市和经济特区中级人民法院或者专门人民法院管辖。《最高人民法院关于证券纠纷代表人诉讼若干问题的规定》等对管辖另有规定的，从其规定。省、自治区、直辖市高级人民法院可以根据本辖区的实际情况，确定管辖第一审证券虚假陈述侵权民事赔偿案件的其他中级人民法院，报最高人民法院备案。

四是进一步界定虚假陈述行为的类型。在对虚假记载、误导性陈述和重大遗漏这三种典型虚假陈述行为进行了具体内容的界定，具体而言，虚假记载是指信息披露义务人披露的信息中对相关财务数据进行重大不实记载，或者对其他重要信息作出与真实情况不符的描述。误导性陈述是指信息披露义务人披露的信息隐瞒了与之相关的部分重要事实，或者未及时披露相关更正、确认信息，致使已经披露的信息因不完整、不准确而具有误导性。重大遗漏是指信息披露义务人违反关于信息披露的规定，对重大事件或者重要事项等应当披露的信息未予披露。将未按规定披露信息进一步区分为虚假陈述、内幕交易和单纯损害股东利益的侵权行为三种类型，构成虚假陈述的，依照本规定承担民事责任；构成内幕交易的，依照《证券法》第53条的规定承担民事责任；构成《公司法》第190条规定的损害股东利益行为的，依照该法承担民事责任。建立了"预测性信息安全港"制度，信息披露文件中的盈利预测、发展规划等预测性信息与实际经营情况存在重大差异不构成虚假陈述。在此基础上，对虚假陈述实施日、揭露日和更正日的认定标准作了更具操作性的规定。

五是规定了证券虚假陈述侵权民事责任中的重大性和交易因果关系要件，明确了司法认定标准。关于重大性的认定，以下情况属于重大性：（1）虚假陈述的内容属于《证券法》第80条第2款、第81条第2款规定的重大事件；（2）虚假陈述的内容属于监管部门制定的规章和规范性文件中要求披露的重大事件或者重要事项；（3）虚假陈述的实施、揭露或者更正导致相关证券的交易价格或者交易量产生明显的变化。针对前述情形，被告提交证据足以证明虚假陈述并未导致相关证券交易价格或者交易量明显变化的，人民法院应当认定虚假陈述的内容不具有重大性。被告能够证明虚假陈述不具有重大性，并以此抗辩不应当承担民事责任的，人民法院应当予以支持。人民法院应当认定原告的投资决定与虚假陈述之间的交易因果关系成立的情形：（1）信息披露义务人实施了虚假陈述；（2）原告交易的是与虚假陈述直接关联的证券；（3）原告在虚假陈述实施日之后、揭露日或更正日之前实施了相应的交易行为，即在诱多型虚假陈述中买入了相关证券，或者在诱空型虚假陈述中卖出了相关证券。被告能够证明下列情形之一的，人民法院应当认定交易因果关系不成立：（1）原告的交易行为发生在虚假陈述实施前，或者是在揭露或更正之后；（2）原告在交易时知道或者应当知道存在虚假陈述，或者虚假陈述已经被证券市场广泛知悉；（3）原告的交易行为是受到虚假陈述实施后发生的上市公司的收购、重大资产重组等其他重大事件的影响；（4）原告的交易行为构成内幕交易、操纵证券市场等证券违法行为的；（5）原告的交易行为与虚假陈述不具有交易因果关系的其他情形。

六是规定过错认定与抗辩事由。过错包括以下两种情形：（1）行为人故意制作、出具存在虚假陈述的信息披露文件，或者明知信息披露文件存在虚假陈述而不予指明、予以发布；（2）行为人严重违反注意义务，对信息披露文件中虚假陈述的形成或者发布存在过失。《若干规定》具体区别了发行人的董事、监事、高级管理人员和其他直接责任人员；独立董事；保荐机构、承销机构等机构及其直接责任人员；会计师事务所、律师事务所、资信评估机构、资产评估机构、财务顾问等的过错认定及抗辩理由。

七是强化了责任主体的责任。责任主体特别强调发行人的控股股东、实际控制人组织、指使发行人实施虚拟陈述所应承担的赔偿责任，这样的控股股东与实际控制人是所谓的"首恶"，"帮凶"则有重大资产重组交易对方、发行人的供应商、客户以及为发行人提供服务的金融机构等，他们明知发行人实施财务造假活动，仍然为其提供相关交易合同、发票、存款证明等予以配合，或者故意隐瞒重要事实致使发行人的信息披露文件存在虚假陈述。无论"首恶"还是"帮凶"，都应当承担相应的民事赔偿责任。

八是确定了虚假陈述导致损失的计算方法。民事赔偿具有补偿性质，原告因虚假陈述申请的损失赔偿数额只能以实际发生的损失为限，原告的实际损失包括投资差额损失、投资差额损失部分的佣金和印花税。《若干规定》在"损失认定"部分就如何计算原告的损失方面对具体计算方法作了详细的规定。

《若干规定》发布后，最高人民法院和中国证监会发布了《关于适用〈最高人民法院关于审理证券市场虚假陈述侵权民事赔偿案件的若干规定〉有关问题的通知》（以下简称《通知》），以解决司法机关与行政监管机关之间的衔接与协调问题，如人民法院受理相关案件后，应当在十个工作日内将案件基本情况向发行人、上市或者挂牌公司所在辖区的中国证监会派出机构通报，相关派出机构接到通知后应当及时向中国证监会报告；人民法院经审查，认为中国证监会有关部门或者派出机构对涉诉虚假陈述的立案调查不影响民事案件审理的，应当继续审理；人民法院在案件审理过程中，可以就诉争虚假陈述行为违反信息披露义务规定情况、对证券交易价格的影响、损失计算等专业问题征求中国证监会或者相关派出机构、证券交易所、证券业自律管理组织、投资者保护机构等单位的意见，征求意见的时间不计入案件审理期限，等等。

六、典 型 案 例

（一）海南凯立案

审批制下发生过一起著名的行政诉讼案例，即海南凯立诉中国证监会案。

海南凯立中部开发建设股份（以下简称"海南凯立"）有限公司于 1994 年 12 月 31 日成立，经营范围包括海南中线高速公路及其他基础设施的投资开发建设，海南中部地区资源的综合开发、农业综合开发及经营、房地产开发经营、旅游项目投资、仓储服务（危险品除外）、建筑材料、通信器材、日用百货的贸易业务等。1998 年 6 月，海南凯立向中国证监会申报上市申请材料。中国证监会在收到海南凯立股票发行申报材料后，应当按照当时的规定纳入审核工作程序，即《审核程序》。经审查不符合公开发行股票条件的企业，亦应及时作出不予同意的决定。由于中国证监会在审查海南凯立股票发行申请程序过程中颁布了《证券法》，新法规定了股票发行上市实行核准制。2000 年 3 月，中国证监会根据《证券法》的有关规定制定了核准程序，将股票发行的"审核程序"转为"核准程序"，并对 1997 年发行计划内申请发行的企业，在执行核准程序时作了保护性规定，即"如发行人属 1997 年股票发行计划内的企业，在提交发行审核委员会核准前，中国证监会对发行人的董事、监事和高级管理人员进行《公司法》、《证券法》等法律、法规考试"，免除了"对发行人辅导一年"的要求。但中国证监会对海南凯立的发行申请不予批准，在给有关部门的报告中作出海南凯立公司"97% 的利润虚假，严重违反公司法，不符合发行上市条件"的认定。2000 年 4 月 28 日，中国证监会正式发函，认定"该公司发行预选申报材料前三年财务会计资料不实，不符合发行上市的有关规定"，决定退回海南凯立的预选申报材料。

2000 年 2 月 21 日，海南凯立第一次向北京市第一中级人民法院提出行政诉讼，该院未予受理。随后，海南凯立向北京市高级人民法院提出上诉。7 月 17 日，海南凯立以撤销上诉为前提，再次向北京市第一中级人民法院提起诉讼。8 月 16 日，该院通知受理了此案。

2000 年 12 月 18 日，北京市第一中级人民法院作出一审判决，判定中国证监会退回海南凯立中部开发建设股份有限公司 A 股预选申报材料的行为违法，责令中国证监会恢复对海南凯立股票发行的核准程序。2001 年 1 月，中国证监会提出上诉，强调自己是全国证券期货市场的主管部门，有权依据法规制定股票发行程序，并作出解释。同时，强调一审法院让其恢复对海南凯立的审核"不切实际，无法执行"。7 月 6 日，北京市高级人民法院对此案作出终审判决，驳回了中国证监会的上诉。北京市高级人民法院认为，"中国证监会在新旧审批程序交替中体现了在保护原申请人权益的前提下适用新的规定的适用法律原则。但中国证监会对于海南凯立的申请，仅以办公厅的名义退回其材料，既不适用具体的法律、法规和规章，也没有按照自己制定的审批程序进行，一审法院认定中国证监会的行为'违法'并限期'重作'是正确的。"

虽然海南凯立案是在证券发行由审批制过渡到核准制的时点上发生的诉讼案例，但在中国证券史上产生了深远的影响。

（二）万福生科案

万福生科案是我国首例先行赔付案。2012 年 9 月 14 日，万福生科因其招股说明书存在严重的财务数据造假而受到证监会的立案调查。根据证监会公布的对万福生科造假案作出的《行政处罚决定书》，认定万福生科存在以下违法事实：一是万福生科《首次公开发行股票并在创业板上市招股说明书》中存在虚假记载，2008 年至 2010 年分别虚增销售收入 12262 万元、14966 万元、19074 万元，虚增营业利润 2851 万元、3857 万元、4590 万元，公司不符合公开发行股票的条件；二是《2011 年年度报告》存在虚假记载，2011 年虚增销售收入 28681 万元；三是未就公司 2012 年上半年停产事项履行及时报告、公告义务；四是《2012 年半年度报告》存在虚假记载和重大遗漏，虚增销售收入 16549 万元，未披露前述公司部分生产线 2012 年上半年停产的事项。2013 年 5 月 10 日，平安证券作为万福生科 IPO 的保荐机构及主承销商，出资 3 亿元设立"万福生科虚假陈述事件投资者利益补偿专项基金"，委托中国证券投资者保护基金有限责任公司担任基金管理人，设立网上和网下两种方案与适格投资者实现和解。专项补偿基金采取了"先偿后追"的模式，由平安证券先以基金财产偿付符合条件的投资者，然后通过法律途径向万福生科虚假陈述的主要责任方及连带责任方追偿。若投资者不接受基金的补偿方案，可依法向有管辖权的人民法院提起诉讼，要求万福生科虚假陈述相关责任方予以赔偿。截至 2013 年 6 月 28 日，同时完成网签及有效申报、与平安证券达成有效和解的适格投资者人数为 12765 人，占适格投资者总人数的 95.1%，对适格投资者支付的补偿金额为 178565084 元，占应补偿总金额的 99.56%。2013 年 7 月 3 日，补偿资金已全部划付至适格投资者账户。平安证券主动提出设立专项基金，在民事诉讼前对投资人进行赔付，在较短的时间内完成了对适格受损投资者的补偿。平安证券的先行赔付行为，得到了证监会对其行政处罚时予以从轻或减轻的处罚结果。

参考资料：

1. 刘畅（记者）：《审判长谈凯立案：为何判证监会败诉?》，《中国青年报》2001 年 7 月 6 日。

2. 中国证券监督管理委员会：《中国资本市场二十年》，中信出版社 2012 年版。

3.《上海证券报》记者叶国标、马婧妤、祁豆豆、林淙：《注册制改革有力推动资本市场高质量发展》，《瞭望》2023 年第 16 期。

4. 吴黎华（记者）：《全面注册制正式实施　资本市场迎里程碑式变革》，《经济参考报》2023 年 2 月 20 日。

5. 王瑞贺主编：《中华人民共和国证券法释义》，法律出版社 2020 年版。

6. 李东方：《证券监管法论》，北京大学出版社 2019 年版。

第八讲　基金业监管制度

本讲内容为基金业的监管。

一、监　管　法　律

（一）基金业乱象与基金业监管规则的完善

2000 年 10 月初，《财经》杂志发表了一篇题为《基金黑幕——关于基金行为的研究报告解析》的文章，该文犹如一枚重磅炸弹，揭开了当时我国基金业的交易黑幕。这篇文章是中国证券市场开启之后 10 年来第一份对机构交易行为有确切叙述的报告，作者跟踪了 1999 年 8 月 9 日至 2000 年 4 月 28 日期间，国内 10 家基金管理公司旗下 22 家证券投资基金在上海证券市场上大宗股票交易记录，客观详尽地分析了它们的操作行为，大量违规、违法操作的事实赫然在目。该报告刊发后，大家都认识到基金业的立法迫在眉睫。可以说，该报告客观上加快了基金法的制定。规范与监管基金业是我国基金业健康发展的需要。自此，我国立法机关与行政监管机构制定了大量的法律、法规与行政规章，基金业的规范程度大大提高。如：2003 年 10 月 28 日第十届全国人民代表大会常务委员会第五次会议通过《中华人民共和国投资基金法》（后经 2012 年与 2015 年两次修订，以下简称《基金法》）；2014 年 8 月 21 日中国证监会发布《私募投资基金监督管理暂行办法》（以下简称《暂行办法》）；2015 年 11 月 12 日，财政部发布《政府投资基金暂行管理办法》；2020 年 12 月 30 日中国证监会发布《关于加强私募投资基金监管的若干规定》（以下简称《若干规定》）；2023 年 7 月 3 日国务院发布《私募投资基金监督管理条例》（以下简称《条例》）等。

（二）监管职责

根据《基金法》的规定，我国的基金业由国务院证券监督管理机构监管，监管机构依法履行下列职责：

第一，制定有关证券投资基金活动监督管理的规章、规则，并行使审批、核准和注册权。根据《基金法》的规定，公开募集基金的基金管理人，由基金管理公司或者经国务院证券监督管理机构按照规定核准的其他机构担任；设立管理公开募集基金的基金管理公司，应当具备法定条件，并经国务院证券监督管理机构批准；公开募集基金的基金管理人的法定代表人、经营管理主要负责人和从事合规监管的负责人的选任或者改任，应当报经国务院证券监督管理机构依法对其任职资格进行审核；申请取得基金托管资格，应当符合法定条件，并经国务院证券监督管理机构、国家金融监督管理机构核准；证券交易所制定的基金份额的上市交易规则应当报国务院证券监督管理机构核准等。

第二，办理基金备案。下列事项要报国务院证券监督管理机构备案：公开募集基金的基金管理人所报的基金备案；基金管理人终止职责应对基金财产进行审计并将审计结果报备案；基金托管人职责终止后应对基金财产进行审计并将审计结果报备案；基金份额上市交易后，发生法定终止情况，由证券交易所终止其上市交易并报备案；基金管理人发生不能按时支付赎回条款项应在当时对发生的法定情形报备案；基金份额净值计价出现错误达到基金份额净值 0.5% 时应报备案；基金份额持有人大会决定的事项报备案等。从事公开募集基金的销售、销售支付、份额登记、估值、投资顾问、评价、信息技术系统服务等基金服务业务的机构，应当按照国务院证券监督管理机构进行注册或者备案。接受备案是国务院证券监督管理机构法定的职责，接受备案后，可以更加全面地了解有关证券投资基金的相关情况，也可以开展进一步研究，决定将要采取的监督管理措施。

第三，对基金管理人、基金托管人及其他机构从事证券投资基金活动进行监督管理，对违法行为进行查处，并予以公告。

第四，制定基金从业人员的资格标准和行为准则，并监督实施。2022 年 2 月 18 日中国证监会发布《证券基金经营机构董事、监事、高级管理人员及从业人员监督管理办法》，凡在中华人民共和国境内，证券基金经营机构董事、监事、高级管理人员及从业人员的任职管理和执业行为，均适用该办法。

第五，监督检查基金信息的披露情况。《基金法》第 7 章与第 10 章规定了公开募集基金的投资与信息披露，非公开募集基金应向基金持有人提供基金信息等内容，基金业监管机构负有监督检查职责。

第六，指导和监督基金行业协会的活动。基金行业协会是证券投资基金行业的自律性组织，是社会团体法人。基金管理人、基金托管人应当加入基金行业协会，基金服务机构可以加入基金行业协会。

第七，法律、行政法规规定的其他职责。

（三）监管措施

国务院证券监督管理机构依法履行职责，有权采取下列措施：（1）对基金管理人、基金托管人、基金服务机构进行现场检查，并要求其报送有关的业务资料；（2）进入涉嫌违法行为发生场所调查取证；（3）询问当事人和与被调查事件有关的单位和个人，要求其对与被调查事件有关的事项作出说明；（4）查阅、复制与被调查事件有关的财产权登记、通讯记录等资料；（5）查阅、复制当事人和与被调查事件有关的单位和个人的证券交易记录、登记过户记录、财务会计资料及其他相关文件和资料；对可能被转移、隐匿或者毁损的文件和资料，可以予以封存；（6）查询当事人和与被调查事件有关的单位和个人的资金账户、证券账户和银行账户；对有证据证明已经或者可能转移或者隐匿违法资金、证券等涉案财产或者隐匿、伪造、毁损重要证据的，经国务院证券监督管理机构主要负责人批准，可以冻结或者查封；（7）在调查操纵证券市场、内幕交易等重大证券违法行为时，经国务院证券监督管理机构主要负责人批准，可以限制被调查事件当事人的证券买卖，但限制的期限不得超过十五个交易日；案情复杂的，可以延长十五个交易日。

（四）基金管理人监管

基金管理人由依法设立的公司或者合伙企业担任。公开募集基金的基金管理人，由基金管理公司或者经国务院证券监督管理机构按照规定核准的其他机构担任。

基金管理人的准入。设立管理公开募集基金的基金管理公司，应当具备下列条件，并经国务院证券监督管理机构批准：（1）有符合本法和《公司法》规定的章程；（2）注册资本不低于1亿元人民币，且必须为实缴货币资本；（3）主要股东应当具有经营金融业务或者管理金融机构的良好业绩、良好的财务状况和社会信誉，资产规模达到国务院规定的标准，且最近三年没有违法记录；（4）取得基金从业资格的人员达到法定人数；（5）董事、监事、高级管理人员具备相应的任职条件；（6）有符合要求的营业场所、安全防范设施和与基金管理业务有关的其他设施；（7）有良好的内部治理结构、完善的内部稽核监控制度、风险控制制度；（8）法律、行政法规规定的和经国务院批准的国务院证券监督管理机构规定的其他条件。基金管理公司变更持有5%以上股权的股东，变更公司的实际控制人，或者变更其他重大事项，应当报经国务院证券监督管理机构批准。

基金管理人的任职资格。公开募集基金的基金管理人的董事、监事和高级管理人员，应当熟悉证券投资方面的法律、行政法规，具有三年以上与其所任职务相关的工作经历；高级管理人员还应当具备基金从业资格。

基金管理人的利害关系人的信息申报义务。公开募集基金的基金管理人的董事、监事、高级管理人员和其他从业人员，其本人、配偶、利害关系人进行证券投资，应当事先向基金管理人申报，并不得与基金份额持有人发生利益冲突。公开募集基金的基金管理人应当建立这些利害关系人进行证券投资的申报、登记、审查、处置等管理制度，并报国务院证券监督管理机构备案。

基金管理人的职业禁止义务。公开募集基金的基金管理人的董事、监事、高级管理人员和其他从业人员，不得担任基金托管人或者其他基金管理人的任何职务，不得从事损害基金财产和基金份额持有人利益的证券交易及其他活动。公开募集基金的基金管理人及其董事、监事、高级管理人员和其他从业人员不得有下列行为：（1）将其固有财产或者他人财产混同于基金财产从事证券投资；（2）不公平地对待其管理的不同基金财产；（3）利用基金财产或者职务之便为基金份额持有人以外的人牟取利益；（4）向基金份额持有人违规承诺收益或者承担损失；（5）侵占、挪用基金财产；（6）泄露因职务便利获取的未公开信息、利用该信息从事或者明示、暗示他人从事相关的交易活动；（7）玩忽职守，不按照规定履行职责；（8）法律、行政法规和国务院证券监督管理机构规定禁止的其他行为。

基金管理人的风险准备金。公开募集基金的基金管理人应当从管理基金的报酬中计提风险准备金。公开募集基金的基金管理人因违法违规、违反基金合同等原因给基金财产或者基金份额持有人合法权益造成损失，应当承担赔偿责任的，可以优先使用风险准备金予以赔偿。

（五）基金托管人监管

基金托管人由依法设立的商业银行或者其他金融机构担任。商业银行担任基金托管人的，由国务院证券监督管理机构会同国务院银行业监督管理机构核准；其他金融机构担任基金托管人的，由国务院证券监督管理机构核准。

基金托管人的准入资格。担任基金托管人，应当具备下列条件：（1）净资产和风险控制指标符合有关规定；（2）设有专门的基金托管部门；（3）取得基金从业资格的专职人员达到法定人数；（4）有安全保管基金财产的条件；（5）有安全高效的清算、交割系统；（6）有符合要求的营业场所、安全防范设施和与基金托管业务有关的其他设施；（7）有完善的内部稽核监控制度和风险控制制度；（8）法律、行政法规规定的和经国务院批准的国务院证券监督管理机构、国务院银行业监督管理机构规定的其他条件。基金托管人与基金管理人不得为同一机构，不得相互出资或者持有股份。

（六）公开募集基金监管

公开募集基金应当经国务院证券监督管理机构注册。未经注册，不得公开或者变相公开募集基金。公开募集基金，包括向不特定对象募集资金、向特定对象募集资金累计超过两百人，以及法律、行政法规规定的其他情形。公开募集基金应当由基金管理人管理，基金托管人托管。

募集注册。注册公开募集基金，由拟任基金管理人向国务院证券监督管理机构提交下列文件：（1）申请报告；（2）基金合同草案；（3）基金托管协议草案；（4）招募说明书草案；（5）律师事务所出具的法律意见书；（6）国务院证券监督管理机构规定提交的其他文件。基金募集申请经注册后，方可发售基金份额。基金份额的发售，由基金管理人或者其委托的基金销售机构办理。

　　基金募集。基金管理人应当自收到准予注册文件之日起六个月内进行基金募集。超过六个月开始募集，原注册的事项未发生实质性变化的，应当报国务院证券监督管理机构备案；发生实质性变化的，应当向国务院证券监督管理机构重新提交注册申请。基金募集不得超过国务院证券监督管理机构准予注册的基金募集期限。基金募集期限自基金份额发售之日起计算。

　　基金备案。基金募集期限届满，封闭式基金募集的基金份额总额达到准予注册规模的80%以上，开放式基金募集的基金份额总额超过准予注册的最低募集份额总额，并且基金份额持有人人数符合国务院证券监督管理机构规定的，基金管理人应当自募集期限届满之日起十日内聘请法定验资机构验资，自收到验资报告之日起十日内，向国务院证券监督管理机构提交验资报告，办理基金备案手续，并予以公告。基金募集期间募集的资金应当存入专门账户，在基金募集行为结束前，任何人不得动用。

（七）公开募集基金的投资与信息披露监管

　　基金投资。基金财产应当用于下列投资：（1）上市交易的股票、债券；（2）国务院证券监督管理机构规定的其他证券及其衍生品种。基金财产不得用于下列投资或者活动：（1）承销证券；（2）违反规定向他人贷款或者提供担保；（3）从事承担无限责任的投资；（4）买卖其他基金份额，但是国务院证券监督管理机构另有规定的除外；（5）向基金管理人、基金托管人出资；（6）从事内幕交易、操纵证券交易价格及其他不正当的证券交易活动；（7）法律、行政法规和国务院证券监督管理机构规定禁止的其他活动。

　　关联交易。运用基金财产买卖基金管理人、基金托管人及其控股股东、实际控制人或者与其有其他重大利害关系的公司发行的证券或承销期内承销的证券，或者从事其他重大关联交易的，应当遵循基金份额持有人利益优先的原则，防范利益冲突，符合国务院证券监督管理机构的规定，并履行信息披露义务。

　　信息披露。基金管理人、基金托管人和其他基金信息披露义务人应当依法披露基金信息，并保证所披露信息的真实性、准确性和完整性。基金信息披露义务人应当确保应予披露的基金信息在国务院证券监督管理机构规定时间内披露，并保证投资人能够按照基金合同约定的时间和方式查阅或者复制公开披露的信息资料。公开披露的基金信息包括：（1）基金招募说明书、基金合同、基金托管协议；（2）基金募集情况；（3）基金份额上市交易公告书；（4）基金资产净值、基金份额净值；（5）基金份额申购、赎回价格；（6）基金财产的资产组合季度报告、财务会计报告及中期和年度基金报告；（7）临时报告；（8）基金份额持有人大会决议；（9）基金管理人、基金托管人的专门基金托管部门的重大人事变动；（10）涉及基金财产、基金管理业务、基金托管业务的诉讼或者仲裁；（11）国务院证券监督管理机构规定应予披露的其他信息。

（八）非公开募集基金监管

非公开募集基金应当向合格投资者募集，合格投资者累计不得超过两百人。

非公开募集基金的托管。非公开募集基金不一定要求进行基金托管。除了基金合同约定外，非公开募集基金应当由基金托管人托管。

非公开募集基金管理人的登记。担任非公开募集基金的基金管理人，应当按照规定向基金行业协会履行登记手续，报送基本情况。未经登记，任何单位或者个人不得使用"基金"或者"基金管理"字样或者近似名称进行证券投资活动；但是，法律、行政法规另有规定的除外。

非公开募集的禁止行为。非公开募集基金，不得向合格投资者之外的单位和个人募集资金，不得通过报纸、期刊、电台、电视台、互联网等公众传播媒体或者讲座、报告会、分析会等方式向不特定对象宣传推介。

基金备案。非公开募集基金募集完毕，基金管理人应当向基金行业协会备案。对募集的资金总额或者基金份额持有人的人数达到规定标准的基金，基金行业协会应当向国务院证券监督管理机构报告。

基金投资。非公开募集基金财产的证券投资，包括买卖公开发行的股份有限公司股票、债券、基金份额，以及国务院证券监督管理机构规定的其他证券及其衍生品种。

非公开基金的信息披露。基金管理人、基金托管人应当按照基金合同的约定，向基金份额持有人提供基金信息。

非公开募集基金管理业务向公开募集基金业务的转换。专门从事非公开募集基金管理业务的基金管理人，其股东、高级管理人员、经营期限、管理的基金资产规模等符合规定条件的，经国务院证券监督管理机构核准，可以从事公开募集基金管理业务。

（九）基金服务机构的监管

基金服务机构的注册或者备案。基金服务机构包括从事公开募集基金的销售、销售支付、份额登记、估值、投资顾问、评价、信息技术系统服务等基金服务业务的机构，应当按照国务院证券监督管理机构的规定进行注册或者备案。

基金服务机构的义务。基金服务机构应当勤勉尽责、恪尽职守，建立应急等风险管理制度和灾难备份系统，不得泄露与基金份额持有人、基金投资运作相关的非公开信息。

二、私募投资基金监管

私募投资基金受《条例》规制。截至 2023 年 5 月，在中国证券投资基金业协会（以下简称"基金业协会"）登记的私募基金管理人共 2.2 万家，管理基金数量 15.3 万只，管理基金规模 21 万亿元左右。以下是有关《条例》的监管内容。

（一）私募基金的组织形式

1. 公司型私募基金

根据《公司法》设立法人企业。根据我国《公司法》规定，公司型私募基金可以选择有限责任公司或者股份有限公司两种公司形式。参与公司型私募基金的投资人多为法人机构，与基金管理人共同组建公司。公司型私募基金的投资人作为公司股东，参与公司的重大决策；公司型私募基金是法人实体，可以根据业务开展的需要向银行等金融机构或者其他社会投资者融资，扩大公司的资金规模；公司型私募基金经营期限较长，只要公司不破产，一般可以长期经营。美国一些大型的私募股金公司，如黑石集团、KKR 集团已经成为上市公司。融资性能好，公司治理规范是公司型私募基金的特色。

2. 契约型私募基金

契约型私募基金是根据投资人、基金管理公司、基金托管机构通过契约而组建的投资机构。契约型私募基金成立的依据是《信托法》。根据基金业协会2016 年 4 月 18 日发布的《〈私募投资基金合同指引〉起草说明》（以下简称《起草说明》），"契约型基金，即指未成立法律实体，而是通过契约的形式设立私募基金，基金管理人、投资者和其他基金参与主体按照契约约定行使相应权利，承担相应义务和责任"。契约型私募基金成为受广大投资者欢迎的一种组织形式，主要因其设立形式灵活多样，依据投资各方的共同意思设立，充分体现了合同自由的精神。这类组织形式的基金管理人通常以"理财工作室""投资咨询公司""投资顾问公司"和"投资管理公司"等名义设立。契约型私募基金机构不是法人实体，无须向市场监督管理局登记注册，设立方式快捷灵活。基金管理人与基金保管人依据合同管理基金。基金存续期间，基金的申购、赎回、基金份额的转让等，由基金登记机构进行登记即可。

3. 合伙型私募基金

根据《合伙企业法》设立的一种私募基金机构。根据《合伙企业法》的规定，"有限合伙企业由二个以上五十个以下合伙人设立；但是，法律另有规定的除外。有限合伙企业至少应当有一个普通合伙人"。有限合伙企业的名称中应当标明"有限合伙"字样。我国《合伙企业法》之前没有规定有限合伙这种合伙形式，2006年修改之后增加了这部分的有关规定，主要是适应有限合伙企业的设立需求。合伙型私募基金一般由有限合伙人、普通合伙人和基金管理人设立。普通合伙人对合伙企业的债务负无限责任，有限合伙人对合伙企业的债务承担有限责任。普通合伙人一般经营管理合伙企业，也可以委托其他专业的基金管理机构管理经营有限合伙企业。有限合伙人一般不参与企业的投资决策。美国的私募基金一般选择有限合伙企业。人们选择有限合伙的主要原因是避免公司法人的双重征税。有限合伙企业一般只需要缴纳个人所得税。同时，合伙型私募基金设立门槛低，设立程序简便、治理机制灵活、投资决策效率高、利益分配机制具有很强的激励功能，因此，这种组织形式很受投资者青睐。如美国加州公务员退休基金作为有限合伙人，进行了许多成功的投资案例，投资收益颇丰。

（二）私募基金管理人和私募基金托管人的监管

1. 私募基金管理人的监管

私募基金管理人由依法设立的公司或者合伙企业担任。以合伙企业形式设立的私募基金，资产由普通合伙人管理的，普通合伙人适用《条例》关于私募基金管理人的规定。

私募基金管理人的股东、合伙人以及股东、合伙人的控股股东、实际控制人，控股或者实际控制其他私募基金管理人的，应当符合国务院证券监督管理机构的规定。

私募基金管理人的控股股东、实际控制人、普通合伙人、执行事务合伙人或者委派代表等重大事项发生变更的，应当按照规定向登记备案机构履行变更登记手续。登记备案机构应当公示已办理登记的私募基金管理人相关信息。

未经登记，任何单位或者个人不得使用"基金"或者"基金管理"字样或者近似名称进行投资活动，但法律、行政法规和国家另有规定的除外。

私募基金管理人应当履行下列职责：（1）依法募集资金，办理私募基金备案；（2）对所管理的不同私募基金财产分别管理、分别记账，进行投资；（3）按照基金合同约定管理私募基金并进行投资，建立有效的风险控制制度；（4）按照基金合同约定确定私募基金收益分配方案，向投资者分配收益；（5）按照基金合同约定向投资者提供与私募基金管理业务活动相关的信息；（6）保存私募基金财产管理业务活动的记录、账册、报表和其他有关资料；（7）国务院证券监督管理机构规定和基金合同约定的其他职责。

以非公开方式募集资金设立投资基金的，私募基金管理人还应当以自己的名义，为私募基金财产利益行使诉讼权利或者实施其他法律行为。

2. 私募基金托管人的监管

除基金合同另有约定外，私募基金财产应当由私募基金托管人托管。私募基金财产不进行托管的，应当明确保障私募基金财产安全的制度措施和纠纷解决机制。私募基金财产进行托管的，私募基金托管人应当依法履行职责。私募基金托管人应当依法建立托管业务和其他业务的隔离机制，保证私募基金财产的独立和安全。

（三）私募基金运营监管

1. 资金募集

私募基金管理人应当自行募集资金，不得委托他人募集，但国务院证券监督管理机构另有规定的除外。私募基金应当向合格投资者募集或者转让，单只私募基金的投资者累计不得超过法律规定的人数。私募基金管理人不得采取为单一融资项目设立多只私募基金等方式，突破法律规定的人数限制；不得采取将私募基金份额或者收益权进行拆分转让等方式，降低合格投资者标准。

私募基金募集监管关键的问题有两个：一是募集的对象必须是合格投资者，二是募集对象的数量不得超过200人。

第一个问题是需要界定什么是合格投资者。《条例》发布之前，有两个界定标准：一是《暂行办法》规定的标准，另一个是《关于规范金融机构资产管理业务的指导意见》（以下简称《指导意见》）规定的标准。《暂行办法》第12条规定："私募基金的合格投资者是指具备相应风险识别能力和风险承担能力，投资于单只私募基金的金额不低于100万元且符合下列相关标准的单位和个人：（1）净资产不低于1000万元的单位；（2）金融资产不低于300万元或者最近三年个人年均收入不低于50万元的个人。前款所称金融资产包括银行存款、股票、债券、基金份额、资产管理计划、银行理财产品、信托计划、保险产品、期货权益等。"《指导意见》第5条规定："合格投资者是指具备相应风险识别能力和风险承担能力，投资于单只资产管理产品不低于一定金额且符合下列条件的自然人和法人或者其他组织。（1）具有2年以上投资经历，且满足以下条件之一：家庭金融净资产不低于300万元，家庭金融资产不低于500万元，或者近3年本人年均收入不低于40万元。（2）最近1年末净资产不低于1000万元的法人单位。（3）金融管理部门视为合格投资者的其他情形。合格投资者投资于单只固定收益类产品的金额不低于30万元，投资于单只混合类产品的金额不低于40万元，投资于单只权益类产品、单只商品及金融衍生品类产品的金额不低于100万元。投资者不得使用贷款、发行债券等筹集的非自有资金投资资产管理产品。"这两个标准有一些差别。《暂行办法》由中国证监会发布，《指导意见》由中国人民银行等4家机构发布，中国证监会是其中之一。两个规定的效力相同。现在的问题是《暂行办法》已被《条例》代替，但《条例》没有规定具体的标准，规定由中国证监会制定标准。中国证监会在没有发布相关标准之前，适用《指导意见》的标准还是《暂行办法》的标准不得而知。为方便起见，我们暂且假定中国证监会应该适用《指导意见》的标准，因为它也是该规则的制定者之一。

《暂行办法》和《若干规定》等规范性文件还规定了几种特定主体，推定为合格投资者（"视为合格投资者"）。《暂行办法》将以下投资者视为合格投资者：

（1）社会保障基金、企业年金等养老基金，慈善基金等社会公益基金；（2）依法设立并在基金业协会备案的投资计划；（3）投资于所管理私募基金的私募基金管理人及其从业人员；（4）中国证监会规定的其他投资者。推定为合格投资者的主体可以豁免某部分合格投资者的一般要求。并明确规定，符合前述第（1）（2）（4）项规定的投资者投资私募基金的，监管机构不再穿透核查最终投资者是否为合格投资者和合并计算投资者人数。但《条例》未将此项规定保留，估计是待中国证监会专门制定合格投资者规则时再作具体规定。《若干规定》在《暂行办法》的基础上又增加了几个可以适用推定的合格投资者：国务院金融监督管理部门监管的机构依法发行的资产管理产品、合格境外机构投资者、人民币合格境外机构投资者，视为《私募办法》第13条规定的合格投资者，不再穿透核查最终投资者。

中国基金业协会在受理具体的备案时，又根据具体的情况，对合格投资者标准作了一些技术性的调整，如中国基金业协会发布的《私募投资基金备案须知（2019版）》，第10条规定，私募基金管理人及其员工、社会保障基金、政府引导基金、企业年金等养老基金、慈善基金等社会公益基金的首轮实缴出资要求可从其公司章程或合伙协议约定。这一条的规定，有些合格投资者的投资数额可以约定，而不是依规而定，即首轮实缴金额可低于100万元。私募基金管理人只有投资于自己管理的私募基金时，才被视为合格投资者；私募基金管理人的从业人员只有投资于该私募基金管理人管理的基金时，才被视为合格投资者。合格投资者的要求与投资者的实缴出资能力是两个维度的概念。根据2022年6月中国基金业协会发布的《私募投资基金备案关注要点》第9条第3款规定，投资者认缴金额与实缴金额差异较大的，关注是否出具出资能力证明文件。因此，即使投资者因推定为合格投资者，已豁免资产证明或收入证明文件，但根据基金备案关注点"投资者的实缴出资能力"项下的要求，在投资者认缴金额与实缴金额差异较大时，也需要出具出资能力证明文件，以证明其对基金的认缴金额与其实际出资能力相匹配。

私募基金投资者常常是分层级的，即最初的投资者出资成立投资机构后，投资机构还可以设立不同层级的投资机构。合格投资者穿透监管，要求对各个层级的投资者进行穿透，包括最终的投资者。

第二个问题是合格投资者的人数限制。《基金法》第87条规定："非公开募集基金应当向合格投资者募集，合格投资者累计不得超过二百人。"上述私募基金管理人可以选择三种不同类型的组织形式：公司型、合伙型、契约型。根据对应的《公司法》《合伙企业法》等，公司型基金：有限公司累计不超过 50 人，股份有限公司累计不超过 200 人；合伙型基金：累计不超过 50 人；契约型基金：累计不超过 200 人。

另外，需要注意的是，《若干规定》第 6 条的内容也很重要，在这里要强调一下，该条规定私募基金管理人、私募基金销售机构及其从业人员在私募基金募集过程中不得直接或者间接存在下列行为：（1）向《暂行办法》规定的合格投资者之外的单位、个人募集资金或者为投资者提供多人拼凑、资金借贷等满足合格投资者要求的便利；（2）通过报纸、期刊、电台、电视、互联网等公众传播媒体，讲座、报告会、分析会等方式，布告、传单、短信、即时通讯工具、博客和电子邮件等载体，向不特定对象宣传推介，但是通过设置特定对象确定程序的官网、客户端等互联网媒介向合格投资者进行宣传推介的情形除外；（3）口头、书面或者通过短信、即时通讯工具等方式直接或者间接向投资者承诺保本保收益，包括投资本金不受损失、固定比例损失或者承诺最低收益等情形；（4）夸大、片面宣传私募基金，包括使用安全、保本、零风险、收益有保障、高收益、本金无忧等可能导致投资者不能准确认识私募基金风险的表述，或者向投资者宣传预期收益率、目标收益率、基准收益率等类似表述；（5）向投资者宣传的私募基金投向与私募基金合同约定投向不符；（6）宣传推介材料有虚假记载、误导性陈述或者重大遗漏，包括未真实、准确、完整披露私募基金交易结构、各方主要权利义务、收益分配、费用安排、关联交易、委托第三方机构以及私募基金管理人的出资人、实际控制人等情况；（7）以登记备案、金融机构托管、政府出资等名义为增信手段进行误导性宣传推介；（8）委托不具有基金销售业务资格的单位或者个人从事资金募集活动；（9）以从事资金募集活动为目的的设立或者变相设立分支机构；（10）法律、行政法规和中国证监会禁止的其他情形。

私募基金管理人的出资人、实际控制人、关联方不得从事私募基金募集宣传推介，不得从事或者变相从事前款所列行为。

私募基金募集完毕，私募基金管理人应当按照规定到基金业协会履行备案手续。私募基金管理人不得管理未备案的私募基金。

2. 投资运作

私募基金募集完成后，私募基金管理人就可以寻求投资目标进行投资了。但私募基金投资时需要遵循相应的投资规范：一是要以"私募基金"的名义对外投资。私募基金管理人运用私募基金财产进行投资的，在以私募基金管理人名义开立账户、列入所投资企业股东名册或者持有其他私募基金财产时，应当注明"私募基金"名称。二是要符合私募基金的投资范围。其投资范围包括买卖股份有限公司股份、有限责任公司股权、债券、基金份额、其他证券及其衍生品种以及符合国务院证券监督管理机构规定的其他投资标的。三是不得投向禁止投资的领域。私募基金财产不得用于经营或者变相经营资金拆借、贷款等业务。私募基金管理人不得以要求地方人民政府承诺回购本金等方式变相增加政府隐性债务。

私募基金管理人应当遵循专业化管理原则，聘用具有相应从业经历的高级管理人员负责投资管理、风险控制、合规等工作。根据中国基金业协会发布的《私募投资基金管理人内部控制指引》第8条规定，私募基金管理人应当遵循专业化运营原则，主营业务清晰，不得兼营与私募基金管理无关或存在利益冲突的其他业务。基金监管机构曾经查过一个与此相关的案例：2023年5月5日，中国证券投资基金业协会网站披露的纪律处分事先告知书送达公告显示，经查，深圳雪杉基金管理有限公司（以下简称"雪杉基金"）涉嫌从事违法违规活动，时任高级管理人员黄某应当对此承担法律责任，协会拟对其作出纪律处分，暂停私募备案6个月。该公司违反专业化运营原则的做法包括：其一，2019年5月，雪杉基金与上海阿杏投资管理有限公司（以下简称"上海阿杏"）达成《业务合作协议》，由债券发行人关联方出资认购上海阿杏产品份额，该产品通过雪杉基金在管产品"雪杉夏桐1号私募证券投资基金"最终投向指定债券产品。其二，2019年5月，雪杉基金与株洲新芦淞产业发展集团有限公司（以下简称"株洲新芦淞"）签署《投资合作协议》，约定由指定第三方认购"雪杉夏桐7号私募证券投资基金"，并由该产品购买指定债券。以上行为不符合私募基金管理人专业化运营的要求，违反了《私募投资基金管理人内部控制指引》第8条的规定。

综合私募基金管理人专业化经营相关规定及基金业协会自律处分案例，私募基金管理人在日常经营中可从以下方面对照自查自身是否符合专业化经营原则：（1）名称和经营范围；（2）是否兼营冲突业务；（3）是否涉及间接从事冲突业务；（4）是否变相兼营多种类型的私募基金管理业务；（5）是否从事与私募基金无关业务及主营业务是否突出。

私募基金管理人、私募基金托管人及其从业人员不得有下列行为：（1）将其固有财产或者他人财产混同于私募基金财产；（2）利用私募基金财产或者职务便利，为投资者以外的人牟取利益；（3）侵占、挪用私募基金财产；（4）泄露因职务便利获取的未公开信息，利用该信息从事或者明示、暗示他人从事相关的证券、期货交易活动；（5）法律、行政法规和国务院证券监督管理机构规定禁止的其他行为。

3. 禁止资金池业务

《若干规定》第 9 条规定："……不得开展或者参与具有滚动发行、集合运作、期限错配、分离定价等特征的资金池业务。"这些具有特定含义的术语是何意思呢？私募基金产品的募集是有期限限制的，期限一到，募集终止。在基金产品的存续期间设置开放期，投资者可以不断地申购、赎回，基金管理人进行滚动发行，以实现资金的持续性募集。集合运作，是指将不同期限、不同类型产品募集的资金集合后，投资配置多种底层资产的资产池进行集合运作，导致多个产品同时对应多项底层资产，每只基金产品与底层资产无法实现一一对应。期限错配是指募集的短期资金投放到长期的底层资产，资金来源端和资金投资端的期限存在错配，如将存续期限为 3 年的基金产品投资到期限为 5 年的投资项目中。分离定价指的是对基金投资端的资产估值与该资产的实际价值脱离，即产品在开放申购、赎回或滚动发行时，未按照规定对底层资产进行合理估值，脱离对应底层资产的实际收益率进行分离定价。

受到证券监管机构处罚的违规从事资金池业务的案例包括：2022 年 11 月 30 日，中国证券监督管理委员会深圳监管局行政处罚决定书对深圳万鼎富通股权投资管理有限公司（以下简称"万鼎富通"或"公司"）的违规行为作出处罚决定。万鼎富通存在以下违规事实：自 2019 年 8 月 27 日起至 2022 年 2 月 16 日，公司管理的"万鼎富通人和一号私募股权投资基金"（以下简称"人和一号"）、万鼎恒通一号私募股权投资基金（以下简称"恒通一号"）、万鼎富通君行七号私募股权投资基金（以下简称"君行七号"）三只私募基金，全部投向和其正（深圳）投资中心（有限合伙）、新余福昕投资管理合伙企业（有限合伙）、深圳坤行五号投资合伙企业（有限合伙）、深圳市坤行六号投资合伙企业（有限合伙）、深圳坤行七号投资合伙企业（有限合伙）五个合伙企业（以下统称"特殊目的实体"），在特殊目的实体实现资金汇集和统一调配，私募基金的投资、收益分配均通过特殊目的实体进行集合运作。私募基金财产在投向特殊目的实体后，特殊目的实体将其中部分资金转入投资标的，部分资金直接转至投资者用于分配投资收益，整体资金募集和收益分配上呈现募新还旧特征。人和一号所募集资金自托管账户到账日至实际或计划退出日的期限为 6 至 14 个月，与底层投资标的投资期限不匹配，形成期限错配。人和一号、恒通一号、君行七号私募基金未按照投资标的的实际经营业绩或者收益情况向投资者分配收益，形成分离定价。

因此，监管机构认为，公司管理的人和一号、恒通一号、君行七号三只私募基金，系开展具有集合运作、期限错配、分离定价等特征的资金池业务。处罚结果为：对深圳万鼎富通股权投资管理有限公司给予警告，并处以 3 万元罚款；对公司法人给予警告，并处以 3 万元罚款。

（四）关于创业投资基金的特别规定

1. 概念

创业投资基金是指符合下列条件的私募基金：（1）投资范围限于未上市企业，但所投资企业上市后基金所持股份的未转让部分及其配售部分除外；（2）基金名称包含"创业投资基金"字样，或者在公司、合伙企业经营范围中包含"从事创业投资活动"字样；（3）基金合同体现创业投资策略；（4）不使用杠杆融资，但国家另有规定的除外；（5）基金最低存续期限符合国家有关规定；（6）国家规定的其他条件。

2. 政策支持

国家对创业投资基金给予政策支持，鼓励和引导其投资成长性、创新性创业企业，鼓励长期资金投资于创业投资基金。

国务院发展改革部门负责组织拟定促进创业投资基金发展的政策措施。国务院证券监督管理机构和国务院发展改革部门建立健全信息和支持政策共享机制，加强创业投资基金监督管理政策和发展政策的协同配合。登记备案机构应当及时向国务院证券监督管理机构和国务院发展改革部门报送与创业投资基金相关的信息。

3. 差异化监管

国务院证券监督管理机构对创业投资基金实施区别于其他私募基金的差异化监督管理：（1）优化创业投资基金营商环境，简化登记备案手续；（2）对合法募资、合规投资、诚信经营的创业投资基金在资金募集、投资运作、风险监测、现场检查等方面实施差异化监督管理，减少检查频次；（3）对主要从事长期投资、价值投资、重大科技成果转化的创业投资基金在投资退出等方面提供便利。

登记备案机构在登记备案、事项变更等方面对创业投资基金实施区别于其他私募基金的差异化自律管理。

三、公开募集证券投资基金管理人监管

2022 年 3 月 24 日中国证监会发布《公开募集证券投资基金管理人监督管理办法》（以下简称《监督管理办法》）。

（一）相关概念

公募基金管理人由基金管理公司或者经中国证监会核准取得公募基金管理业务资格的其他资产管理机构（以下简称"其他公募基金管理人"）担任。

基金管理公司是指经中国证监会批准，在中华人民共和国境内设立，从事公募基金管理业务和中国证监会批准或者认可的其他业务的营利法人。

其他资产管理机构，包括在境内设立的从事资产管理业务的证券公司资产管理子公司、保险资产管理公司、商业银行理财子公司、在中国证券投资基金业协会（以下简称"基金业协会"）登记的专门从事非公开募集证券投资基金管理业务的机构以及中国证监会规定的其他机构。未取得公募基金管理业务资格的机构，不得从事公募基金管理业务。

（二）准入条件

设立基金管理公司应当具备下列条件：（1）股东、实际控制人符合《证券投资基金法》和本办法的规定；（2）有符合《证券投资基金法》《公司法》以及中国证监会规定的章程；（3）注册资本不低于 1 亿元人民币，且股东必须以来源合法的自有货币资金实缴，境外股东应当以可自由兑换货币出资；（4）有符合法律、行政法规和中国证监会规定的董事、监事、高级管理人员以及研究、投资、运营、销售、合规等岗位职责人员，取得基金从业资格的人员原则上不少于 30 人；（5）有符合要求的公司名称、营业场所、安全防范设施和与业务有关的其他设施；（6）设置了分工合理、职责清晰的组织机构和工作岗位；（7）有符合中国证监会规定的内部管理制度；（8）经国务院批准的中国证监会规定的其他条件。

基金管理公司股东包括以下三类：（1）主要股东指持有基金管理公司 25%以上股权的股东，如任一股东持股均未达 25% 的，则主要股东为持有 5% 以上股权的第一大股东，中国证监会另有规定的除外；（2）持有基金管理公司 5%以上股权的非主要股东；（3）持有基金管理公司 5% 以下股权的非主要股东。

（三）监督管理

监督管理的主要内容包括：一是基金管理公司发生重大事项的变更，应当报中国证监会批准，并依法公告。二是基金管理公司发生了《监督管理办法》所规定的情形的，应当在 5 个工作日内向中国证监会派出机构备案。三是基金管理公司发生了《监督管理办法》规定情形的，应当在 5 个工作日内向中国证监会派出机构报告。四是基金管理公司股东、股东的实际控制人发生了《监督管理办法》规定情形的，应当在 10 个工作日内向中国证监会派出机构报告，并书面通知基金管理公司。

中国证监会及其派出机构依照法律、行政法规、中国证监会的规定和审慎监管原则对公募基金管理人的公司治理、内部控制、经营运作、风险状况和相关业务活动进行非现场检查和现场检查。

中国证监会及其派出机构可以对公募基金管理人的股东、股东的实际控制人、基金服务机构等进行延伸检查。

四、证券基金经营机构高管监管

2022 年 2 月 18 日，中国证监会发布《证券基金经营机构董事、监事、高级管理人员及从业人员监督管理办法》。这里的高级管理人员是指证券基金经营机构的总经理、副总经理、财务负责人、合规负责人、风控负责人、信息技术负责人、行使经营管理职责并向董事会负责的管理委员会或执行委员会成员，和实际履行上述职务的人员，以及法律法规、中国证监会和公司章程规定的其他人员。从业人员是指在证券基金经营机构从事证券基金业务和相关管理工作的人员。

证券基金经营机构聘任董事、监事、高级管理人员和分支机构负责人，应当依法向中国证监会相关派出机构备案。证券公司从业人员应当符合从事证券业务的条件，并按照规定在中国证券业协会登记；公开募集证券投资基金管理公司从业人员应当符合从事基金业务的条件，并按照规定在基金业协会注册，取得基金从业资格。

证券基金经营机构不得聘任不符合任职条件的人员担任董事、监事、高级管理人员和分支机构负责人，不得聘用不符合从业条件的人员从事证券基金业务和相关管理工作，不得违反规定授权不符合任职条件或者从业条件的人员实际履行相关职责。

证券基金经营机构董事、监事、高级管理人员及从业人员应当遵守法律法规和中国证监会的规定，遵守公司章程和行业规范，恪守诚信，勤勉尽责，廉洁从业，不得损害国家利益、社会公共利益和投资者合法权益。

中国证监会及其派出机构依法对证券基金经营机构董事、监事、高级管理人员及从业人员实施监督管理。

证券业协会、基金业协会等自律管理组织依法对证券基金经营机构董事、监事、高级管理人员及从业人员实施自律管理。

监管的内容包括：一是董事、监事和高级管理人员任职管理；二是从业人员执业管理。

该办法还对董事、监事、高级管理人员及从业人员执业规范和履职限制进行了相关规定。

五、证券投资基金托管业务监管

2013 年 4 月 2 日中国证监会发布《证券投资基金托管业务管理办法》（后经

2020 年 3 月 20 日、2020 年 7 月 10 日两次修订）。

证券投资基金（以下简称"基金"）托管是指由依法设立并取得基金托管资格的商业银行或者其他金融机构担任托管人，按照法律法规的规定及基金合同的约定，对基金履行安全保管基金财产、办理清算交割、复核审查净值信息、开展投资监督、召集基金份额持有人大会等职责的行为。

商业银行及其他金融机构从事基金托管业务，应当经中国证监会核准，依法取得基金托管资格。未取得基金托管资格的机构，不得从事基金托管业务。

基金托管人应当遵守法律法规的规定以及基金合同和基金托管协议的约定，恪守职业道德和行为规范，诚实信用、谨慎勤勉，为基金份额持有人利益履行基金托管职责。

基金托管人的基金托管部门高级管理人员和其他从业人员应当忠实、勤勉地履行职责，不得从事损害基金财产和基金份额持有人利益的证券交易及其他活动。

该办法主要规定了基金托管机构的准入条件以及托管职责的履行等。

六、公开募集证券投资基金信息披露监管

2019 年 7 月 26 日，中国证监会发布《公开募集证券投资基金信息披露管理办法》。

基金信息披露义务人应当以保护基金份额持有人利益为根本出发点，按照法律、行政法规和中国证监会的规定披露基金信息，并保证所披露信息的真实性、准确性、完整性、及时性、简明性和易得性。基金信息披露义务人包括基金管理人、基金托管人、召集基金份额持有人大会的基金份额持有人及其日常机构等法律、行政法规和中国证监会规定的自然人、法人和非法人组织。

基金信息披露义务人应当在中国证监会规定时间内，将应予披露的基金信息通过中国证监会指定的全国性报纸、期刊及指定互联网网站等媒介披露，并保证投资者能够按照基金合同约定的时间和方式查阅或者复制公开披露的信息资料。指定网站包括基金管理人网站、基金托管人网站、中国证监会基金电子披露网站。指定网站应当无偿向投资者提供基金信息披露服务。

基金份额在证券交易所上市交易的，基金信息披露义务人还应当根据证券交易所的自律管理规则披露基金信息。

中国证监会及其派出机构依法对基金信息披露活动进行监督管理。中国证监会根据基金信息披露活动情况，及时制定相关的内容与格式准则、编报规则等；根据基金信息披露活动中存在的技术问题，直接作出或授权指定机构作出规范解答。证券交易所、中国证券投资基金业协会依法对基金信息披露活动进行自律管理。

该办法规定了基金信息披露一般规定、基金募集信息披露、基金运作信息披露、基金临时信息披露、信息披露事务管理、监督管理和法律责任等。

七、政府投资基金监管

2015 年 11 月 12 日，财政部发布《政府投资基金暂行管理办法》，规范政府投资基金的设立、运作和风险控制、预算管理等工作，促进政府投资基金持续健康运行。

政府投资基金是指由各级政府通过预算安排，以单独出资或与社会资本共同出资设立，采用股权投资等市场化方式，引导社会各类资本投资经济社会发展的重点领域和薄弱环节，支持相关产业和领域发展的基金。

（一）政府投资基金的设立

政府出资是指财政部门通过一般公共预算、政府性基金预算、国有资本经营预算等安排的出资行为。财政部门根据本级政府授权或合同章程规定代行政府出资人职责。

政府出资设立投资基金，应当由财政部门或财政部门会同有关行业主管部门报本级政府批准。

各级财政部门一般应在以下领域设立投资基金：（1）支持创新创业。为了加快有利于创新发展的市场环境，增加创业投资资本的供给，鼓励创业投资企业投资处于种子期、起步期等创业早期的企业。（2）支持中小企业发展。为了体现国家宏观政策、产业政策和区域发展规划意图，扶持中型、小型、微型企业发展，改善企业服务环境和融资环境，激发企业创业创新活力，增强经济持续发展内生动力。（3）支持产业转型升级和发展。为了落实国家产业政策，扶持重大关键技术产业化，引导社会资本增加投入，有效解决产业发展投入大、风险大的问题，有效实现产业转型升级和重大发展，推动经济结构调整和资源优化配置。（4）支持基础设施和公共服务领域。为改革公共服务供给机制，创新公共设施投融资模式，鼓励和引导社会资本进入基础设施和公共服务领域，加快推进重大基础设施建设，提高公共服务质量和水平。

设立政府投资基金，可采用公司制、有限合伙制和契约制等不同组织形式。

（二）政府投资基金的运作和风险控制

政府投资基金应按照"政府引导、市场运作、科学决策、防范风险"的原则进行。

政府投资基金募资、投资、投后管理、清算、退出等通过市场化运作。财政部门应指导投资基金建立科学的决策机制，确保投资基金政策性目标实现，一般不参与基金日常管理事务。

政府投资基金在运作过程中不得从事以下业务：（1）从事融资担保以外的担保、抵押、委托贷款等业务；（2）投资二级市场股票、期货、房地产、证券投资基金、评级 AAA 以下的企业债、信托产品、非保本型理财产品、保险计划及其他金融衍生品；（3）向任何第三方提供赞助、捐赠（经批准的公益性捐赠除外）；（4）吸收或变相吸收存款，或向第三方提供贷款和资金拆借；（5）进行承担无限连带责任的对外投资；（6）发行信托或集合理财产品募集资金；（7）其他国家法律法规禁止从事的业务。

（三）政府投资基金的终止和退出

政府投资基金一般应当在存续期满后终止。确需延长存续期限的，应当报经同级人民政府批准后，与其他出资方按章程约定的程序办理。

政府投资基金终止后，应当在出资人监督下组织清算，将政府出资额和归属政府的收益，按照财政国库管理制度有关规定及时足额上缴国库。

政府投资基金中的政府出资部分一般应在投资基金存续期满后退出，存续期未满如达到预期目标，可通过股权回购机制等方式适时退出。

财政部门应与其他出资人在投资基金章程中约定，有下述情况之一的，政府出资可无需其他出资人同意，选择提前退出：（1）投资基金方案确认后超过一年，未按规定程序和时间要求完成设立手续的；（2）政府出资拨付投资基金账户一年以上，基金未开展投资业务的；（3）基金投资领域和方向不符合政策目标的；（4）基金未按章程约定投资的；（5）其他不符合章程约定情形的。

政府出资从投资基金退出时，应当按照章程约定的条件退出；章程中没有约定的，应聘请具备资质的资产评估机构对出资权益进行评估，作为确定投资基金退出价格的依据。

八、典型案例

（一）国家大基金案

国家大基金是国家集成电路产业投资基金的简称，2014 年 10 月 14 日，工信部办公厅宣布国家集成电路产业投资基金已经于 2014 年 9 月 24 日正式设立，国家大基金采用公司制形式，由国开金融、中国烟草、亦庄国投、中国移动、上海国盛、中国电科、紫光通信、华芯投资等企业共同发起成立，基金重点投资集成电路芯片制造业，兼顾芯片设计、封装测试、设备和材料等产业，实施市场化运作、专业化管理。2022 年 7 月以来，涉案的国家大基金高管有 6 人被查：大基金总经理丁某武涉嫌严重违纪违法，经中央纪委国家监委指定管辖，接受中央纪委国家监委驻工业和信息化部纪检监察组纪律审查、北京市监委监察调查，丁某武是大基金一期、二期总经理和董事。国家开发银行国开发展基金管理部原副主任路某涉嫌严重违纪违法，接受中央纪委国家监委驻国家开发银行纪检监察组纪律审查和吉林省监委监察调查。2014 年华芯投资成立时，路某担任华芯投资总裁，参与了大基金大量的投资运作，直到 2020 年底调回国家开发银行工作。华芯投资管理有限责任公司原副总裁高某涛涉嫌严重违法，接受监察调查。2014 年 10 月至 2019 年 11 月，高某涛任华芯投资管理有限责任公司副总裁，后任国家制造业转型升级基金股份有限公司总经理。华芯投资管理有限责任公司原总监杜某、投资三部副总经理杨某帆涉嫌严重违纪违法。华芯投资管理有限责任公司投资二部原总经理刘某（非中共党员）涉嫌严重违法。该案还涉及与大基金投资相关的企业高管多人。

（二）海富公司案

海富公司案被称为中国对赌协议第一案。此案经过一审、二审与最高人民法院的提审三次审理，引发较大的社会影响。一审原告为苏州工业园区海富投资有限公司，被告为香港迪亚有限公司。

基本案情：甘肃世恒原为香港迪亚的全资子公司，注册资本为 384 万美元；2007 年 11 月，甘肃世恒、海富投资、香港迪亚、陆某（甘肃世恒法定代表人）签订了关于甘肃世恒的《增资协议书》，约定海富投资出资 2000 万元对甘肃世恒进行增资，其中 115 万元作为注册资本，1885 万元溢价部分进入资本公积。增资之后甘肃世恒股权结构变更为海富投资占 3.85%，香港迪亚占 96.15%。各方同时设定了两项对赌条款：其一是"赌业绩"，具体为："如果 2008 年，甘肃世恒净利润低于 3000 万元人民币，海富投资有权要求甘肃世恒予以补偿，如果甘肃世恒未履行补偿，海富投资有权要求香港迪亚履行补偿义务"。其二是"赌上市"，如果至 2010 年 10 月 20 日，甘肃世恒无法完成上市，海富投资有权要求香港迪亚回购其持有的甘肃世恒的全部股权，各方并对回购价格进行了详细的约定。随后，各方签署了合资经营合同与公司章程，经商务行政主管机关批准公司变更为中外合资经营企业。2008 年，甘肃世恒利润总额与净利润均只有两万余元，2009 年 12 月，海富投资向法院提起诉讼，要求甘肃世恒、香港迪亚向其支付补偿款 1998 万余元。

法院判决：一审兰州市中级人民法院判决认为，"赌业绩"的约定不符合《中外合资经营企业法》关于企业净利润根据合营各方注册资本的比例进行分配的规定，损害公司利益及公司债权人的利益，该约定同时属于滥用股东权利的行为。因此"赌业绩"的约定违反了法律、行政法规的强制性规定从而无效，故不支持海富投资的诉讼请求。

二审甘肃省高级人民法院判决认为，"赌业绩"的约定违反了投资领域风险共担的原则，使得海富投资作为投资者不论甘肃世恒经营业绩如何，均能取得约定收益而不承担任何风险，因而该约定应属无效。海富投资除已计入甘肃世恒注册资本的 115 万元外，其余 1885 万元资金性质应属名为投资，实为借贷。据此判决甘肃世恒与香港迪亚应共同返还海富投资 1885 万元及占用期间的利息。

最高人民法院再审后判决认为：对赌协议的约定使得海富投资的投资可以

获取相对固定的收益，该收益脱离了世恒公司的经营业绩，损害了世恒公司利益和世恒公司债权人利益，一审法院、二审法院根据原《公司法》第 20 条和《中外合资经营企业法》第 8 条的规定，认定《增资协议书》中的世恒公司对海富投资补偿条款无效是正确的。但《增资协议书》中，迪亚公司对于海富投资的补偿承诺并不损害甘肃世恒及世恒公司债权人的利益，不违反法律法规的禁止性规定，是当事人的真实意思表示，是有效的。最后判决撤销甘肃高院对此案的二审判决，并判决迪亚公司单独向海富投资支付协议补偿款 1998 万元。

（三）徐某操纵证券市场案

2017 年 1 月 23 日，青岛市中级人民法院对被告人徐某、王某、竺某操纵证券市场案进行一审宣判，被告人徐某、王某、竺某犯操纵证券市场罪，分别被判处有期徒刑五年六个月、有期徒刑三年、有期徒刑二年缓刑三年，同时并处罚金。

2010 年至 2015 年，被告人徐某单独或伙同被告人王某、竺某，先后与 13 家上市公司的董事长或实际控制人（均另案处理），合谋控制上市公司择机发布"高送转"方案、引入热点题材等利好消息；徐某、王某基于上述信息优势，使用基金产品及其控制的证券账户，在二级市场进行涉案公司股票的连续买卖，拉抬股价，徐某以大宗交易的方式，接盘上述公司股东减持的股票，上述公司股东将大宗交易减持的股票获利部分，按照约定的比例与徐某等人分成，或者双方在共同认购涉案公司非公开发行的股票后，以上述方式拉抬股价，抛售股票获利，实现股票增值。其中，徐某组织实施了全部 13 起证券交易操纵行为，王某积极参与 8 起证券交易操纵行为，竺某参与 5 起证券交易操纵行为，从中非法获得巨额利益。

法院审理认为，被告人徐某、王某、竺某为谋取非法利益，与他人合谋，利用信息优势连续买卖，操纵证券交易价格和交易量，犯罪数额及违法所得数额特别巨大，情节特别严重，严重破坏了国家对证券交易的管理制度和正常的证券交易秩序，其行为均构成操纵证券市场罪。在共同犯罪中，徐某、王某起主要作用，系主犯；竺某起次要作用，系从犯。王某、竺某主动到案，如实供述犯罪事实，构成自首。徐某、竺某犯罪所得赃款全部被追缴，王某犯罪所得赃款部分被追缴。徐某、王某、竺某对各自的犯罪行为自愿表示认罪认罚，并提交了具结悔过书。3 人违法所得人民币 93 亿元依法上交国库。

参考资料：

1. 文学国：《私募股权基金监管制度研究》，中国社会科学出版社 2020 年版。

2. 李飞：《中华人民共和国证券投资基金法释义》，法律出版社 2013 年版。

第九讲　金融稳定法

本讲的主要内容是《金融稳定法》草案及相关内容。

一、概 念 界 定

(一) 金融稳定的界定

金融稳定的概念目前没有统一的界定，我们先看国际金融机构的界定。

世界银行认为，金融稳定有多种定义。它们中的大多数都有一个共同点，即金融稳定是指不发生金融体系失灵（危机）的全系统事件。它还关乎金融体系对压力的抵御能力。

国际货币基金组织认为，金融稳定是根据其促进和加强经济进程、管理风险和吸收冲击的能力来定义的。此外，金融稳定被认为是一个连续体：随着时间的推移而变化，并与金融构成要素的多种组合相一致。

欧洲中央银行认为，金融稳定可以定义为一种条件，在这种条件下，由金融中介机构、市场和市场基础设施组成的金融体系能够经受住冲击和金融失衡的瓦解。这减轻了金融中介过程中断的可能性，这种中断严重到足以对实体经济活动产生不利影响。

美国联邦储备委员会（以下简称"美联储"）认为，当银行、其他贷款机构和金融市场能够为家庭、社区和企业提供投资、发展和参与一个运转良好的经济所需的融资，并且不会使金融体系更容易受到急剧衰退的影响时，金融体系就被认为是稳定的。相比之下，在一个不稳定的体系中，经济冲击可能会产生更大的影响，扰乱信贷流动，导致就业和经济活动的下降幅度大于预期。

许多著名金融学家与业界领袖也对金融稳定进行过概念界定，现在仅举两例：一例是美国著名的金融学家弗雷德里克·S.米什金，他认为金融稳定缘于建立在稳固的基础上、能有效提供储蓄向投资转化的机会而不会产生大的动荡的金融体系；另一例是国际清算银行前任总经理安德鲁·克罗克特，他也是金融稳定论坛首任主席，他认为金融稳定可包括：（1）金融体系中关键性的金融机构保持稳定，因为公众有充分信心认为这些机构能履行合同义务而无需干预或外部支持；（2）关键性的市场保持稳定，因为经济主体能以反映市场基本因素的价格进行交易，并且该价格在基本面没有变化时短期内不会大幅波动。

从以上概念可知，金融稳定包括以下要素：（1）它是金融系统运行的一种状态，稳健运行，没有超过预期的波动；（2）整个金融系统内部各种类型的金融机构通力协作，配合良好，未发生金融链条的断裂；（3）金融系统能够抵抗各种内外压力；（4）金融与实体经济相互支持，相得益彰。

我国目前还没有从规范性文件的角度对金融稳定的概念进行界定。

（二）金融稳定的衡量标准

世界银行认为，一个稳定的金融体系能够有效地配置资源，评估和管理金融风险，保持就业水平接近经济的自然增长率，消除影响货币稳定或就业水平的实物或金融资产的相对价格波动。当金融体系消除了由内生因素或重大不利和不可预见事件引起的金融失衡时，它就处于一定范围的稳定状态。在稳定状态下，金融体系将主要通过自我纠正机制吸收冲击，防止不利事件对实体经济或其他金融体系产生破坏性影响。

金融稳定对经济增长至关重要，因为实体经济中的大多数交易都是通过金融体系进行的。金融不稳定可能给实体经济带来灾难性后果。只有在金融不稳定时期，金融稳定的真正价值才最能体现出来。在此期间，银行不愿为盈利项目融资，资产价格严重偏离其内在价值，付款可能无法按时到达。严重的不稳定可能导致银行挤兑、恶性通货膨胀或股市崩盘。它会严重动摇人们对金融和经济体系的信心。

衡量金融稳定的标准可以从两个维度进行界定。第一个维度是单个的金融机构。衡量单个机构稳定性的常用指标是标准分数（z-score）。它明确地比较缓冲（资本化和回报）和风险（回报的波动性）来衡量银行的偿付能力风险。z-score 定义为 $z = (k + \mu)/\sigma$，其中 k 是权益资本占资产的百分比，μ 是收益占资产的百分比，σ是资产收益的标准差，代表收益波动率。z-score 之所以受欢迎，是因为它与金融机构破产的概率（即其资产价值低于其债务价值的概率）之间存在明显的（负）关系。因此，较高的 z 分数意味着较低的破产概率。作为衡量金融稳定性的指标，z-score 也存在局限性。首先，z 分数完全基于会计数据。因此，它们只与基础会计和审计框架相同。如果金融机构能够平滑报告的数据，z-score 可能会对金融机构的稳定性提供过于积极的评估。其次，z-score 单独考察了每个金融机构，可能忽略一个金融机构的违约给系统中其他金融机构造成损失的风险。

第二个维度是金融系统。为了衡量系统稳定性，许多研究试图通过平均或加权机构的相对规模，将单个金融机构层面的稳定性指标（z-score 和违约距离）汇总到系统范围的稳定性评估中。这些综合指标的缺点在于，它们没有考虑到金融机构之间的相互关联性，一家机构的失败可能会传染给其他机构。首次违约概率，或在众多机构中观察到一个违约的概率，已被提议作为大型金融机构系统性风险的衡量标准。金融系统稳定性的另一个评估是系统性预期不足（SES），它衡量每个机构对系统风险的单个贡献。SES 将单个机构的杠杆和风险承担考虑在内，并衡量当这些机构倒闭时，银行业对实体经济产生的外部性。该模型尤其擅长识别哪些机构具有系统相关性，如果它们倒闭，将对更广泛的经济产生最大影响。SES 方法的一个缺点是，很难确定具有系统重要性的机构何时可能倒闭。为此，人们开发了一些预测工具，如系统性风险指标（SRISK）。SES 指标的一个假设是，如果一家公司在金融部门整体疲软的情况下有可能面临资金短缺，那么它就具有"系统性风险"。另一个衡量金融稳定性的指标是系统性损失的分配，它试图填补前面讨论的措施的一些空白。它结合了三个关键要素：每个机构的违约概率、违约造成的损失规模，以及由于机构之间的相互联系而导致违约的"传染性"。

此外，还有一系列的金融稳健指标。这些指标包括监管资本与风险加权资产的比率，以及不良贷款与总贷款的比率。这些指标都是作为"财务稳健性指标"的一部分。不良贷款率等变量可能比 z-score 更为人所知，但它们也被认为是稳健性的滞后指标。金融不稳定的另一个替代指标是"过度"信贷增长，这里强调的是"过度"。一个发展良好的金融部门可能会增长，但信贷的快速增长是与银行危机相关的最强大的共同因素之一。事实上，新兴市场约 75％ 的信贷繁荣以银行危机告终。信贷增长指标也有利弊：虽然衡量信贷增长很容易，但很难事先评估信贷增长是否过度。

美联储认为，金融系统提供的资源和服务包括：向企业和家庭提供贷款和信贷额度，如抵押贷款和信用卡；支票账户、储蓄账户和退休账户，以及许多其他储蓄产品；以及证券承销、经纪服务、现金管理和其他复杂金融系统的关键产品。美国和全球金融体系的关键参与者包括放贷者和储蓄者，他们通过各种市场和中介机构与借款人和贷款者配对。美联储监督和评估这些参与者之间的相互作用，以及由此可能产生的金融脆弱性。这项工作为美联储促进金融体系弹性的行动提供了参考。美联储直接与其他国内机构合作，并通过金融稳定监督委员会（FSOC）监测金融稳定的风险，并采取监督和监管措施，以减轻金融不稳定的风险和后果。

二、责 任 机 构

（一）国际金融稳定理事会

国际金融稳定理事会（The Financial Stability Board，FSB）是一个负责监督全球金融体系并提出建议的国际机构。国际金融稳定理事会的前身为金融稳定论坛（FSF），是七个发达国家（G7）为促进金融体系稳定而成立的合作组织。国际金融稳定理事会根据 2009 年 4 月二十国集团（G20）伦敦峰会宣言正式组建，成员包括二十国集团成员国和相关经济体及有关国际组织，是二十国集团领导人倚重和国际公认的推动全球金融标准制定与执行的核心机构。我国于 2009 年 5 月加入国际金融稳定理事会。中国人民银行、财政部、原银监会、证监会、原保监会等部门通过多种形式参与理事会工作，在参与国际金融监管标准制定和推进国内金融监管改革方面作出了积极贡献。

国际金融稳定理事会促进国际金融稳定，它通过协调各国金融当局和国际标准制定机构制定强有力的监管、监督和其他金融政策来实现这一目标。它鼓励跨部门和司法管辖区协调一致地实施这些政策，从而营造公平竞争的环境。国际金融稳定理事会通过其成员的努力，寻求加强金融体系，提高国际金融市场的稳定性。为实现这一议程而制定的政策由司法管辖区和国家当局执行。更具体地说，成立国际金融稳定理事会的目的是：评估影响全球金融体系的脆弱性，并从宏观审慎的角度及时和持续地确定和审查应对这些脆弱性及其后果所需的监管、监督和相关行动；促进负责金融稳定的主管部门之间的协调和信息交流；监察市场发展及其对监管政策的影响，并提出意见；监督和建议符合监管标准的最佳做法；对国际标准制定机构进行联合战略审查，并协调其各自的政策制定工作，以确保这项工作及时、协调、专注于优先事项并解决差距；制定监督机构建设和支持的指导方针；支持跨境危机管理的应急计划，特别是对具有系统重要性的金融机构；与国际货币基金组织合作开展预警工作；通过监测执行情况、同行评审和披露，促进成员司法管辖区落实商定的承诺、标准和政策建议。

国际金融稳定理事会的组织架构。国际金融稳定理事会的结构包含一个框架，用于识别金融部门的系统性风险，制定可以解决这些风险的政策部门政策行动，并监督这些应对措施的实施。国际金融稳定理事会的结构包括作为唯一决策机构的全体会议、在全体会议之下设立推进业务工作的指导委员会和三个常设委员会，每个常设委员会对上述进程负有具体但互补的责任：（1）脆弱性评估常设委员会（SCAV），这是国际金融稳定理事会识别和评估金融体系风险的主要机制；（2）监督和监管合作常设委员会（SRC），负责对 SCAV 确定的重大脆弱性进行进一步的监管分析或制定监管政策；（3）标准执行常务委员会（SCSI），负责监督金融稳定理事会商定的政策措施和国际标准的执行情况。

此外，预算和资源常设委员会（SCBR）负责监督国际金融稳定理事会的资源和预算，并在必要时向全体会议提出建议。国际金融稳定理事会的决定对其成员没有法律约束力——相反，该组织通过道德劝说和同行压力来运作，以制定国际认可的政策和最低标准，其成员承诺在国家层面实施这些政策和标准。作为成员义务，国际金融稳定理事会成员承诺致力于维护金融稳定，保持金融部门的开放和透明度，实施国际金融标准（包括 15 项关键国际标准和准则），并同意接受定期同行审议，并使用国际货币基金组织/世界银行公共金融部门评估计划（FSAP）报告作为证据。国际金融稳定理事会成员遵守国际标准对于增强国际金融稳定理事会在所有国家和司法管辖区加强遵守国际标准的努力的可信度至关重要。他们承诺执行国际财务准则并披露其遵守程度，反映了他们以身作则的意图。国际金融稳定理事会将推动一场力争上游的竞赛，同行的鼓励将激励所有国家和司法管辖区提高对国际金融标准的遵守程度。

（二）中国人民银行金融稳定局

2009 年 2 月，中国人民银行设立金融稳定局。2019 年 2 月，中央机构编制委员会办公室公布《中国人民银行职能配置、内设机构和人员编制规定》，中国人民银行设金融稳定局，监测和评估系统性金融风险，牵头提出防范和化解风险的政策建议、处置方案并组织实施。牵头跨市场跨业态跨区域金融风险识别、预警和处置，以及资产管理业务等交叉性金融业务的基本规则拟订、监测分析和评估。推动实施国家金融安全审查工作。承担运用中央银行资金的金融机构重组方案的论证审查工作，参与有关机构市场退出或重组等工作。按规定管理中国人民银行在金融风险处置中形成的资产，对因化解金融风险而使用中央银行资金机构的行为进行检查监督；组织实施存款保险制度，根据授权管理存款保险基金。

中国人民银行自 2015 年开始每年发布《中国金融稳定报告》，对上一年度的国家金融稳定情况进行评估与报告。

三、金融风险防范

（一）建立金融业准入规制

任何单位和个人未经批准不得设立金融机构，不得从事或者变相从事金融业务活动。实际上，我国各类金融机构都要事先获取审批才能从事金融业务，未经审批机构批准，不得从事金融业务。但一段时间以来，互联网平台公司通过用于平台销售的支付工具介入金融业务，或者以金融科技公司名义从事金融中介业务，如 P2P 业务。这些从事金融业务的科技公司并非真正意义上的金融机构，因此，它们的业务不受金融监管机构的监管，同时，监管它们的是其他政府部门，但这些政府部门并不承担金融监管职能。在监管真空的情况下，这些互联网金融公司进行了许多违规经营活动，风险得不到相应的控制，最终造成大量投资人的投资损失，引发了巨大的社会风险。最终政府着力整顿 P2P 公司，同时规范平台公司的经营行为，剥离平台公司的金融业务，回归主业，规范经营。

金融业的准入规则还涉及金融机构的股东资格问题。金融机构的主要股东、实际控制人应当具有良好的资本实力、财务状况和诚信记录，符合法律、行政法规规定的审慎性条件。非金融企业作为金融机构主要股东或者实际控制人的，还应当具有规范的公司治理结构、清晰的股权架构以及健全的风险管理和内部控制机制。金融机构的股东出资也应受到监管，股东应当以自有资金出资，国家另有规定的，从其规定。金融机构的股东不得虚假出资、循环注资、抽逃资本，不得违规占用金融机构资金。金融机构不得隐瞒真实财务数据或者提供虚假财务会计报告。金融机构的股东、实际控制人不得违规转移金融机构资产，不得滥用股东有限责任和实际控制权损害金融机构、其他股东、债权人以及其他利益主体的合法权益。

金融机构的实际控制人不得以股权代持、隐匿关联交易等方式掩盖实际控制权。

（二）防范系统性金融风险

2008 年 11 月 15 日，二十国集团（G20）峰会的《华盛顿宣言》对美国次贷危机引发的全球金融危机的根源有如下描述：近年来，全球经济增势强劲，并长期保持稳定，资本流动加快，市场参与者追逐更高收益，却未恰当评估风险和应履行的责任。与此同时，宽松的承销标准、风险管理措施不到位、日益复杂和不透明的金融产品，以及随之产生的过度杠杆操作，共同造成金融体系的脆弱性。在一些发达国家，决策者、监管者和监督者未能充分评估并解决金融市场不断累积的风险，未能跟上金融创新步伐，未能考虑国内监管行动带来的系统性后果。

总的来看，系统性风险的成因可大致划分为内部因素和外部因素。

从内部因素看，金融的脆弱性、市场主体的有限理性和资产价格波动性等因素决定了金融体系具有内在不稳定性。一是金融体系具有内在的脆弱性。马克思、费雪、凯恩斯等经济学家分别从货币特征和职能、货币供求平衡、宏观经济周期对金融周期的影响等方面对金融体系脆弱性进行过早期研究，在此之后，海曼·P.明斯基（Hyman P.Minsky）（1978）提出的"金融不稳定假说"、戴蒙德和迪布维格（Diamond and Dybvig）（1983）提出的 D-D 模型、简·A.克瑞格（Jan A.Kregel）的"安全边界假说"以及斯蒂格利茨和韦斯（Stiglitz and Weiss）（1981）对信贷市场信息不对称的研究等，奠定了金融脆弱性理论的基础。具体而言，资产价格波动、信息不对称、金融自由化（以金融创新、利率汇率市场化、资本自由流动、金融混业经营为主要内容）都是金融脆弱性的根源。二是金融市场的过度创新以及金融交易中杠杆工具的过度运用，导致金融产品和金融交易复杂程度大幅提升，削弱了金融体系对冲击的吸收能力，加剧了金融风险，并加大了顺周期效应。三是金融机构之间的业务及资产负债关联性，以及风险同质化成为系统性风险的重要来源。查克拉博蒂（Chakravort）（2000）提出，系统性金融风险来源于金融机构通过同业往来而相互持有头寸，以及因持有结构相似的资产组合导致的相关性。格拉姆利克（Gramlich）（2011）提出，银行的脆弱性是因为银行之间在业务和资产头寸方面具有关联性，对风险构成放大机制而形成的。四是"影子银行"体系增加了风险爆发的可能性，并且助推了系统性风险的传播。五是系统重要性金融机构（SIFIs）成为系统性金融风险的重要来源。FSB（2010）将由于规模、复杂性和系统关联性等原因导致经营失败，进而会给整个金融系统乃至实体经济带来显著破坏的金融机构定义为SIFIs。SIFIs是金融体系网络内的重要节点，一旦SIFIs出现风险，将通过这种密切关联对相关金融机构造成风险传染，直至扩大到整个金融市场。六是金融体系内部广泛存在的道德风险。柯赛蒂（Corsetti）、佩森蒂和鲁比尼（Pesenti and Roubini）（1999）建立了货币危机的道德风险模型，提出金融机构由于缺乏必要的监管，特别是得到政府直接或隐性担保时，道德风险问题将导致金融机构过度承担风险。

从外部因素看，经济周期和政策干预是两个长期的主要来源。经济周期的影响表现为两个方面：一方面是当经济下滑时，由于企业和个人的财务状况恶化导致金融机构不良贷款上升、资产质量下降，影响存款人和投资者对金融体系的信心，严重情况下引发银行挤兑或恐慌性资产抛售，在金融系统内在关联性的作用下，风险会快速在金融机构间蔓延、扩大，最终使金融体系出现系统性危机；另一方面，金融行业在资本充足率监管、贷款损失拨备、公允价值会计原则等方面具有日益明显的顺周期性，体现为金融体系对实体经济的信贷供给在经济上行期增加，在经济下行期减少，放大了经济短期波动。而政府干预导致系统性金融风险的原理是，宏观经济有自我运行的内在规律，政府干预可以在短期内平滑经济的周期性波动，但长期看却干扰了经济的自发调节机制，反而可能积累更大的系统性风险。"泰勒规则"的创立者，美国经济学家约翰·B.泰勒认为，2007年次贷危机正是美国联邦政府的政策和干预行动造成和延长的。总之，金融危机往往是金融体系的内在脆弱性和外部因素相互作用、共同演化的最终结果。

需要对系统风险和系统性风险（Systemic Risk vs. Systematic Risk）作一区分：系统风险描述的是一个事件，可以引发一个特定行业或更广泛的经济的重大崩溃。系统性风险是普遍存在的、影响深远的、持续存在的市场风险，反映了各种麻烦因素。系统风险通常是对系统的一种完全的外生冲击，比如2008年金融危机期间倒闭的一家主要银行可能引发大规模市场内爆的威胁。系统性风险是指由多种因素（包括经济、利率、地缘政治问题、企业健康和其他因素）共同导致的总体、日常、持续的风险。系统风险和系统性风险都是对金融市场和经济的危害，但产生这些风险的原因和管理方法不同。系统风险是指公司或行业层面的风险可能引发巨大崩溃的风险。系统性风险是整个市场固有的风险，可归因于经济、社会政治和市场相关事件等多种因素。

系统风险更难量化和预测，而系统性风险则更容易量化和预测（在某些情况下）。系统风险指的是一家企业、一个部门、一个行业、一个金融机构或整个经济完全失败的风险。它也可以用来描述小而具体的问题，比如银行账户或网站用户信息的安全漏洞。更大、影响范围更广的问题包括金融体系崩溃引发的广泛经济危机。"系统"这个词本身主要用来描述影响一个人整个身体的特定健康问题。后来，这一描述被用来解释较小的金融问题可能对经济或金融体系产生危险影响的方式。

虽然系统风险有点不固定，但系统性风险有一个更常见的含义。这一术语经常与"市场风险"互换使用，指的是整体市场存在的风险，无法通过分散投资组合或持有资产来解决。经济衰退、经济疲软时期、战争、利率上升或停滞、货币或大宗商品价格波动，以及其他重大问题，都可能引发广泛的市场风险。虽然系统风险无法通过不同的资产配置策略来消除，但它是可以管理的。

特定于企业或行业且可修复的市场风险被称为非系统性风险或特殊风险。对于系统性风险，多样化无济于事。这是因为风险远不止一个行业或一家公司。

希望降低系统性风险的投资者可以确保他们的投资组合包括各种资产类别，如股票、固定收益、现金和房地产，因为每一种资产类别都会对重大系统性变化作出不同的反应。

2008年雷曼兄弟控股公司（Lehman Brothers Holdings Inc.）的倒闭就是一

个系统风险的例子。这家全球性金融服务公司申请破产后，整个金融系统和经济都受到了冲击。由于雷曼兄弟是一家大公司，而且在经济体系中牵涉广泛，它的倒闭导致了多米诺骨牌效应，给全球金融体系带来了重大风险。

任何在 2008 年投资股市的人都看到，他们的投资价值在这次经济事件后发生了巨大的变化。这次衰退以不同的方式影响了资产类别：风险较高的证券被大量抛售，而美国国债等简单的资产则升值。

系统性风险是由宏观经济因素引起的。它也被称为"市场风险"或"不可分散风险"、"波动风险"，因为它超出了特定公司或个人的控制范围，因此不能分散。所有的投资和证券都有这种风险。不能通过增加股份来消除这种风险。

这种风险包括日常生活中发生的所有不可预见的事件，从而使其超出投资者的控制范围。系统性风险影响的是整个行业，而不是单个公司或证券。

例如，通货膨胀和利率变化会影响整个市场。因此，人们只能通过不投资任何风险资产来避免它。更多系统性风险的例子包括法律变化、税收改革、利率上调、自然灾害、政治不稳定、外交政策变化、货币价值变化、银行倒闭和经济衰退。

系统性风险与非系统性风险的区别很重要。非系统性风险主要是在每个投资中都存在的行业或公司的特定风险。这种风险也是不可预测的，随时都可能发生。例如，制造企业的工人进行罢工，导致该企业的股价下跌。两者的区别为：非系统性风险与特定行业、部门或证券相关，而系统性风险是与整个市场或部门相关的损失。非系统性风险是由内部因素引起的，是可以控制或降低的。系统性风险是不可控的。非系统性风险影响某一家公司的股票，而系统性风险影响市场上几乎所有的证券。我们可以利用多样化来消除非系统性风险。然而，只使用对冲和资产配置方法就可以控制系统性风险。

防范系统性风险的一个重要措施就是要加强金融监管机构之间的协作，形成监管合力。中国人民银行会同有关部门建立覆盖主要金融机构、金融市场、金融基础设施和金融活动的宏观审慎政策框架、治理机制和基本制度，运用宏观审慎政策工具，防范系统性金融风险。国务院金融管理部门、省级人民政府建立所监管行业、区域金融风险监测预警机制，加强金融风险监测预警。存款保险基金管理机构、行业保障基金管理机构依法监测行业金融风险。发现可能引发重大金融风险的事件、情形，应当及时采取控制措施并按照程序向国家金融稳定发展统筹协调机制报告。

四、金融风险化解

（一）金融机构的风险化解措施

金融机构发生监管指标异常波动等风险情形的，应当区别情形依法采取降低资产负债规模、暂停有关业务、清收盘活资产、补充资本、暂停分配红利、限制董事、监事、高级管理人员薪酬等措施主动化解风险，同时改进公司治理和内部控制，依法追究相关责任人员的责任。

（二）地方政府风险化解职责

地方人民政府监管的地方金融机构发生了金融风险后，地方人民政府要承担风险化解职责。地方人民政府对可能影响区域稳定的金融风险，应当区别情形在职责范围内采取下列措施主动化解：（1）支持金融机构清收处置资产和追赃挽损，依法打击逃废债务行为；（2）协调组织金融机构以市场化方式盘活存量资产、引入社会资本和实施债务重组；（3）维护区域信用环境和金融秩序；（4）及时澄清误导信息和虚假信息；（5）法律、行政法规规定的其他措施。地方人民政府应当依法追究相关责任主体的责任。

（三）金融监管机构的早期纠正和监管

金融机构发生监管指标异常波动等风险情形的，国务院金融管理部门应当提出风险警示，可以约谈董事、监事、高级管理人员、主要股东、实际控制人，责令限期整改；逾期未改正，或者监管指标恶化、危及自身或者金融市场稳健运行的，国务院金融管理部门可以区别情形按照职责分工采取下列措施：（1）限制高风险业务，停止批准开办新业务；（2）限制分配红利，限制董事、监事、高级管理人员的薪酬和其他收入；（3）限制资产转让、控制重大交易授信，责令出售部分资产、降低杠杆率；（4）发生影响持续经营的事件、情形的，责令对资本等损失吸收工具实施减记或者转股；（5）停止批准增设分支机构；（6）责令按照恢复与处置计划等要求限期补充资本；（7）责令调整负有责任的董事、监事、高级管理人员或者限制其权利；（8）责令负有责任的股东转让股权或者限制其股东权利；（9）法律、行政法规规定的其他措施。

金融机构经验收达到整改要求的，国务院金融管理部门应当解除或者终止所采取的措施。

（四）存款保险机构的早期纠正职责

存款保险基金管理机构应当依照法律、行政法规实施早期纠正措施。投保机构未按照要求改进的，存款保险基金管理机构可以提高存款保险费率。

投保机构符合接管、重组、撤销等条件的，存款保险基金管理机构可以建议国务院银行业监督管理机构实施处置。投保机构存在违法违规行为的，存款保险基金管理机构可以建议国务院金融管理部门实施处罚。

五、金融风险处置

（一）风险处置工作机制

金融风险处置机构为处置金融风险，可以依法实施促成重组、接管、托管、撤销或者申请破产，实现被处置金融机构恢复正常经营或者平稳有序退出。

金融风险处置责任分工按照下列原则确定：（1）被处置金融机构及其主要股东、实际控制人承担风险处置的主体责任，被处置金融机构应当穷尽手段自救、切实清收挽损，被处置金融机构的股东依法吸收损失；（2）存款保险基金、行业保障基金依法履行风险处置、行业救助职责，发挥市场化法治化处置平台作用；（3）省级人民政府负责处置辖区内农村合作金融机构风险、非金融企业引发的金融风险以及按照国家金融稳定发展统筹协调机制要求牵头处置的其他金融风险；（4）国务院金融管理部门负责处置所监管行业、机构和市场的风险，国务院另有规定的，从其规定；（5）中国人民银行牵头处置系统性金融风险，履行最后贷款人职责；（6）财政部门依法参与处置系统性金融风险，并按规定履行相关职责，其他有关部门依法对金融风险处置提供支持。

国家金融稳定发展统筹协调机制负责认定风险外溢性强、波及范围广、影响程度深、可能严重危害金融稳定的重大金融风险，统筹指挥开展应急处置，议定处置方案，按照程序报批后实施。情况特别紧急、必须临时处置的，国家金融稳定发展统筹协调机制应当快速决策，按程序请示报告后依法采取必要措施。

国家金融稳定发展统筹协调机制成员单位、地方人民政府、存款保险基金管理机构、行业保障基金管理机构应当按照职责分工及时落实应急处置方案。被处置金融机构及其主要股东、实际控制人应当严格执行应急处置方案规定的各项措施。相关金融基础设施应当服从风险处置安排，维持稳健运营。国家金融稳定发展统筹协调机制办公室负责督促应急处置方案的落实。

（二）风险处置资金来源

金融风险处置过程中，应当按照下列顺序使用资金、资源：（1）被处置金融机构的主要股东和实际控制人按照恢复与处置计划或者监管承诺补充资本，对金融风险负有责任的股东、实际控制人对被处置金融机构实施救助；（2）调动市场化资金参与被处置金融机构并购重组；（3）存款保险基金、行业保障基金依法出资；（4）危及区域稳定，且穷尽市场化手段、严格落实追赃挽损仍难以化解风险的，省级人民政府应当依法动用地方公共资源，省级财政部门对地方财政资金的使用情况进行财务监督；（5）重大金融风险危及金融稳定的，按照规定使用金融稳定保障基金。

（三）金融稳定保障基金

2022年3月5日李克强总理在第十三届全国人民代表大会第五次会议上所作的《政府工作报告》首次提出了我国要建立"金融稳定保障基金"，要求"压实地方属地责任、部门监管责任和企业主体责任，加强风险预警、防控机制和能力建设，设立金融稳定保障基金，运用市场化、法治化方式化解风险隐患，牢牢守住不发生系统性风险的底线"。

2022年3月25日，国务院发布《关于落实重点工作分工的意见》（国发〔2022〕9号）明确提出"9月底前完成金融稳定保障基金筹集相关工作"，同时这项工作由中国人民银行牵头，国家发改委、司法部、财政部、银保监会、证监会和国家外管局等按职责分工推进。2022年7月21日下午，国新办就2022年上半年银行业、保险业运行发展情况举行发布会。银保监会新闻发言人、法规部主任綦相在会上表示，金融稳定保障基金基础框架初步确立，首批646亿元资金筹集到位。

对于金融稳定保障基金，我们还不熟悉，不如先看一下国际上已有的经验。

1. 国际经验

（1）美国有序清算基金。有序清算基金（Orderly Liquidation Fund，OLF）由美国 2010 年《多得—弗兰克法案》规定，该法规定了"生前遗嘱"和"有序清算制度"两项重要的金融监管制度，用以对陷入危机的系统重要性金融机构进行有序处置。《多得—弗兰克法案》将金融机构分为四类：银行控股公司、由美联储监管的非银行金融机构、金融公司、除存款类机构和保险公司以外的前三类公司的子公司。判断金融公司是否有问题需要由美国财政部长决定。美国联邦存款保险公司（FDIC）对陷入危机的重要金融机构进行接管和清算，并且只对控股公司进行处置，其子公司的业务正常营运。"有序清算制度"脱胎于存款类金融机构的清算模式并结合了非银行金融机构的特点，由美国财政部协调提供处置系统重要性金融机构过程中产生的各项费用，即有序清算基金，联邦存款保险公司担任系统重要性金融机构的破产管理人并对有序清算基金进行管理。显然，该制度融合了普通破产法制度和行政接管制度，可减少系统重要性金融机构引发的系统风险和道德风险，因此，有序清算制度更加重视对金融稳定的保护和对道德风险的防范。

有序清算基金不需要事先向金融机构筹集基金，当需要处置基金时，由美国存款保险公司向财政部发行债券，由需要处置的问题金融机构向存款保险公司提供资金偿还计划。问题金融机构以其资产及其子公司的资产做抵押，如果抵押的资产不能足额偿付处置基金，联邦存款保险公司将开展风险评估，由其他适格的金融机构来对过桥机构提供担保，即通过购买债券的方式来获得有序清算基金，避免处置基金受损。有序清算基金相当于政府提供给问题金融机构的贷款，最后通过作为法定清偿顺序中的管理费用进行优先偿还。美国的有序清算制度解决了金融机构"大而不能倒"的问题，通过对系统重要性金融机构的清算使其有序退出，对于防范金融系统性风险起到了重要作用。

（2）欧盟单一处置基金。单一处置基金（Single Resolution Fund，SRF）由欧盟所创。欧盟是国家联盟，为协调成员国共同应对金融危机，需要建立统一的处置机制。2012 年 6 月，欧盟理事会决定建立银行业单一处置机制（Single Resolution Mechanism，SRM）。2012 年 12 月，欧盟理事会、欧盟委员会、欧洲央行、欧元集团的四位领导人共同提交一份报告（Four Presidents' Report），强调

SRM 的创建是欧元区金融框架整合的需要，目的在于减少问题银行处置中的国家资助，从而减少市场扭曲，为市场运行提供公平的竞争环境。经欧洲议会、欧盟委员会和理事会共同同意，2014 年 7 月 15 日通过了建立单一处置规则及程序的 SRM 指令（EU Regulation 806/2014），2014 年 5 月 21 日欧盟 26 个成员国签署了一项有关单一处置基金（SRF）的政府间协定（Inter-government Agreement），对 SRF 的事先认缴进行了规定。此外，欧洲议会及理事会依据一般立法程序分别于 2014 年 4 月 15 日及 2014 年 5 月 15 日通过了建立单一处置架构的《银行恢复与处置指令》。其中，《银行恢复与处置指令》提供实体性规则，对处置的启动、程序、主体及客体、义务关系、恢复计划及处置计划、政策工具等作了详细规定。单一处置基金由单一处置委员会（SRB）负责管理，SRM 指令则就欧盟单一处置委员会的建立、职权及运行等加以规定。

欧盟单一处置机制旨在让银行债权人"自救"（bail-in）而非接受政府"援助"（bail-out），主要目的是化解银行与主权国家互相拖累的局面，并将把跨境财政转移的风险减小到最低。

处置基金的来源为自 2016 年 1 月 1 日起的 8 年募集期间内，基金可以运用的资金规模应不低于参与成员国所有银行存款总额的 1%，约 550 亿欧元。SRM 所覆盖的金融机构须进行事前认缴。每个机构必须至少每年认缴一次，并根据参与成员国所有机构的负债比例计算出的净认缴额和风险调整认缴额来确定认缴的金额。

对问题银行的处置方法为需要处置的银行、子公司、过渡银行或资产管理公司提供担保或者贷款；购买处置银行的资产；向过渡银行或者资产管理机构收取认缴资金；向股东或者债权人支付补偿；基金用来为过渡银行或者资产管理实体提供资本，但不应被直接用以吸收一家企业的损失或直接用于资本重组。

（3）德国金融市场稳定基金。2008 年国际金融危机发生后，为了应对金融危机带来的对金融市场的冲击，德国政府于当年颁布了《金融市场稳定基金法》《金融市场稳定基金法执行条例》以及《加速和简化在危机状态下通过金融稳定基金收购金融企业股份法》三部法律，合称《金融市场稳定法》。在《金融市场稳定法》框架下，德国金融市场稳定基金（FMS）于 2008 年 10 月 17 日获批成立。该基金设计总额为 4800 亿欧元，其中 65% 由联邦政府出资，剩余 35% 由各联邦州承担。德国联邦政府成立了专门的工作领导小组，由总理府、财政部、司法与消费者保护部、经济与能源部、各联邦州代表及德国联邦银行的代表组成。该领导小组主要负责基金的运行，并由财政部最终决定相关措施。该基金原计划执行至 2009 年 12 月 31 日。截至 2009 年底，该基金向德国金融机构提供的贷款及担保等共计 4000 亿欧元。出于更长远考虑，德国政府将该基金的运行时间延长，直到欧盟统一的银行清算机制将其取代。该基金的救助机构对象只限于在金融危机期间，因为流动性资金不足而处于危险状态的金融企业，而对由于自身经营不善而处于危险状态的金融企业不采取救助。

2. 中国实践

（1）深圳市证券市场调节基金。深圳证券交易所在 1991 年 4 月 11 日正式成立之前已经进行了试营业，但从 1990 年 12 月以来，深圳股市一直下跌，深交所成立之后，这一状况也没有实质性改变，甚至出现过零成交的情况。深圳政府采取了降低印花税税率、央行降低利率等措施均未有效阻止这种跌势。

1991 年 9 月，深圳市政府成立了深圳市证券市场调节基金，政府通过调节基金干预证券市场，深市见底回升。1991 年 10 月 1 日深圳市人民政府发布《深圳市证券市场调节基金管理暂行办法》，第 2 条规定了调节基金设立的目的："建立调节基金，是为了在股票市场剧烈波动的非常时期，平抑股价，防止大起大落，促进股票市场健康发展。调节基金不以盈利为目的，由调节基金管理小组负责管理和使用。调节基金投资者享有所有权并分担风险和收益。"调节基金的资金来源由四个部分组成：证券交易时依率征收的印花税、经批准上市的股票溢价发行收入（扣除票面价值后）中提取 5%—10%，文件发出时计提 5%、基金专户储存利息收入和其他收入及经市政府或市证券市场领导小组批准拨入的其他资金。基金由深圳市财政局设立专户储存，专款专用，指定专人办理具体业务。

（2）证券投资者保护基金。2005 年 6 月，国务院批准中国证监会、财政部、中国人民银行发布《证券投资者保护基金管理办法》（2016 年修订），设立国有独资的中国证券投资者保护基金有限责任公司，负责基金的筹集、管理和使用。2005 年 8 月 30 日，中国证券投资者保护基金有限责任公司成立，由国务院出资，财政部一次性拨付注册资金 63 亿元。投保基金公司归中国证监会管理。其在证券公司出现关闭、破产等重大风险时依据国家政策保护投资者权益，通过简捷的渠道快速地对投资者特别是中小投资者予以保护，有助于稳定市场，防止证券公司个案风险的传递和扩散等。证券投资者保护基金来源为：第一，上海、深圳证券交易所在风险基金分别达到规定的上限后，交易经手费的 20% 纳入基金。第二，所有在中国境内注册的证券公司，按其营业收入的 0.5%—5% 缴纳基金，经营管理和运作水平较差、风险较高的证券公司，应当按较高比例缴纳基金；各证券公司的具体缴纳比例由基金公司根据证券公司风险状况确定后，报中国证监会批准，并按年进行调整；证券公司缴纳的基金在其营业成本中支出。第三，发行股票、可转债等证券时，申购冻结资金的利息收入。第四，依法向有关责任方追偿所得和从证券公司破产清算中受偿收入。第五，国内外机构、组织及个人的捐赠。第六，其他合法收入。根据《管理办法》第 19 条的规定，基金的用途为：（1）证券公司被撤销、被关闭、破产或被证监会实施行政接管、托管经营等强制性监管措施时，按照国家有关政策规定对债权人予以偿付；（2）国务院批准的其他用途。为处置证券公司风险需要动用基金的，证监会根据证券公司的风险状况制定风险处置方案，基金公司制定基金使用方案，报经国务院批准后，由基金公司办理发放基金的具体事宜。基金公司使用基金偿付证券公司债权人后，取得相应的受偿权，依法参与证券公司的清算。根据中国证券投资者保护基金有限责任公司官网披露的信息，已经专项补偿的上市公司有紫晶存储、欣泰电气、万福生科、海联讯四家公司。

（3）保险保障基金。1995 年《保险法》第 96 条规定："为了保障被保险人的利益，支持保险公司稳健经营，保险公司应当按照金融监督管理部门的规定提存保险保障基金。保险保障基金应当集中管理，统筹使用。"这是首次对保障基金的宗旨、提存和管理进行的原则性规定。1996 年 7 月，中国人民银行发布《保险管理暂行规定》第 32 条规定："保险公司按当年保险费收入的 1% 提取保险保障基金，该项基金提取金额达到保险公司总资产的 10% 时，停止提取该项基金；保险保障基金应单独提取，专户存储于中国人民银行或中国人民银行指定的商业银行。"1997 年 5 月，财政部发布《关于保险公司保险保障基金有关财务管理的通知》，允许保障基金在成本中列支，并规定保障基金的资金运用仅限于存入四家国有独资商业银行和购买政府债券。1999 年财政部发布《保险公司财务制度》规定："公司应按当年自留保费收入的 1% 提取保险保障基金，达到总资产的 6% 时，停止提取。财产保险、人身意外伤害保险、短期健康保险业务、再保险业务提取保险保障基金；寿险业务、长期健康保险业务不提取保险保障基金。"

2002 年《保险法》规定，保障基金使用的具体办法由保险监督管理机构制定。2004 年 12 月 30 日，中国保监会发布《保险保障基金管理办法》。该《办法》规定，保障基金分为财产保险公司保障基金和人寿保险公司保障基金；保障基金由中国保监会集中管理，统筹使用；保障基金理事会负责对保障基金的管理和使用实施监督。2005 年 3 月，中国保监会发布《关于缴纳保险保障基金有关问题的通知》，要求各保险公司将截至 2004 年末累计已提取的保障基金，于 2005 年内分两批缴入中国保监会开立的保障基金专户。自此，保障基金实现了集中管理。

2006 年 2 月，保障基金理事会成立，理事单位包括有关部委和保险公司。理事会负责对保障基金的管理和使用实施监督。

2008 年 9 月，中国保监会、财政部、中国人民银行共同制定并发布新的《保险保障基金管理办法》，设立中国保险保障基金有限责任公司，依法负责保障基金的筹集、管理和使用。保障基金公司成立后，保障基金理事会自行终止。

2009 年《保险法》进一步明确了保障基金筹集、管理和使用的基本原则。根据 2022 年《保险保障基金管理办法》，保险保障基金的来源有：境内保险公司依法缴纳的保险保障基金；保险保障基金公司依法从被撤销或者破产的保险公司清算财产中获得的受偿收入；捐赠；上述资金的投资收益；其他合法收入。有下列情形之一的，可以动用保险保障基金：（1）保险公司被依法撤销或者依法实施破产，其清算财产不足以偿付保单利益的；（2）国务院保险监督管理机构经商有关部门认定，保险公司存在重大风险，可能严重危害社会公共利益和金融稳定的；（3）国务院批准的其他情形。

保险保障基金成立后，参与了多起保险公司资产处置案例。第一，参与对新华人寿保险公司的风险处置。2008 年 9 月，中国保险保障基金有限责任公司正式挂牌成立，接手管理保险保障基金持有的新华人寿股份。持有新华人寿股份期间，中国保险保障基金有限责任公司依法履行相关职责，加强内部风险控制，较好地维护了新华人寿的稳定与发展。2009 年 11 月，中国保险保障基金有限责任公司与中央汇金投资有限责任公司签署转让协议，将所持新华人寿38.815％的股权一次性整体转让给中央汇金公司，实现了保险保障基金的顺利退出，完成了新华人寿风险处置任务。第二，参与对中华联合保险公司的风险处置。2010 年 4 月，中国保险保障基金有限责任公司接受新疆生产建设兵团国有资产监督管理委员会及相关股东单位委托，管理其持有的中华控股 75.13% 的股份，代行相应的股东权利。同年 8 月，中华联合保险公司改选董事会，组建了规范的公司治理架构。2012 年 1 月，中国保险保障基金有限责任公司与中华控股签署 60 亿元注资协议，并加快推进其市场化重组。同年 9 月，协助中华控股引进战略投资者中国东方资产管理公司注资 78.1 亿元，解决了其偿付能力不足问题。2015 年 11 月，中国保险保障基金有限责任公司在北京金融资产交易所公开挂牌转让公司所持有的中华控股 60 亿股股份，并于 2016 年 1 月完成转让，成交总价格为 144.05 亿元人民币，较资产评估值溢价 99.97%，实现了保险保障基金的安全平稳退出，完成了对中华联合的风险处置任务。2017 年 11 月，中国保险保障基金有限责任公司在上海联合产权交易所公开挂牌转让公司所持有的中华保险集团 8.62 亿股股份，并于 2018 年 1 月完成转让。至此，公司持有的中华保险集团股份全部退出。

（4）信托业保障基金。2014 年 12 月 10 日，原中国银监会、财政部发布《信托业保障基金管理办法》，该《办法》规定，信托业保障基金是指主要由信托业市场参与者共同筹集，用于化解和处置信托业风险的非政府性行业互助资金。设立中国信托业保障基金有限责任公司作为保障基金管理人，依法负责保障基金的筹集、管理和使用。保障基金来源主要为：依据本办法筹集的资金；使用保障基金获得的净收益；国内外其他机构、组织和个人的捐赠；国务院银行业监督管理机构和财政部批准的其他来源。

经过国务院同意，原中国银监会于 2015 年 1 月批准设立中国信托业保障基金有限责任公司。该公司由中国信托业协会联合 13 家经营稳健、实力雄厚的信托公司出资，注册资本 115 亿元人民币。该公司的主要任务和目标是按照市场化原则，预防、化解和处置信托业风险，促进信托业持续健康发展。

中国银监会办公厅于 2015 年发布《关于做好信托业保障基金筹集和管理等有关具体事项的通知》（银监办发〔2015〕32 号），2015 年 4 月 1 日起新发行的资金信托，按新发行金额的 1% 计算并认购保障基金。2015 年 4 月 1 日起新设立的财产信托，按信托公司实际收取报酬的 5% 计算并认购保障基金。

根据规定，具备下列情形之一的，保障基金公司可以使用保障基金：信托公司因资不抵债，在实施恢复与处置计划后，仍需重组的；信托公司依法进入破产程序，并进行重整的；信托公司因违法违规经营，被责令关闭、撤销的；信托公司因临时资金周转困难，需要提供短期流动性支持的；需要使用保障基金的其他情形。

2022 年 2 月 11 日，中国银保监会发布《信托业保障基金和流动性互助基金管理办法（征求意见稿）》，作为《信托业保障基金管理办法》的修改与替代方案，该《征求意见稿》在原规则的基础上作了较大的修改与调整，特别值得注意的是，增加了打破刚性兑付的规定、防范道德风险的规定和互助基金的使用方式等。

（5）期货投资者保障基金。2007 年 4 月 19 日，中国证监会发布《期货投资者保障基金管理暂行办法》（第 38 号），根据 2016 年 11 月 8 日中国证监会、财政部《关于修改〈期货投资者保障基金管理暂行办法〉的决定》修订。设立期货投资者保障基金，中国证监会、财政部可以指定相关机构作为保障基金管理机构，代为管理保障基金。2007 年 6 月，中国证监会、财政部发布《关于指定中国期货保证金监控中心有限责任公司代管期货投资者保障基金的通知》（证监发〔2007〕80 号），联合指定中国期货保证金监控中心作为保障基金的代管机构，负责基金资金的筹集、管理和使用。中国证监会负责保障基金业务监管，按照《期货投资者保障基金管理暂行办法》规定决定使用保障基金；财政部负责保障基金财务监管，保障基金的年度收支和决算报财政部批准。保障基金作为专项基金，主要在期货公司严重违法违规或者风险控制不力等导致保证金出现缺口，可能严重危及社会稳定和期货市场安全时，用于补偿投资者保证金损失。

（6）存款保险基金。2015 年 2 月 17 日，国务院发布《存款保险条例》。存款保险是指投保机构向存款保险基金管理机构交纳保费，形成存款保险基金，存款保险基金管理机构依照《存款保险条例》的规定向存款人偿付被保险存款，并采取必要措施维护存款以及存款保险基金安全的制度。存款保险基金的来源包括：投保机构交纳的保费；在投保机构清算中分配的财产；存款保险基金管理机构运用存款保险基金获得的收益；其他合法收入。存款保险实行限额偿付，最高偿付限额为人民币 50 万元。中国人民银行会同国务院有关部门可以根据经济发展、存款结构变化、金融风险状况等因素调整最高偿付限额，报国务院批准后公布执行。2019 年 5 月 24 日，中国人民银行成立存款保险基金管理有限责任公司，注册资本为 100 亿元。存款保险基金管理有限责任公司的经营范围包括：进行股权、债权、基金等投资；依法管理存款保险基金有关资产；直接或者委托收购、经营、管理和处置资产；依法办理存款保险有关业务；资产评估；国家有关部门批准的其他业务。截至 2022 年 6 月末，全国共有 4018 家投保机构向存款保险基金交纳了保费。

2009 年欧洲主权债务危机爆发后，欧盟便于 2010 年设立了欧洲稳定基金，并在此后建立永久性的金融救助机制（即欧洲稳定机制），以保障欧洲金融稳定，最终助力欧元区经济自 2013 年起缓慢复苏。再比如，美国财政部设立了有序清算基金（OLF），由美国联邦存款保险公司负责管理并处置系统重要性金融机构过程中产生的各项费用。

（四）处置措施和工具

国务院金融管理部门实施金融风险处置的，经主要负责人批准，可以区别情形依法采取下列处置措施：（1）行使被处置金融机构的经营管理权；（2）向第三方机构转移被处置金融机构的部分或者全部业务、资产和负债；（3）设立过桥银行、特殊目的载体承接被处置金融机构的业务、资产和负债；（4）暂停合格金融交易的终止净额结算；（5）责令更换对风险发生负有主要责任的董事、监事、高级管理人员及其他责任人员，追回绩效薪酬；（6）被处置金融机构符合国务院金融管理部门规定条件的，实施股权、债权减记和债转股；（7）中止被处置金融机构向境外汇出资金，要求被处置金融机构调回境外资产；（8）处置系统重要性金融机构的，要求所属集团的境内外机构提供必要支持，维持关键金融服务和功能不中断；（9）法律、行政法规规定或者国务院批准的其他处置措施。

国务院金融管理部门依据上述规定实施整体转移被处置金融机构资产和负债的，基于应急处置以及保障债权人整体利益的需要，可以采取公告方式通知债权人以及相关利益主体。处置措施于公告发布时生效，被处置金融机构的业务资质、诉讼主体资格和诉讼地位由受让人承继。

国务院金融管理部门依据上述规定进行股权、债权减记的，应当按股权、次级债权、普通债权的顺序依次实施。股东在被处置金融机构中的财产权益不足以弥补被处置金融机构资产损失，且该股东拒绝追加出资或者追加出资仍不足以弥补资产损失的，应当全额减记股权。

金融机构被接管或者被撤销的，国务院金融管理部门可以指定存款保险基金管理机构、行业保障基金管理机构担任接管组织或者实施清算。存款保险基金管理机构、行业保障基金管理机构可以依法采取相关风险处置措施。

（五）司法衔接

集中管辖和解除保全措施，根据金融风险处置工作的需要，处置部门可以向人民法院申请对以被处置金融机构为当事人的民事诉讼案件进行集中管辖，以及向有关部门申请解除民事诉讼程序、执行程序以及商事仲裁程序中对被处置金融机构的财产和股权采取的查封、扣押、冻结等强制措施。

处置部门依法实施处置的，可以向有关部门申请中止以被处置金融机构为被告、第三人或者被执行人的民事诉讼程序、执行程序，以及以该被处置金融机构为被申请人的商事仲裁程序。被处置金融机构的关联企业资产、人员、财务或者业务与被处置金融机构混同的，该关联企业适用前款关于被处置金融机构的规定。处置部门可以向有关部门申请中止以被处置金融机构股权为标的的民事诉讼程序、执行程序以及商事仲裁程序。

国务院金融管理部门实施的金融风险处置程序中，已经完成的资产核实、资产评估、资产保全、债权登记、财产处分等风险处置措施，人民法院经过审查后认为不违反法律规定的，应当认定其效力。

参考资料：

1. 中国人民银行金融稳定局：《防范化解金融风险　健全金融稳定长效机制》，http://www.pbc.gov.cn/redianzhuanti/118742/4657542/4667986/index.html。

2. 中国人民银行：《中国金融稳定报告》，中国金融出版社 2023 年版。

3. 陈华、李庆川、邓昊天：《设立金融稳定保障基金是维护国家金融安全的重大制度创新》，《光明日报》2022 年 3 月 29 日。

4. 于品显：《欧盟银行单一处置机制研究》，《金融监管研究》2019 年第 10 期。

5. 谢飞（记者）：《德国市场化手段稳定金融市场》，《经济日报》2022 年 4 月 18 日。

6.李超、孙欧：《金融稳定保障基金的国际借鉴与中国实践走向何方?》，《清华金融评论》2022 年第 4 期。

7. Garry J. Schinasi：Defining Financial Stability，IMF Working Paper，参见国际货币基金组织网站：https：//www.imf.org/external/pubs/ft/wp/2004/。

8. Financial stability，https：//www.worldbank.org/en/publication/gfdr/gfdr-2016/background/financial-stability.

第十讲　金融科技监管制度

本讲内容主要介绍金融科技及监管问题。

一、金融科技

（一）金融科技的起源

金融科技，英文 Financial Technology，缩写为 FinTech，该概念起源于美国，1993 年由美国花旗银行提出。从字面可以理解为"金融＋科技"，对其含义业界理解各有不同。较为公认的含义是国际金融稳定理事会（FSB）给出的定义："技术带来的金融创新，它能够产生新的商业模式、应用、过程或产品，从而对金融市场、金融机构或金融服务的提供方式产生重大影响。"

人类有记载的金融活动起源于公元前 2000 年古巴比伦寺庙的货币保管和收取利息的放款业务。古代社会的冶金、造纸、印刷等技术发明，也曾被应用于金融，从而推动了金融的不断发展。如中国宋代的交子，在第一讲中讲过，是世界上最早出现的纸币，堪称金融史上的重大创新，印刷交子使用的川纸，工艺复杂，具有很高的技术含量，难以伪造。

人工智能（Artificial intelligence）、区块链（blockchain）、云计算（cloud computing）、大数据（big data）被认为是金融科技的"ABCD"，是金融科技的四个关键领域。在下面的内容中我们还会详细介绍这四项技术如何在金融领域里应用。

在我国的官方文件中，还有一个概念"科技金融"，如 2023 年 11 月 30 日召开的中央金融工作会议要求做好科技金融、绿色金融、普惠金融、养老金融、数字金融五篇大文章。科技金融与金融科技有何区别？我们先看看政府政策文件中的表述。2015 年 7 月 22 日，中国人民银行等 9 部委发布《武汉城市圈科技金融改革创新专项方案》，方案认为"综合运用科技发展基金、创投资金、风险补偿、贷款贴息以及财政资金后补贴等多种形式，引导和带动社会资本参与科技创新，推动建立以企业为主体、市场为导向、产学研相结合的技术创新体系"。从这段文字的表述来看，科技金融主要指利用金融手段发展科技。

讲到金融科技概念时，还有一个类似的概念：监管科技，源自英文 Regulatory technology，简称 RegTech，是指利用信息技术来加强监管和合规流程。监管科技一词最早由英国金融市场行为监管局（Financial Conduct Authority）使用，并将其定义为"解决监管面临的困难，推动各类机构满足合规要求的新兴技术，重点是那些能比现有手段更有效地促进监管达标的技术"。换言之，监管科技是能提高监管流程的效率、一致性和简便性的技术。监管科技有四个关键特征，即组织数据集的敏捷性、配置和生成报告的速度、为缩短解决方案的启动和运行时限的集成能力、大数据分析。

监管科技一般适用于金融服务、游戏、医疗保健、制药、能源和航空等受到严格监管的行业和活动。监管科技特别强调管理控制、报告和合规，目的在于提高透明度和一致性，并使监管过程标准化，消除法规的模糊性，并以更低的成本实现更高质量的结果。在金融领域，监管科技一直专注于金融服务行业的人工报告和合规流程的数字化，经常被误认为是金融科技的一个子集。从监管科技应用的广泛性来看，监管科技是治理科技（GovTech）的一个子集。监管科技为行业和监管机构节省了大量成本。

（二）科技在金融服务业上的应用历史

1. 计算机的产生与应用

1946 年 2 月 14 日，世界上第一台通用计算机"ENIAC"在美国宾夕法尼亚大学诞生。两年后，美国银行就开始使用 IBM604 型计算机处理业务。

2. 信用卡

信用卡最早产生于美国的商业、饮食业。1915 年，美国的一些商店、饮食业为了扩大销售、招揽生意、方便顾客，采用一种"信用筹码"，其形状类似于金属徽章，后来演变成为塑料制成的卡片，作为客户购物消费的凭证。这就是世界上较早的信用卡之萌芽。

1950 年春，美国人麦克纳马拉与他的好友施奈德合作投资一万美元，在纽约创立了"大来俱乐部"（Diners Club）。大来俱乐部为会员们提供一种能够证明身份和支付能力的卡片，会员凭卡片到指定的 27 间餐厅就可以记账消费，不必付现金，这就是最早的信用卡。

1952 年，美国加利福尼亚州的富兰克林国民银行作为金融机构首先发行了银行信用卡，成为第一家发行信用卡的银行。

1965 年，发展信用卡业务较具规模的美国商业银行（Bank of America）开始拓展信用卡业务，并在次年授权商标给其他银行。当时所发行的是一种带有蓝、白、金三色图案的银行卡 Bank Americard。之后美国银行进一步将信用卡业务扩充到美国境外，但由于 Bank Americard 的美国色彩过于浓厚，不受外国人欢迎，Bank Americard 在 1977 年正式更名为 VISA（威士卡），也是第一张正式的信用卡。

3. ATM 机

英国人谢泼德·巴伦于 1967 年 6 月 27 日发明了世界上第一台自动取款机 ATM（Automated Teller Machine）机，并在伦敦北郊的英国巴克莱银行进行了安装，巴伦称之为"自由银行"。ATM 机的发明与使用，使金融机构的客户能够随时进行金融交易，如提取现金、存款、资金转移、余额查询或账户信息查询，无需与银行工作人员直接互动。

4. POS 机

POS（point of sale）是一种销售终端，这种销售终端是一种多功能终端，把它安装在信用卡的特约商户和受理网点中与计算机联成网络，就能实现电子资金自动转账，它具有支持消费、预授权、余额查询和转账等功能，使用起来安全快捷又可靠。POS 机是由收银机演变而来的，世界上最早的收银机是在 1879 年由美国的詹敏斯·利迪和约翰·利迪兄弟制造。当时的机器只能记录营业数据，没有其他功能，20 世纪 60 年代后期，日本人率先成功研制了电子收银机。

20 世纪 50 年代信用卡出现并蓬勃发展，得益于磁条、ATM 机、POS 机等技术的应用。20 世纪 70 年代现代金融清算网络的建立，与计算机、网络、数据库、存储等技术发展密不可分。

进入 20 世纪 90 年代后，1995 年，全球首家网络银行——安全第一网络银行（Security First Network Bank，SFNB）诞生。

（三）应用于金融业的信息技术

1. 人工智能

人工智能一般是指计算机科学的一个分支，是由人制造出来的能够具有人类智能的机器。人工智能是一种机器或软件的智能，与人类或动物的智能相反，所以叫"人工"。在日常生活中，人们有时称人工智能为机器人。人工智能的英文概念最早出现在 1956 年。这一年，被认为是人工智能之父的美国斯坦福大学计算机教授约翰·麦卡锡（John McCarthy）组织了一个"达特茅斯人工智能夏季研究会"，这次会议聚集了当时人工智能领域最著名的专家，在此次会议上提出了人工智能的概念。此次会议之后，人工智能一词开始流行。2017 年，人工智能入选"2017 年度中国媒体十大流行语"。人工智能技术现已广泛应用于人类社会的各个领域。

人工智能在金融领域也得到了广泛的应用，这也反映出金融领域对新技术应用的敏感度。对于企业来说，人工智能是当今最有前途的技术之一。由于人工智能是数字密集型企业的理想选择，因此将其应用于数字密集型应用程序是很自然的。这样看来，人工智能在金融领域的潜力要大于其他许多领域。目前，从世界范围来看，大约有 75% 的大型银行已经在其业务中实施了人工智能。随着人工智能的进步，银行业的应用率只会呈上升趋势。以下是目前银行应用人工智能的三个最突出的领域。

一是欺诈检测。防止欺诈是任何金融机构都非常关心的问题。银行和其他金融机构有责任确保客户的资金只流向他们想要去的地方。目前的电子金融不能完全解决此类问题，而这正是人工智能的用武之地。人工智能系统在检测模式方面非常出色，因此它们可以通过客户的购买历史来准确了解与识别客户。如果一笔交易不符合这些模式，人工智能就会将其标记为潜在的欺诈。然后，银行可以冻结信用卡或账户，并在失控之前对其进行调查。这种发现模式的技术也有助于打击洗钱活动。当人工智能检测到可疑活动时，它可以向监管当局发出警报，减少调查所需的时间。

二是贷款决策。人工智能还可以帮助金融企业作出明智的贷款决策。传统的信用评分并不总是准确地反映客户的信誉，人类的偏见会影响这些选择。使用人工智能来定义信誉可以解决这一问题。人工智能可以考虑更多因素，而不仅仅是申请人的信用记录。它还可以查看处于类似情况的客户的案例、智能手机数据等。有了这么多的数据，这些系统就可以更准确地了解客户的信用状况。当人们进行信贷决策时，偏见可能会发挥作用。有些人可能会因为固有的偏见或错误的印象而决定不单独给申请人打分。人工智能可以避免这个问题，从而更公平地对待贷款申请人。

三是客户服务。人工智能在金融领域最有前途的应用之一是客户服务。许多机构并没有足够的资源来帮助他们所有的客户。有了人工智能，可以从根本上解决金融机构服务客户的员工人数不足的问题。根据一项调查显示，超过50%的消费者希望金融机构能够全天候服务。自动化系统不需要睡眠，也不会感到疲倦，它们可以随时回应消费者的问题。人工智能聊天机器人还可以同时与任意数量的客户交谈，因此支持热线永远不会被堵塞。人工智能与人交谈得越多，它就越能理解和回应他们。人工智能甚至可以跟踪每个人的问题，为每个客户形成个人资料，实现个性化银行业务。系统还可以为每个用户量身定制客户支持体验。

2. 区块链

区块链与金融密切相关，要了解区块链，就要了解它的起源。区块链起源于比特币。2008年11月1日，一位自称中本聪（Satoshi Nakamoto）的人发表了《比特币：一种点对点的电子现金系统》一文，阐述了基于P2P网络技术、加密技术、时间戳技术、区块链技术等的电子现金系统的构架理念，这标志着比特币的诞生。两个月后该理论步入了实践，2009年1月3日第一个序号为0的创世区块诞生。2009年1月9日出现序号为1的区块，并与序号为0的创世区块相连接形成了链，标志着区块链的诞生。

从科学与技术层面来看，区块链涉及数学、密码学、互联网和计算机编程等很多科学技术问题。从应用视角来看，简单来说，区块链是一个分布式的共享账本和数据库，具有去中心化、不可篡改、全程留痕、可以追溯、集体维护、公开透明等特点。这些特点保证了区块链的"诚实"与"透明"，为区块链创造信任奠定基础。而区块链丰富的应用场景，基本上都基于区块链能够解决信息不对称问题，实现多个主体之间的协作信任与一致行动。

区块链是分布式数据存储、点对点传输、共识机制、加密算法等计算机技术的新型应用模式。区块链体系结构的核心优势在于：（1）任何节点都可以创建交易，在经过一段时间的确认之后，就可以合理地确认该交易是否有效，区块链可有效地防止双方问题的发生。（2）对于试图重写或者修改交易记录而言，它的成本是非常高的。（3）区块链实现了两种记录：交易（transactions）以及区块（blocks）。交易是被存储在区块链上的实际数据，而区块则是记录确认某些交易是在何时，以及以何种顺序成为区块链数据库的一部分。交易是由参与者在正常过程中使用系统所创建的（在加密数字货币的例子中，一笔交易是由Bob将代币发送给Alice所创建的），而区块则是由我们称之为矿工（miners）的单位负责创建。

3. 云计算

云计算是指计算机系统资源的按需可用性，特别是数据存储（云存储）和计算能力，无需用户直接主动管理。大型云的功能通常分布在多个位置，每个位置都是一个数据中心。云计算依靠资源共享来实现一致性，通常使用现收现付模式，这有助于减少资本支出，但也可能导致用户产生意想不到的运营支出。

云计算有着丰富的历史，最早可以追溯到20世纪60年代，那时出现了"分时"的概念。"数据中心"模式，即用户将作业提交给运营商，让其在大型机上运行被广泛使用，用户具有了进行大规模计算能力。使用"云"这个词可以追溯到1994年，通用魔力公司（General Magic）使用"云"来比喻虚拟化服务。1996年，康柏电脑公司为未来的计算和互联网草拟了一份商业计划，"云计算"一词因此变得更加广为人知。2002年亚马逊网络服务（AWS）建立，云计算的应用开始粗具规模，它允许开发人员独立构建应用程序。谷歌公司2006年发布了Google Docs的测试版，亚马逊公司发布了简单存储服务（Amazon S3）和亚马逊弹性计算云（Amazon Elastic Compute Cloud，EC2），2008年美国国家航空航天局（NASA）开发了第一个用于部署私有云和混合云的开源软件。2010年，微软推出了微软Azure，Rackspace Hosting和NASA启动了一个开源云软件项目OpenStack。IBM在2011年推出了IBM Smart Cloud框架，甲骨文公司（Oracle）在2012年宣布推出Oracle Cloud。2019年12月，亚马逊推出了AWS前哨服务，该服务将AWS基础设施、服务、API和工具扩展到客户数据中心、托管空间或内部部署设施。自2020年新冠疫情大流行以来，云技术因其提供的数据安全水平和为所有员工（尤其是远程工作者）提供的工作选择的灵活性而受到广泛欢迎。

美国国家标准与技术研究院对云计算的定义确定了五个基本特征：（1）按

需自助服务。使用者可以根据需要自动单方面提供计算能力，例如服务器时间和网络存储，而不需要与每个服务提供者进行人工交互。（2）广泛的网络接入。这些功能可以在网络上使用，并通过标准机制进行访问，这些机制促进了异构薄客户端或厚客户端平台（例如，移动电话、平板电脑、笔记本电脑和工作站）的使用。（3）资源池。提供者的计算资源被集中起来，使用多租户模型为多个消费者服务，并根据消费者的需求动态分配和重新分配不同的物理和虚拟资源。（4）快速的弹性。可以弹性地供应和释放功能（在某些情况下是自动的），以便根据需求快速向外和向内扩展。对于消费者来说，可用于配置的功能通常是无限的，并且可以在任何时候以任意数量占用。（5）测量服务。云系统通过利用与服务类型（例如，存储、处理、带宽和活跃用户账户）相适应的某个抽象级别的计量功能，自动控制和优化资源使用。可以监视、控制和报告资源使用情况，从而为所使用服务的提供者和消费者提供透明性。

云计算的快速发展及其广阔前景引起了众多国家政府的高度关注，美国、欧盟、日本、韩国、印度等国家和地区都纷纷通过制定战略和政策、加大研发投入、加快应用等方式加快推动云计算发展。

4. 大数据

大数据到底是什么？大数据的定义是包含更多种类的数据，数量不断增加，速度更快。简单地说，大数据是更大、更复杂的数据集，尤其是来自新数据源的数据集。这些数据集是如此庞大，传统的数据处理软件根本无法管理它们。这些海量的数据可以用来解决以前无法解决的业务问题。

大数据集的起源可以追溯到 20 世纪 60 年代和 70 年代，当时数据世界刚刚开始，有了第一批数据中心和关系数据库的发展。2005 年左右，人们开始意识到用户通过 Facebook、YouTube 和其他在线服务产生了大量数据。此后，大数据的数量猛增。用户仍然在生成大量的数据，但不仅仅是人类在这样做。随着物联网（IoT）的出现，越来越多的对象和设备连接到互联网，收集有关客户使用模式和产品性能的数据。机器学习的出现产生了更多的数据。虽然大数据已经取得了长足的进步，但它的用处才刚刚开始。云计算进一步扩展了大数据的可能性。云提供了真正的弹性，开发人员可以简单地启动特定集群来测试数据子集。图形数据库也变得越来越重要，它们能够以一种快速而全面的方式显示大量数据。

大数据有三个特征，即人们所说的大数据的三个"V"。容量（Volume），前所未有的数据爆炸意味着，到 2025 年，数字宇宙将达到 180 泽字节（zetta-bytes）（180 后面跟着 21 个零）。速度（Velocity），数据的生成速度在不断加快。谷歌每分钟收到 380 万个搜索查询，电子邮件用户发送 1.56 亿条信息，Facebook 用户上传了 24.3 万张照片，数据科学家面临的挑战是找到收集、处理和利用大量数据的方法。种类（Variety），数据有不同的形式。结构化数据是可以整齐地组织在数据库列中的数据。这种类型的数据相对容易输入、存储、查询和分析。非结构化数据更难以排序和从中提取数值。非结构化数据的例子包括电子邮件、社交媒体帖子、文字处理文档；音频、视频和照片文件；网页；等等。

二、应用场景

（一）网络借贷

网络借贷（peer-to-peer lending）指在网上实现借贷，借入者和借出者均可利用这个网络平台实现借贷的"在线交易"。网络借贷类型：b2c，个人对企业；c2c，企业对企业；p2p，个人对个人。有人将网络借贷与普惠金融联系起来。普惠金融（inclusive finance）最早由联合国在 2003 年 12 月提出。时任联合国秘书长安南指出："世界上大多数穷人仍然难以获得储蓄、信贷、保险等金融服务。我们的一大任务就是消除那些将人们排除在金融活动之外的因素……我们能够也必须实施普惠金融来改善这些人的生活。"在 2005 年联合国的国际小额信贷年上，扶贫协商小组（CGAP）提出普惠金融的概念内容为：让每一个人在有金融需求时都能以合适的价格，享受到及时的、有尊严的、方便的、高质量的金融服务。此后，普惠金融成为全球范围内的一项重要金融实践。党的十八届三中全会明确提出要发展普惠金融。2015 年《政府工作报告》提出，要大力发展普惠金融，让所有市场主体都能分享金融服务的雨露甘霖。2015 年 12 月 31 日，国务院发布《推进普惠金融发展规划（2016—2020 年）》。该发展规划指出，普惠金融是指立足机会平等要求和商业可持续原则，以可负担的成本为有金融服务需求的社会各阶层和群体提供适当、有效的金融服务。小微企业、农民、城镇低收入人群、贫困人群和残疾人、老年人等特殊群体是当前我国普惠金融重点服务对象。该发展规划明确提出"发挥互联网促进普惠金融发展的有益作用""发挥网络借贷平台融资便捷、对象广泛的特点，引导其缓解小微企业、农户和各类低收入人群的融资难问题。发挥股权众筹融资平台对大众创业、万众创新的支持作用。发挥网络金融产品销售平台门槛低、变现快的特点，满足各消费群体多层次的投资理财需求"。网络借贷与股权众筹在这样的政策支持下快速发展起来。许多科技公司开始经营网络借贷业务。互联网金融的概念与实务在中国从此兴起。

从法律性质上讲，网络借贷是一种纯粹的民间借贷，平台公司不是金融机构，它所从事的不是合法合规的金融业务，但在政策的支持下，平台公司实际上是一种以打擦边球的方式变相从事金融业务，这为之后的 P2P 乱象留下了隐患。民间借贷的合法性依据，可以找到 1991 年最高人民法院发布的《关于人民法院审理借贷案件的若干意见》，该《意见》第 6 条规定："民间借贷的利率可以适当高于银行的利率，各地人民法院可根据本地区的实际情况具体掌握，但最高不得超过银行同类贷款利率的四倍（包含利率本数）。超出此限度的，超出部分的利息不予保护。"在网络借贷高利息率的吸引下，许多在商业银行有存款的借出人，将银行的钱取出后放贷给平台公司上的借入者，借出者根据平台公司的宣传，可以获得 10%—20% 的年收益，同时，平台公司还要收取一笔不菲的管理费或者信息服务费。这样高的利息与管理费，借入者要承受很高的借贷成本。一旦借入者不能按时还贷，数量越积越多，网络借贷引发金融风险的可能性就越大。

（二）互联网支付

网络支付（internet payment）是指依托公共网络或专用网络在收付款人之间转移货币资金的行为，包括货币汇兑、互联网支付、移动电话支付、固定电话支付、数字电视支付等。网络支付是非金融机构支付服务方式之一。我们目前使用最多的是互联网支付，即通过计算机、手机等设备，依托互联网发起支付指令、转移货币资金的服务。中国人目前使用最为广泛的互联网支付方式为支付宝与微信。

以支付宝为例对我国网络支付的历史作一简单概述。2003 年 10 月 18 日，淘宝网首次推出支付宝服务。2004 年，支付宝从淘宝网分拆独立，逐渐向更多的合作方提供支付服务，发展成为中国最大的第三方支付平台。2004年12月8日，浙江支付宝网络科技有限公司成立。2005年2月2日，支付宝推出"全额赔付"支付，提出"你敢用，我敢赔"承诺。2008年2月27日，支付宝发布移动电子商务战略，推出手机支付业务。2008年10月25日，支付宝公共事业缴费正式上线，支持水、电、煤、通信等缴费。2010年12月23日，支付宝与中国银行合作，首次推出信用卡快捷支付。

互联网支付是一种网上交易形式，主要表现形式为网银、第三方支付、移动支付。按照产品种类划分，目前互联网支付行业主要有五大细分市场：数字钱包、信用卡、借记卡、银行转账和货到付款。其中，数字钱包占比最高。随着电子商务的迅猛发展和消费者支付习惯的改变，数字钱包已成为全球电子商务消费者首选的支付方式。在中国，数字钱包占电子商务交易额的81%，占销售点交易额的56%。

在第三方支付如火如荼发展时，金融监管机构开始对第三方支付即非金融机构支付服务进行监管。2010年5月19日中国人民银行发布《非金融机构支付服务管理办法》，将网络支付、预付卡的发行与受理、银行卡收单等统称为非金融机构支付服务，纳入统一监管，并规定非金融机构提供支付服务，应当依据本《办法》规定取得《支付业务许可证》，成为支付机构。支付机构依法接受中国人民银行的监督管理。未经中国人民银行批准，任何非金融机构和个人不得从事或变相从事支付业务。2011年5月26日，支付宝获得央行颁发的国内第一张《支付业务许可证》（业内又称"支付牌照"）。

（三）股权众筹融资

股权众筹融资（equity-based crowdfunding）主要是指通过互联网形式进行公开小额股权融资的活动。股权众筹融资模式起源于美国，2011年传入中国。股权众筹融资至少有三方主体：项目融资人、投资人和众筹平台。股权众筹有以下三种模式：个人直接股东模式，投资人在众筹平台上选择可投资的项目、对其选定的投资项目进行股权投资。基金间接股东模式，基金公司为了投资某个项目，通过募集基金的方式进行投资，投资人投资基金，持有基金份额，投资人成为投资的目标公司的间接股东。集合直接股东模式，该种模式称为领投＋跟投模式。领投人由专业投资者或者投资机构来承担，负责项目调查、分析、评估，与跟投者共享调查分析结果，协调维护创业者与投资者之间的关系，促成投资项目的融资成功，并构建合伙制企业。

从上可知，股权众筹融资必须通过股权众筹融资中介机构平台（互联网网站或其他类似的电子媒介）进行。股权众筹融资中介机构可以在符合法律法规规定前提下，对业务模式进行创新探索，发挥股权众筹融资作为多层次资本市场有机组成部分的作用，更好服务创新创业企业。股权众筹融资方应为小微企业，应通过股权众筹融资中介机构向投资人如实披露企业的商业模式、经营管理、财务、资金使用等关键信息，不得误导或欺诈投资者。投资者应当充分了解股权众筹融资活动风险，具备相应风险承受能力，进行小额投资。股权众筹融资业务在我国由证监会负责监管。

（四）互联网基金销售

互联网基金销售（internet fund sales）是指基金销售机构与其他机构通过互联网平台进行宣传推介基金，发售基金份额，开设账户，办理基金份额申购、赎回、查询等活动。基金销售机构包括基金管理人以及证监会注册的商业银行、证券公司、期货公司、证券投资咨询机构、保险公司、独立基金销售机构等。互联网平台包括基金公司的网络直销平台、其他机构的网络代销平台及辅助销售的第三方电子商务平台。

基金销售机构与其他机构通过互联网合作销售基金等理财产品的，要切实履行风险披露义务，不得通过违规承诺收益方式吸引客户；基金管理人应当采取有效措施防范资产配置中的期限错配和流动性风险；基金销售机构及其合作机构通过其他活动为投资人提供收益的，应当对收益构成、先决条件、适用情形等进行全面、真实、准确表述和列示，不得与基金产品收益混同。第三方支付机构在开展基金互联网销售支付服务过程中，应当遵守中国人民银行、证监会关于客户备付金及基金销售结算资金的相关监管要求。第三方支付机构的客户备付金只能用于办理客户委托的支付业务，不得用于垫付基金和其他理财产品的资金赎回。互联网基金销售业务由证监会负责监管。

（五）互联网保险

互联网保险（online insurance）是指保险机构依托互联网订立保险合同、提供保险服务的保险经营活动。互联网保险业务应由依法设立的保险机构开展，其他机构和个人不得开展互联网保险业务。保险机构开展互联网保险业务，不得超出该机构许可证（备案表）上载明的业务范围。自营网络平台是指保险机构为经营互联网保险业务，依法设立的独立运营、享有完整数据权限的网络平台。保险机构分支机构以及与保险机构具有股权、人员等关联关系的非保险机构设立的网络平台，不属于自营网络平台。

我国目前从事互联网保险业务的公司有四家：泰康在线、安心保险、易安保险和众安保险。

保险公司开展互联网保险业务应遵循安全性、保密性和稳定性原则，加强风险管理，完善内控系统，确保交易安全、信息安全和资金安全。专业互联网保险公司应当坚持服务互联网经济活动的基本定位，提供有针对性的保险服务。保险公司应建立对所属电子商务公司等非保险类子公司的管理制度，建立必要的防火墙。保险公司通过互联网销售保险产品，不得进行不实陈述、片面或夸大宣传过往业绩、违规承诺收益或者承担损失等误导性描述。互联网保险业务由金融监督管理总局负责监管。

（六）互联网信托和互联网消费金融

互联网信托（internet trust）是近年来火热的互联网金融的一个全新模式，既有 P2B（person to business）金融行业投融资模式，也有 O2O（offline to online）线下线上电子商务模式结合，通过互联网实现个人和企业之间的投融资。互联网信托的法律关系与普通信托并无差别。

互联网消费金融（internet consumer finance）指依托互联网技术发展起来的新型消费金融模式，即借助网络进行线上的审核、放款、消费、还款等业务流程。

三、金融科技监管国际经验

科技应用于金融领域源自科技可以提升金融效率与金融安全性。根据科技应用于金融的过程，有学者认为可以将科技应用于金融的历史划分为三个阶段：1866—1986 年，以电报、电话为代表的技术促进了金融全球化，可以称为金融科技的 1.0 时代；1987—2008 年是 2.0 时代，主要特征是电子化计算机技术被金融机构广泛应用，金融服务效率和水平大幅提高；2009 年至今可以称为金融科技 3.0 时代，以移动信息技术广泛应用于金融服务领域为特征。

2016 年 3 月 16 日，国际金融稳定理事会（FSB）在日本召开第 16 届全会，首次正式讨论了金融科技的系统性风险与全球监管问题，这标志着金融科技的监管告别了各国各行业单打独斗的局面，正式迈入全球协调协作的新阶段，金融稳定成为重要的考量因素。

此次国际金融稳定理事会全会，审议了题为"金融科技的全景描绘与分析框架"的报告，初步评估了各主要类别金融科技的微观和宏观影响，认为从金融稳定角度出发，的确有一些潜在的监管关注点，需要各国监管者之间协调一致共同应对。因此，国际金融稳定理事会要求各国监管机构既要积极监测国内金融科技的发展，也要与国际组织和制定国际规则的机构在业务监测、风险分析和共同应对等方面展开合作。巴塞尔银行监管委员会（BCBS）也成立了相应的工作小组，专门推动这方面的国际研究和合作。

（一）美国的金融科技监管

1. 发布金融科技白皮书

2017 年 1 月，美国国家经济委员会发布了一份关于金融科技的文件（A Framework for FinTech）。金融科技（fintech）行业创新拥有很大潜力，能够从根本上改变金融服务行业甚至更广义的经济。为监管机构如何评估新兴的金融科技生态系统提供了以下十项原则：（1）以更宏大的眼光看待金融生态系统；（2）从消费者出发；（3）促进安全的普惠金融和财富健康的发展；（4）认识和克服潜在的技术偏见；（5）透明度最大化；（6）努力实现技术标准的互用性与协调性；（7）所有的一切都必须建立在网络安全、数据安全和隐私保护的前提下；（8）提高金融基础设施的效率和有效性；（9）保护金融稳定性；（10）继续加强跨部门间的合作。

2. 功能性监管

针对金融科技监管的需要，美国在立法上作出相应的调整，2012 年奥巴马总统签署了《创业企业融资法》（Jumpstart Our Business Startups Act），美国将金融科技所涉及的金融业务，按照其功能纳入现有的金融监管体系。该法的制定意味着，美国政府放松了对私募资本市场的监管，放宽了对中小企业 IPO 融资过程及后续信息披露的监管，为小企业通过网络融资提供了一个宽松的法律环境，众筹股权融资合法化。

3. 支持负责任的创新

2016年3月31日美国货币监理署（OCC）发布《货币监理署：支持联邦银行系统负责任的创新》白皮书。对金融科技公司的四条原则：一是支持负责任的创新；二是鼓励普惠金融创新；三是通过有效的风险管理促进安全运营；四是鼓励银行将负责任的创新纳入战略规划。

4. 无异议函

2016年美国金融消费者权益保护局（CFPB）发布了《CFPB创新细则》，该文件包含了《无异议函细则》（Policy on No-Action Letters）。对于从事金融服务创新的申请者，需要说明创新产品为消费者提供的新便利、带来的新风险、具备的降低风险保障措施以及消费者对产品的了解程度等信息，申请者获得"无异议函"意味着CFPB无需对该产品实施强制监管。

5. 加强对人工智能的监管

2023年10月30日，美国总统拜登签署《关于安全、可靠、可信地开发和使用人工智能的行政命令》（Executive Order on the Safe, Secure, and Trustworthy Development and Use of Artificial Intelligence），要求对人工智能展开新的安全评估与指导，并研究人工智能对劳动力市场的影响。该行政令要求对美国国家安全、经济、公共卫生安全构成风险的人工智能系统开发商在向公众发布成果之前，须根据《国防生产法》与美国政府分享安全测试结果。其他方面还包括：指示商务部为人工智能生成的内容制定"内容认证和水印指南"，并制定网络安全计划，使人工智能工具有助于识别关键软件中的漏洞；编写一份关于人工智能对劳动力市场潜在影响的报告，并研究联邦政府如何支持受影响的工人；指示知识产权监管机构和联邦执法机构评估人工智能系统是否违反知识产权法，解决人工智能培训中版权作品的使用问题，等等。

（二）英国的金融科技监管

1. 提出项目创新计划

英国是世界上对金融科技最早制定相关政策的国家之一。英国金融行为监管局（FCA）于2014年10月成立创新项目办公室，正式启动"项目创新"计

划，以直接支持和创新合作的方式支持创新企业与监管机构进行对接。FCA 于
2015 年提出监管科技的概念，借助科技监管的技术优化金融监管。

2. 提出监管沙盒概念

FCA 于 2015 年 11 月提出了监管沙盒的概念，2016 年 5 月，作为"项目创
新"计划的一部分，英国在全球率先启动"监管沙盒"项目。FCA 跟英国财政
部、英国国际贸易部合作启动"金融科技桥"项目。该项目通过强化合作方政
府、监管机构和私营部门之间的联系，签署金融科技合作协议，降低市场准入
门槛，为金融科技企业跨国开展业务提供便利。FCA 自 2016 年以来进行了三次
技术冲刺，以此提高全社会对监管科技的关注度，呼吁更多社会力量参与到监
管技术的发展与完善中来。

3. 积极实施《支付服务指令（PSD2）》

英国早于欧洲其他国家实施《支付服务指令（PSD2）》，欧洲其他国家在
2019 年 9 月监管政策标准（regulatory technical standards，RTS）出台以后才开
始行动。在实施 PSD2 的过程中，英国竞争与市场局（CMA）圈定了 9 家银行，
9 家银行所开设账户占英国全部账户的 85%。它们被要求做到：在消费者授权
下，与账户信息服务提供商分享交易数据；当支付发起服务提供商发出请求时，
马上提供支付服务。这两种第三方提供商都必须接受 FCA 监管，并在 FCA 公开
可见的目录上注册，才能加入开放银行体系。而个人和企业客户可以选择和什
么样的第三方供应商分享数据，从而有效保护自己的数据安全。

4. 发起全球倡议

2018 年，FCA 在全球范围内发起倡议，建议建立一个不受国家区域限制的
监管沙盒，推动全球金融科技的发展与创新。2018 年 8 月，FCA 与全球范围 11
家金融监管机构联合宣布建立全球金融创新联盟（GFIN），目标是在全球不同
市场中协作并共享创新实验成果，为监管端和合规端提供跨境解决方案的环境。
截至 2022 年 8 月，全球共有 71 个来自不同国家和地区的金融监管机构成为
GFIN 的成员。

（三）新加坡的金融科技监管

新加坡金融管理局（MAS）是新加坡的金融监管机构，与美国、英国的金
融监管机构不同，MAS 是负责监管银行、保险业、证券市场、支付结算的中央

金融机构，同时 MAS 负责行业宏观审慎管理和微观审慎监管，承担着中央银行调控、地方金融监管和促进金融市场发展三个重要作用。2015 年，MAS 成立了金融科技创新小组（FTIG），主要负责制定创新金融科技监管政策。2016 年，新加坡也提出了监管沙盒的政策，鼓励金融监管创新企业在监管放松的环境中测试新的金融产品和服务。MAS 于 2022 年 4 月推出了监管科技资助计划。该计划包括两个层面：试点级项目层面，金融机构能够获得来自 MAS 的 7.5 万新元资金以此全面整合之前试行的监管科技解决方案；生产级项目层面，金融机构可获得来自 MAS 的 30 万新元资金支持来开发更大规模的定制产品。

2018 年 4 月，MAS 宣布，组建公平、道德、可问责和透明（fairness, ethics, accountability and transparency，FEAT）委员会。FEAT 委员会与金融领域、数据分析领域的学者、实践者等利益相关者合作，制定了一项旨在促进金融机构负责任和合乎道德地使用人工智能和数据分析（AIDA）的指南。2018 年 11 月，MAS 发布了《新加坡金融部门使用人工智能和数据分析时促进公平、道德、问责和透明原则》（FEAT 原则），其公平原则包含以下四项内容：（1）个体或由个体组成的群体不应被 AIDA 决策系统性地置于不利地位，除非这些决策可被证明是合理的；（2）AIDA 决策对个人属性的引入应是合理的；（3）应定期审查和验证 AIDA 决策所使用的数据和模型，以确保其准确性和相关性，并将预期外偏差最小化；（4）应定期审查 AIDA 决策，使其模型按照设计和预期的方式运行。FEAT 原则规定了新加坡金融机构必须负责地使用数据，并要求开放 API 端口供第三方使用者下载和阅览。

2019 年 11 月，MAS 宣布与金融行业合作创建了 Veritas 框架，旨在帮助金融机构根据 FEAT 原则评估其 AIDA 解决方案，促进其负责任地采用 AIDA。2020 年 5 月，新加坡金融管理局宣布启动 Veritas 第一阶段，制定信用风险评分和客户营销两个场景的公平性指标，帮助相关金融机构评估其 AIDA 解决方案的公平性。2021 年 1 月，新加坡金融管理局宣布 Veritas 第一阶段圆满结束，并发布《FEAT 公平性原则评估方法》，FEAT 原则作为 MAS 人工智能发展计划的一部分，有助于新加坡建立一个可信度极高的人工智能发展环境。随着越来越多的公司遵循 FEAT 原则来进行风险管理和监管合规，将增强数据使用者对人工智能和数据分析的信心。

四、监 管 沙 盒

监管沙盒（regulatory sandbox）由英国金融行为监管局（FCA）在 2015 年 3 月首创实践，很快在国际上得到如美国、澳大利亚、新加坡等数十个国家和地区的应用，被视作金融科技监管模式的创新。考虑到英国 FCA 以保护消费者权益为首要职责，FCA 的监管沙盒主要目的是利用现代科技更好地保护金融消费者的利益。因此，监管沙盒是允许公司在真正的消费者面前测试市场上的创新主张。

英国 FCA 一个完整的沙盒测试，共计七个步骤：（1）企业申请进行沙盒测试：企业向 FCA 提出申请，包括拟测试的新产品/服务及所需满足的基本要求。（2）FCA 批复：审核企业申请，为符合要求的项目指定监管联络人。（3）定制测试方案：FCA 与企业一对一确定测试方案，包括测试业务、测试参数、结果度量、报告要求及保障措施等。（4）测试许可：FCA 允许企业进行测试。（5）测试与监控：企业按照步骤三的约定开始测试，FCA 实时监控。（6）企业向 FCA 提交最终报告：测试结束后，企业撰写报告交由 FCA 审查。（7）企业决定是否将产品推向市场：报告经 FCA 审查通过后，企业可申请"出箱"，由企业决定是否将新产品推向市场。FCA 每年安排两个为期 6 个月的测试周期。经过两次成功试点后，英国金融行为监管局数字沙盒于 2023 年 8 月 1 日永久开放，向更广泛的创新企业、初创企业和数据提供商开放该平台。

英国首创的监管沙盒受到很多国家的重视与应用，这种监管方法相对于传统的监管方法有许多优点：一是通过对创新技术的风险测试减少了新技术与新理念推向市场的时间与成本；二是减少了监管的不确定性，可以使更多的新产品进入市场；三是监管在新产品投入市场之前介入，建立起消费者权益保护措施。

2018 年 12 月，我国决定在北京、上海、重庆、江苏、浙江、福建、山东、广东、四川、陕西 10 个省市开展金融科技"监管沙盒"应用试点，目标是通过"以点带面"的方式探索一条可复制推广的中国金融科技应用创新之路。

2020 年 1 月 14 日，中国人民银行向社会公示了首批 6 个金融科技创新监管试点应用。这 6 个应用分别为：基于物联网的物品溯源认证管理与供应链金融

（工商银行）、微捷贷产品（农业银行）、中信银行智令产品（中信银行/中国银联/度小满/携程）、AIBank Inside 产品（百信银行）、快审快贷产品（宁波银行）、手机 POS 创新应用（中国银联/小米数科/京东数科）。随着 2021 年 3 月 4 日上海第三批监管沙盒试点名单公布，全国共有 86 项创新应用发布，地域囊括北上广深、苏杭成渝以及雄安新区等一线城市和地区，参与主体包含传统持牌金融机构、科技公司、第三方支付及研究型机构。我国的一些金融科技创新项目已经成功"出箱"。

五、我国金融科技监管

（一）设立金融科技监管机构与制定金融科技监管规划

在近几年的金融科技发展方面，我国一直处于世界前列，金融科技的监管政策也日益完善。2017 年 5 月，中国人民银行成立了金融科技委员会，首次提出了监管科技概念。2017 年 6 月，中国人民银行发布了《中国金融业信息技术"十三五"发展规划》，提出了加强监管科技研究。2018 年，中国证监会颁布了《中国证监会监管科技总体建设方案》，监管科技进入实施阶段。2020 年 6 月，证监会成立科技监管局，负责监管科技建设工作。2021 年 9 月，证监会制定并印发了《证券期货业科技发展"十四五"规划》，规划指明了"十四五"期间，坚持系统观念，坚持创新驱动发展战略，紧扣"数据让监管更加智慧"主线，提升行业科技创新能力与数字化监管能力的基本思路及重点建设任务。2022 年 6 月，腾讯云、腾讯安全、腾讯研究院联合毕马威发布《监管科技白皮书》，分析了国内监管科技在监管端和合规端的"3 + 3"热点应用场景。总体来说，中国发展金融科技监管有高度的积极性，并有大量的业务使用场景，为金融科技监管奠定了牢固的基础。中国人民银行连续发布了《金融科技发展规划（2019—2021）》和《金融科技发展规划（2022—2025）》。

根据《中国证监会监管科技总体建设方案》，将监管科技划分为监管科技 1.0、监管科技 2.0 和监管科技 3.0 三个阶段，并指出了 3.0 阶段目标在利用数据挖掘、机器学习等人工智能技术构建大数据监管平台，为数据标准化治理、数据资源共享提供支持。例如，监管部门通过检查分析系统 EAST（Examination & Analyze System Technology）直接从银行提取数据进行穿透式检查，同时银行也可以对其进行数据挖掘与数据分析，提升自身的合规能力。证券监管机构通过将传统的人工公告提取转化为以自然语言处理、语义识别（Semantic Analysis）等人工智能技术为支撑的自动化公告提取，提升了监管效率的同时也降低了监管成本。

（二）我国金融科技的发展规划、成就与监管政策

毕马威发布的 2019 年全球金融科技公司 100 强中，中国有三家公司位列前十。中国致力于在监管政策取向上对外资、民营等不同市场主体一视同仁，推动金融领域高水平对内对外开放，成绩斐然。

1. 人工智能

2017 年 7 月 8 日，国务院发布《新一代人工智能发展规划》。该发展规划认为，人工智能发展进入新阶段。经过 60 多年的演进，特别是在移动互联网、大数据、超级计算、传感网、脑科学等新理论新技术以及经济社会发展强烈需求的共同驱动下，人工智能加速发展，呈现出深度学习、跨界融合、人机协同、群智开放、自主操控等新特征。大数据驱动知识学习、跨媒体协同处理、人机协同增强智能、群体集成智能、自主智能系统成为人工智能的发展重点，受脑科学研究成果启发的类脑智能蓄势待发，芯片化硬件化平台化趋势更加明显，人工智能发展进入新阶段。该发展规划提出了我国人工智能发展的三个阶段性目标：一是到 2020 年人工智能总体技术和应用与世界先进水平同步，人工智能产业成为新的重要经济增长点，人工智能技术应用成为改善民生的新途径，有力支撑进入创新型国家行列和实现全面建成小康社会的奋斗目标。二是到 2025 年人工智能基础理论实现重大突破，部分技术与应用达到世界领先水平，人工智能成为带动我国产业升级和经济转型的主要动力，智能社会建设取得积极进展。三是到 2030 年人工智能理论、技术与应用总体达到世界领先水平，成为世界主要人工智能创新中心，智能经济、智能社会取得明显成效，为跻身创新型国家前列和经济强国奠定重要基础。2023 年 5 月 18 日，在天津举行的第七届世界智能大会上，时任科技部部长王志刚表示，截至 2022 年，我国人工智能专利申请量居世界首位，期刊论文发表数量和被引用频次均居世界第一，在计算机视觉、自然语言处理和语音识别等领域有领先优势，核心产业规模超过 5000 亿元人民币。

2. 区块链

2021 年 5 月 27 日，工业和信息化部和中央网络安全和信息化委员会办公室发布《关于加快推动区块链技术应用和产业发展的指导意见》，该《指导意见》认为，区块链是新一代信息技术的重要组成部分，是分布式网络、加密技术、智能合约等多种技术集成的新型数据库软件，通过数据透明、不易篡改、可追溯，有望解决网络空间的信任和安全问题，推动互联网从传递信息向传递价值变革，重构信息产业体系。该《指导意见》提出了两个阶段性的发展目标：到 2025 年，区块链产业综合实力达到世界先进水平，产业初具规模。到 2030 年，区块链产业综合实力持续提升，产业规模进一步壮大。在赋能实体经济方面，主要体现在深化融合应用、供应链管理、产品溯源、数据共享等方面。在促进融通发展方面，主要推进"区块链＋工业互联网""区块链＋大数据""区块链＋云计算""区块链＋人工智能"等。

3. 云计算

我国政府对云计算也极为重视，积极布局发展。2010 年 10 月，国务院发布《关于加快培育和发展战略性新兴产业的决定》，将云计算定位于"十二五"战略性新兴产业之一。随后，国家发展和改革委员会、工业和信息化部联合发布《关于做好云计算服务创新发展试点示范工作的通知》，确定在北京、上海、深圳、杭州、无锡五个城市先行开展云计算服务创新发展试点示范工作。2015 年 1 月，国务院发布《关于促进云计算创新发展培育信息产业新业态的意见》。2017 年 3 月，工业和信息化部发布《云计算发展三年行动计划（2017—2019 年）》，指出到 2019 年，中国云计算产业规模将达到 4300 亿元，突破一批核心关键技术，云计算服务能力达到国际先进水平，云计算在制造、政务等领域的应用水平显著提升，成为信息化建设主要形态和建设网络强国、制造强国的重要支撑，推动经济社会各领域信息化水平大幅提高。

4. 大数据

我国政府一直重视大数据。2014 年，大数据首次写入政府工作报告，成为社会关注的热点；2015 年 8 月 31 日，国务院发布《促进大数据发展的行动纲要》，认为大数据是以容量大、类型多、存取速度快、应用价值高为主要特征的数据集合，正快速发展为对数量巨大、来源分散、格式多样的数据进行采集、存储和关联分析，从中发现新知识、创造新价值、提升新能力的新一代信息技术和服务业态，提出了推动大数据发展和应用在未来 5—10 年逐步实现目标。2019 年 10 月，党的十九届四中全会首次将数据纳入生产要素范畴；2021 年 3 月发布的"十四五"规划中，大数据标准体系的完善成为发展重点；2022 年 12 月，中共中央、国务院发布《关于构建数据基础制度更好发挥数据要素作用的意见》，以数据产权、流通交易、收益分配、安全治理为重点，系统搭建了数据基础制度体系的"四梁八柱"。2023 年，中共中央、国务院发布《数字中国建设整体布局规划》，该规划明确，数字中国建设按照"2522"的整体框架进行布局，即夯实数字基础设施和数据资源体系"两大基础"，推进数字技术与经济、政治、文化、社会、生态文明建设"五位一体"深度融合，强化数字技术创新体系和数字安全屏障"两大能力"，优化数字化发展国内国际"两个环境"。同时，规划提出到 2025 年，基本形成横向打通、纵向贯通、协调有力的一体化推进格局，数字中国建设取得重要进展。到 2035 年，数字化发展水平进入世界前列，数字中国建设取得重大成就。

在立法方面，2021 年 6 月 10 日第十三届全国人民代表大会常务委员会第二十九次会议通过了《数据安全法》，该部法律规定了法律安全与发展、数据安全制度、数据安全保护义务、政务数据安全与开放等内容。这部法律是我国开展数据处理活动及其安全管理的依据。

2023 年 3 月，中共中央、国务院印发了《党和国家机构改革方案》。根据该方案，我国组建国家数据局，负责协调推进数据基础制度建设，统筹数据资源整合共享和开发利用，统筹推进数字中国、数字经济、数字社会规划和建设等，由国家发展和改革委员会管理。2023 年 10 月 25 日，国家数据局正式揭牌。

（三）监管措施

1. 大型平台企业金融业务的监管

金融科技和平台企业的规范健康发展是近几年金融监管的重点。2020 年 11 月 2 日，中国人民银行、中国银保监会、中国证监会、国家外汇管理局对蚂蚁集团进行了监管约谈。2020 年 12 月 26 日和 2021 年 4 月 12 日，以上金融监管部门两次联合约谈蚂蚁集团，央行副行长潘功胜代表四部门就约谈情况回答了记者的提问。其中重点回复了对于金融科技和平台企业的监管原则。需要说明的是，2023 年 1 月，金融管理部门宣布蚂蚁集团等 14 家大型平台企业已基本完成整改。

监管的政策取向遵循了以下原则：一是坚持"金融为本、科技赋能"。平台企业开展金融业务应以服务实体经济、防范金融风险为本，不能使科技成为违法违规行为的"保护色"。对于违规经营行为依法严肃查处。二是坚决打破垄断，纠正、查处不正当竞争行为，维护公平竞争市场秩序。三是坚持所有金融活动必须依法依规纳入监管，坚持金融业务必须持牌经营，坚持对各类违法违规行为"零容忍"。提升监管能力和水平，优化监管框架，防范监管套利。四是坚持"两个毫不动摇"，依法保护产权，弘扬企业家精神，激发市场主体活力和社会创造力，增强我国金融科技企业在全球的核心竞争力。

2. P2P 的监管

网络借贷 P2P 是英文 "peer to peer" 的缩写，意即"个人对个人"。该金融模式起源于英国，随后发展到美国、德国和其他国家。在 P2P 借贷模式中，网络科技公司提供交易平台，贷款利息由借贷双方自由竞价，撮合成交。资金借出人获取利息收益，并承担风险；资金借入人到期偿还本金，网络科技公司收取中介服务费。

我国第一家 P2P 模式服务平台拍拍贷成立于 2007 年 8 月 2 日，此后，我国 P2P 的发展进入快车道。由于监管的缺失，我国 P2P 网贷呈现野蛮生长的状态，其高速发展的同时，混乱和问题也层出不穷。2014 年我国 P2P 行业迎来了大爆发，很多投机者纷纷投入了这片"蓝海"。国家表明了鼓励互联网金融创新的态度，并在政策上对 P2P 网络借贷平台给予了大力支持，一时间又一大批 P2P 平台如雨后春笋般出现。

2015 年 7 月，中国人民银行等十部委发布《关于促进互联网金融健康发展的指导意见》（银发〔2015〕221 号），互联网金融结束了一直以来"无监管、无门槛、无规则"的三无状态。该《指导意见》按照"鼓励创新、防范风险、趋利避害、健康发展"的总体要求，提出了一系列鼓励创新、支持互联网金融稳步发展的政策措施，积极鼓励互联网金融平台、产品和服务创新，鼓励从业机构相互合作，拓宽从业机构融资渠道，坚持简政放权和落实、完善财税政策，推动信用基础设施建设和配套服务体系建设。该《指导意见》按照"依法监管、适度监管、分类监管、协同监管、创新监管"的原则，确立了互联网支付、网络借贷、股权众筹融资、互联网基金销售、互联网保险、互联网信托和互联网消费金融等互联网金融主要业态的监管职责分工，落实了监管责任，明确了业务边界。

2016 年 8 月，原银监会、公安部、工信部、互联网信息办公室四部委联合发布《网络借贷信息中介机构业务活动管理暂行办法》，该《管理办法》第 10 条采取负面清单的方式划定了 P2P 行业的边界红线，被业内人士称为"十二禁"，包括禁止自融、禁止平台归集用户资金、禁止提供担保、禁止对项目进行期限拆分、禁止向非实名制用户宣传或推介融资项目、禁止发放贷款、禁止发售银行理财、券商资管、基金、保险或信托产品、禁止为投资股票市场的融资、禁止从事股权众筹。

2016 年 11 月，原银监会等机构发布《网络借贷信息中介机构备案登记管理指引》，2017 年 2 月和 8 月，原银监会发布《网络借贷资金存管业务指引》和《网络借贷信息中介机构业务活动信息披露指引》，标志着网贷行业银行存管、备案、信息披露三大主要合规政策日益完善，并与上述的《网络借贷信息中介机构业务活动管理暂行办法》共同组成网贷行业"1 + 3"制度体系。到 2017 年年末，P2P 网络借贷平台已经增长到了 6486 家。

我国 P2P 在发展过程中，发展与问题一直交织存在。早在 2013 年我国的一些 P2P 平台开始出现问题，倒闭的平台将近有 100 家。2014 年平台停业及问题平台数是 2013 年的 3 倍，2014 年的"爆雷潮"直接引爆了当时很多看起来还很稳健的平台，如中汇在线、恒融财富、中贸易融、渝商创投等在这次"爆雷潮"中纷纷倒下。2015 年和 2016 年，P2P 网贷停业及问题平台数直接达到了 3000 多家，是前两年的 10 倍。影响涉及全国的 e 租宝、泛亚、中晋等公司相继爆雷。2017 年，P2P 行业相对平稳，但依然有 723 家平台停业或出问题。

面对如此频繁出问题的 P2P 行业，监管部门开始治理与整顿工作。2017 年 12 月 8 日，P2P 网贷风险专项整治工作领导小组办公室发布《关于做好 P2P 网络借贷风险专项整治整改验收工作的通知》，要求各地应在 2018 年 4 月底前完成辖区内主要 P2P 机构的备案登记工作，6 月底之前全部完成。备案意味着 P2P 行业将通过国家审查获得合法身份。为此，P2P 平台开始进行合规整改。但是，原本定于 2018 年 6 月完成的备案宣布延期。整改未完成，2018 年 6 月开始了 P2P 网贷平台的爆雷潮。据不完全统计，2018 年全年停业及问题 P2P 平台总计为 1279 家，其中问题平台为 658 家，停业及转型平台达 621 家。截至 2018 年

12月底，问题平台历史累计涉及的出借人数约为215.4万人（不考虑去重情况），涉及贷款余额约为1766.5亿元，占历史累计成交量的比例约为2.20%，远超此前问题平台累计涉及贷款余额总和。

2019年1月21日，互联网金融风险专项整治工作领导小组办公室、P2P网贷风险专项整治工作领导小组办公室联合发布《关于做好网贷机构分类处置和风险防范工作的意见》，文件明确整改的政策方向是"以机构退出为主要工作方向，对于多数非严格合规机构，坚持能退就退，能关就关"。

2019年1月23日，互联网金融风险小组发布《关于进一步做实P2P网络借贷合规检查及后续工作的通知》。文件明确指出，2018年12月底，大部分地区已经完成行政核查。2019年一季度开始，开展合规检查工作及整改效果的验收检查。

整改的结果如何？2022年5月12日，中共中央宣传部就经济和生态文明领域建设与改革情况举行新闻发布会，中国人民银行副行长陈雨露在会上披露，全面清理整顿金融秩序，影子银行乱象得到了有效整治，近5000家P2P网贷机构已经全部停业，互联网金融风险的专项整治工作顺利完成，立案查处了非法集资案件2.5万起，将互联网平台企业金融业务全部纳入了监管。

3. 互联网支付行业的监管

近年来，国家不断出台政策和措施促进我国互联网支付行业的有序发展，2021年，中国人民银行发布《非银行支付机构条例（征求意见稿）》，将支付监管的部门规章升级为行政法规，对支付领域的市场准入和管理进一步加强。2022年3月，《中国人民银行关于加强支付受理终端及相关业务管理的通知》开始落地执行，对于支付价值链上的不同角色提出了细化的针对性要求，互联网支付行业严监管日趋常态化。

在市场化和金融严监管之下，互联网支付行业牌照的优胜劣汰仍在加速。自2011年5月央行签发首批第三方支付牌照算起，央行共发出271张支付牌照。央行加强第三方支付牌照监管之后，截至2024年7月15日，央行共注销93张支付牌照，第三方支付牌照目前共有178张。支付牌照是互联网企业发展的"标配"，对于企业来说，将支付牌照收入囊中，既可以降低成本、沉淀数据，更能拓展金融业务板块布局，以支付为入口，连接C端用户及B端商户，聚集各类资源打造金融生态圈。持牌机构的减少，反映出了行业监管趋严、趋细，支付牌照稀缺性进一步凸显。

4．互联网保险业的监管

2020 年 12 月 7 日，中国证监会发布《互联网保险业务监管办法》，国家金融监管机构统筹负责互联网保险业务监管制度制定，国家金融监管机构及其派出机构按照关于保险机构的监管分工实施互联网保险业务日常监测与监管。在信息报送方面，国家金融监督管理总局建设互联网保险监管相关信息系统，开展平台管理、数据信息报送、业务统计、监测分析、监管信息共享等工作，提高监管的及时性、有效性和针对性。中国保险行业协会对互联网保险业务进行自律管理，开展保险机构互联网保险业务信息披露相关管理工作。

参考资料：

1．徐忠、孙国峰、姚前主编：《金融科技：发展趋势与监管》，中国金融出版社 2017 年版。

2．北京金融科技产业联盟：《中国金融科技发展报告》系列报告，社会科学文献出版社。

3．刘勇等：《金融科技十讲》，中国人民大学出版社 2021 年版。

4．杨正平、王淼、华秀萍：《科技金融：创新与发展》，北京大学出版社 2017 年版。

5．杨涛：《金融科技 15 讲》，人民日报出版社 2021 年版。

6．杨东：《监管科技：金融科技的监管挑战与维度建构》，《中国社会科学》2018 年第 5 期。

7．胡滨：《金融科技、监管沙盒与体制创新：不完全契约视角》，《经济研究》2022 年第 6 期。

8．傅昌銮、黄文礼、郑瑜琦：《国际金融科技监管政策借鉴及启示》，《中国社会科学报》2020 年 4 月 16 日。

9．杜宁、沈筱彦、王一鹤：《监管科技概念及作用》，《中国金融》2017 年第 8 期。

10．崔昌萍（记者）：《以全球视野探索中国金融科技监管路径——访全国政协委员、中国银监会上海银监局局长廖岷》，《人民政协报》2016 年 5 月 30 日。

11．柳立（记者）：《监管沙盒：金融科技创新与监管匹配的新探索》，《金融时报》2020 年 6 月 8 日。

图书在版编目(CIP)数据

金融法十讲 / 文学国著. -- 上海 : 上海人民出版
社, 2024. -- ISBN 978-7-208-19067-2

Ⅰ. D922.280.4-53

中国国家版本馆 CIP 数据核字第 202488QH38 号

责任编辑　夏红梅　姜嘉滢
封面设计　孙　康

金融法十讲
文学国　著

出　　版　上海人民出版社
　　　　　　（201101　上海市闵行区号景路 159 弄 C 座）
发　　行　上海人民出版社发行中心
印　　刷　上海新华印刷有限公司
开　　本　720×1000　1/16
印　　张　18
插　　页　2
字　　数　280,000
版　　次　2024 年 10 月第 1 版
印　　次　2024 年 10 月第 1 次印刷
ISBN 978 - 7 - 208 - 19067 - 2/D · 4374
定　　价　72.00 元